Kohlhammer

Der Autor: Dr. *Manfred Köhnlein*, geb. 1936 in Stuttgart, lehrte als Professor an der Pädagogischen Hochschule Schwäbisch Gmünd bis 2001 Evangelische Theologie/Religionspädagogik mit dem Schwerpunkt der Erschließung biblischer Stoffe für die Erwachsenenbildung und den Religionsunterricht. Als Dozent und Studentenpfarrer pflegte Köhnlein das Gespräch mit den Sozialwissenschaften und den Gedankenaustausch mit Freunden in Israel. Sein Konzept einer religiösen Remotivierung der kirchenfernen Zeitgenossen gestaltete er in seinen Büchern »Aus aller Herren Länder« und »Ecce homo – Seht, der Mensch«, Band 1: »Der Ruf«, Band 2: »Das Risiko der Liebe«.

Der Künstler: *Jehuda Bacon*, geb. 1929 in Ostrava/Mährisch Ostrau, gilt mit seinen filigranen Zeichnungen als Meister des »symbolisierenden Lineaments«. Er erlitt als Jugendlicher die Konzentrationslager Theresienstadt, Auschwitz-Birkenau, Mauthausen, Gunskirchen und den Verlust seiner Angehörigen. Sein Familienname setzt sich aus den Anfangsbuchstuben der hebräischen Wörter »Abkömmlinge von Geheiligten, die auf Scheiterhaufen verbrannt wurden« zusammen. Großzügige Förderer verhalfen Bacon zu Kunststudien in den Museen der europäischen Hauptstädte. Anschließend lehrte Bacon an der Bezalel-Kunstakademie in Jerusalem. Seine stilistisch und thematisch vielfältigen Arbeiten gehören zum Fundus der großen Galerien in Paris, London, Washington, wie zur Jerusalemer Gedächtnisstätte Yadwashem. In Deutschland werden seine Werke von der Präsenz-Galerie der Kommunität Gnadenthal/Bad Homberg betreut. Der Künstler, der sich für die Versöhnung entschieden hat, gestaltet kompositorisch den »Sieg des Leisen über das Laute, des Hellen über das Dunkle«.

Manfred Köhnlein

Die Bergpredigt

Mit Zeichnungen von Jehuda Bacon

Verlag W. Kohlhammer

Umschlag: Gestaltungskonzept Peter Horlacher
Reproduktionsvorlage: Andrea Siebert, Neuendettelsau
Gesamtherstellung:
W. Kohlhammer Druckerei GmbH + Co. KG, Stuttgart
Printed in Germany

ISBN 3-17-018879-8

Inhalt

Vorwort 7

Die große Provokation – *Sein wie Gott?* 11

Die Vision einer anderen Welt – *Das Reich Gottes* 13

Der zweite Mose – *Der neue Bund* 20

Die Zähmung der Bergpredigt – *Auslegungstheorien* 25

Der zusammengelaufene Haufen – *Die Hörer der Bergpredigt* 34

Die bessere Gerechtigkeit – *Der Kern der Bergpredigt* 39

Das Glück der Habenichtse – *Die Seligpreisungen* 42

An die Unfrommen – *Die erste Ermunterung* 43
An die Depressiven – *Die zweite Ermunterung* 45
An die Verstummten – *Die dritte Ermunterung* 49
An die Gerechtigkeit Suchenden – *Die vierte Ermunterung* 50
An die Engagierten – *Die fünfte Ermunterung* 53
An die Aufrichtigen – *Die sechste Ermunterung* 54
An die Friedensarbeiter – *Die siebte Ermunterung* 56
An die Enttäuschten – *Die achte Ermunterung* 63
An die Geschmähten – *Die neunte Ermunterung* 64
An die Verfolgten – *Die zehnte Ermunterung* 66

Das Salz in der Suppe – *Die Bildworte* 70

Die Reform der Tradition – *Jesu Stellung zum Gesetz* 78

Die sanfte Gewalt – *Die so genannten Antithesen* 85

Vom Töten – *Die erste Zumutung* 87
Vom Ehebrechen – *Die zweite Zumutung* 93
Von der Ehescheidung – *Die dritte Zumutung* 98

Vom Schwören – *Die vierte Zumutung* 102
Vom Vergelten – *Die fünfte Zumutung* 109
Von der Feindesliebe – *Die sechste Zumutung* 118

Glaubwürdiger Glaube – *Die so genannten Frömmigkeitsregeln* 129

Das Gebet für jedermann – *Das Vaterunser* 133

Der Blick zum Vater – *Die Anrede Gottes* 135
Die nötigsten Hilfen – *Die sieben Bitten* 136
Das große Aufatmen – *Der Lobpreis* 145

Lernen von den Vögeln – *Vom rechten und falschen Sorgen* 148

Gejagt vom Wohlstand – *Das Wort an die Reichen* 148
Geplagt von der Entbehrung – *Das Wort an die Armen* 151

Lebensweisheiten und Glaubenswahrheiten –
Das „Spruchbuch" Jesu 159

Gegen Selbstgerechtigkeit – *Vom Richtgeist* 160
Der Atem der Seele – *Von der Gebetserhörung* 167
Aktive Toleranz – *Die goldene Regel* 170
Keine Höllenangst! – *Der breite und der schmale Weg* 174
Wölfe im Schafspelz – *Kriterien der Frömmigkeit* 179
Der Glaube als Lebensfundament – *Das Gleichnis vom Hausbau* .. 186

Der Applaus des Publikums –
Zwischen Begeisterung und Kopfschütteln 191

Vorwort

„Wenn eure Gerechtigkeit nicht besser ist ...“[1], ruft der Stifter des Christentums in der Bergpredigt aus. Es gibt Stichwörter, die nie veralten, vor allem, wenn es um Grundwerte geht. Die Gerechtigkeit ist ein solcher lebensnotwendiger Wert. Gerechtigkeit bei bestechlichen Richtern zu finden, Recht bekommen gegenüber Schriftgelehrten, Grundherren, Zolleintreibern, Besatzungsmächten, – das waren die quälenden Fragen in den Tagen, als Jesus von Nazareth im jüdischen Galiläa auftrat. Chancengleichheit, Steuerlasten, Lohngerechtigkeit, Vermögenshäufung sind die Probleme unserer so genannten modernen Zeit. Wenn Teile der Bevölkerung bei uns noch vor Jahren für Frieden und Umweltschutz auf die Straße gingen, halten die Demonstranten heute bei Protestversammlungen ihre Transparente hoch gegen Betriebsschließungen, für ein gerechtes Arbeitslosengeld, für eine gesicherte Rente.

Die Kirchen können sich aus diesen Diskussionen und Protesten nicht leichtfertig „neutral“ ausklinken. Gerechtigkeit ist ein Grundwort der biblischen Botschaft. Der Traum einer brüderlichen Verteilung von Hab und Gut war von den Propheten über Jesus, Paulus, den Urgemeinden, Mönchsorden bis hin zu den Reformatoren und Freikirchen immer aktuell. Die Gerechtigkeit, die vor Gott gilt, die wir anderen und uns selbst angedeihen lassen, gehört zum Auftrag der Christen, „Salz und Licht“ in der Gesellschaft zu sein.[2] Dabei geht es weniger um das Verschieben einzelner Gewinnspannen oder Verlustprozente, sondern vielmehr um das Aufdecken der Grundhaltungen, die an dem Festkrallen von Besitz oder dem Verzicht auf Privilegien stehen. Die detaillierte, sachliche Steuerberatung können die Kirchen nicht übernehmen, jedoch die Lebenseinstellungen und Verhaltensweisen klären, die zur Solidarität oder zu Egoismen führen, das ist ihr „Geschäft“. Die Kirchen stehen heute in der Gefahr, zu Vereinen unter Vereinen abzusinken, wenn sie weiterhin nur ihren eigenen Terminkalender pflegen und sich auf ihren Synoden in endlose Spardiskussionen verstricken. „Die braune Fessel wurde uns abgenommen, die rote Fessel warfen wir alleine ab, mit der silbernen Fessel drohen wir, uns selber erdrosseln“, mahnte unlängst ein Oberkirchenrat in Thüringen. Die Bevölkerung will etwas spüren von dem wagemutigen Geist, der von dem Leben des Mannes, nach dem wir Christen heißen, ausgeht. Dies ist

---

1 Mt 5,20.

2 Mt 5,13–16.

eine Frage der theologischen Wissensvermittlung, nicht weniger aber auch des kirchlichen Sprachgebrauchs. Das Evangelium wurde in den Sonntagspredigten „perikopisiert", gewissermaßen in „Textpuzzles" zerlegt. Wir hören diesen und jenen Spruch Jesu und seiner Nachfolger aus den uns überkommenen Evangelien und Briefen. Uns klingt hier und dort noch ein Gleichnis und oder eine Wundergeschichte im Ohr. Der biographische Zusammenhang des Auftretens Jesu, die innere Wucht seiner Motive und das reale Risiko seiner Worte und Taten sind heute jedoch weithin aus dem Blickfeld geraten. In einer Zeit, wo die Besucher kirchlicher Zeremonien gerade noch das Vaterunser als Erinnerungsrest über die Lippen bringen, ist eine neue Alphabetisierung im Christentum in einer verständlichen, allerdings auch nicht billigen Sprache nötig.

Zum christlichen Grundwissen zählt auch die Bergpredigt Jesu als seine bedeutendste programmatische Rede – unbeschadet der Forschungsfrage, welche ihrer Teile von Jesus selber stammen oder vom Evangelisten Matthäus hinzugefügt worden sind. Die Bergpredigt hat nie als „geschichteter" Text, sondern immer als geschichtliche Herausforderung gewirkt. Franziskus von Assisi hat sie gelebt, Luther hat sie geliebt, Leo Tolstoi, Mahatma Gandhi, Martin Luther King haben ihre Friedensprogramme daraus gewonnen. Gegen Ende des 20. Jahrhunderts regte die Bergpredigt Carl Friedrich von Weizsäcker zu einer „intelligenten Feindesliebe" an. Die Friedensbewegung entnahm ihr die Parole: „Ohne Rüstung leben." Dabei wurden die Verfechter eines praktischen Gehorsams gegenüber den Worten Jesu zu allen Zeiten unter Utopieverdacht gesetzt. Seitdem die Bergpredigt gehört wurde, hat man sie auch entschärft. Sie sei eine reine Jüngerbelehrung und keine allgemein gültige Volksrede. Sie ziele vielleicht auf ein künftiges Reich Gottes, aber mit dem jetzigen Zustand der Welt habe sie nichts zu tun.

Wir hingegen halten die Bergpredigt für eine aktuelle, zusammenhängende Rede, die sich an jedermann wendet und nicht nur an wenige Auserwählte. Sie will nicht auf einige passable Weisheiten reduziert, sondern als ganze verwirklicht werden, und dies in der jeweiligen Gegenwart und nicht erst in einem noch zu erwartenden Friedensreich. Ihre Lebensnähe ist die Klarheit, mit der Jesus die tägliche Not der Menschen um sich erkannte und ihr in vielen Beispielen wirksam begegnete. Man kann zwischen den Zeilen noch das Staunen der Menge heraushören: „Das darf doch nicht wahr sein, dass ein Rabbi so unseren Alltag kennt." Das Motiv der Ethik Jesu war sein Gottesbild. Seine Vision eines nahen, fürsorglichen Gottes weitete ihm den Horizont. Bei seiner Taufe am Jordan „sah er den Himmel offen" im Gegensatz zu vielen seiner Zeitgenossen, die ihn für verschlossen hielten. Der Geist Gottes erschien ihm im Symbol der sanften Taube als der Botschafterin des Friedens

und des Neubeginns.[3] Von da an dachte und handelte Jesus „entgrenzt“ über alle Religionen, Nationen und Gruppen hinweg. Wer immer ihm begegnete, wurde zu seinem Nächsten. Mit ihm teilte er die Vergebung der Schuld und das tägliche Brot. Das Reich Gottes sah er heute anbrechen in den Modellen eines neuen Verhaltens. Er überschritt das Gewohnte hin zum Ungewohnten und legte Spuren einer Gerechtigkeit, die uns weiter führt, wenn wir das Risiko der Nachfolge nicht scheuen. Schon bei seiner Taufe bekannte Jesus als sein erstes öffentliches Wort: „(Es) gebührt uns, *alle* Gerechtigkeit zu erfüllen“[4], eine Gerechtigkeit, die allen ohne Ansehen der Person und ohne Vorbehalte zukommen soll.
Eine solche „vollkommene“ Gerechtigkeit[5] aufzubringen, scheint unmöglich zu sein. So stellt sich deshalb bei der Auslegung der Bergpredigt zunächst die prinzipielle Frage nach ihrer *Erfüllbarkeit*. Wichtig ist dabei auch die Profilierung der damaligen *Zuhörerschaft*, um zu erkennen, wie sich in zweitausend Jahren die Lebensumstände änderten, aber der Mensch in seinen Sehnsüchten gleich geblieben ist. Im Hauptteil werden die *wichtigsten Abschnitte* der Bergpredigt Spruch für Spruch und Bild für Bild im Blick auf damals und heute ausgelegt unter der besonderen Beachtung der Gerechtigkeitsfrage, welche die Kapitel und Verse zusammenhält. Dabei wird das Problem der Gerechtigkeit als roter Faden der Bergpredigt in vier Perspektiven erörtert: Zuerst als neue Gerechtigkeit Gottes uns gegenüber, wie sie die Seligpreisungen verheißen, alsdann entlang der so genannten Antithesen als unsere bessere Gerechtigkeit unseren Nächsten gegenüber, gefolgt von unserem gerechteren Verhältnis Gott gegenüber im Beten des Vaterunsers und schließlich als mehr Gerechtigkeit uns selbst gegenüber, wie sie die Aussagen Jesu zum Schätzesammeln und Sorgen ausdrücken. Die verschiedenen Blickrichtungen des berühmten Doppelgebotes der Liebe: „Du sollst den Herrn, deinen *Gott* lieben von ganzem Herzen, von ganzer Seele, von allen Kräften und von ganzem Gemüt, und deinen *Nächsten* wie *dich selbst*“, bieten sich somit als Schlüssel zur Schatzkammer der Bergpredigt an.[6]
Für die Auslegungen wurden durchweg die neueren wissenschaftlichen Kommentare benützt, ohne dabei den Lesefluss, abgesehen von bibelkundlichen Verweisen, mit längeren Fußnoten aufzuhalten. Der Leser soll in eine lebendige Rede hinein genommen und nicht vor ein steifes Protokoll gesetzt werden, denn die Bergpredigt ist mehr als eine kühle, sachliche Belehrung.

---

3 Mk 1,10; Mt 3,15; Lk 3,21; vgl. Manfred Köhnlein, Ecce homo – Seht, der Mensch, Band 1: Der Ruf, 1999, S. 44–57.
4 Mt 3,15.
5 Mt 5,48.
6 Lk 10,27; Mk 12,30f.; Mt 22,37–39.

Sie ist eine persönliche und gesellschaftliche Herausforderung. Die eindrucksvollen Zeichnungen des jüdischen Künstlers und Überlebenden von Auschwitz Yehuda Bacon wurden von ihm eigenwillig ohne Kenntnis des Manuskriptes geschaffen. Unsere Freundschaft ist für mich ein besonderes Glück. Der erfahrene Lektor Helmut Zechner hat mit stilistischem Feingefühl meine schwäbischen Abweichungen von den ordentlichen Regeln der Grammatik entfernt. Der Kohlhammer Verlag ist mir großzügig entgegengekommen. Meine Familie hat meine ständigen Rückzüge ins Studierzimmer geduldig ertragen. Ich widme dieses Buch meinen ehemaligen Studierenden an der Pädagogischen Hochschule Schwäbisch Gmünd.

Schwäbisch Gmünd, April 2005 *Manfred Köhnlein*

Die große Provokation – *Sein wie Gott?*

Mt 5,48 Darum sollt ihr vollkommen sein, wie euer Vater im Himmel vollkommen ist.

Vollkommen sein? Jesus hat seine faszinierende Ansprache nicht nur von einem Berg aus gehalten, sondern mit ihr auch einen gewaltigen „Berg“ von Problemen aufgetürmt.[7] Der erste Eindruck ist der *Schock*, das Gefühl der Überforderung. Sein wie Gott – können wir das, wollen wir das überhaupt? Nach dem Mythos vom Sündenfall scheitert die Menschheit immer dann, wenn sie sich am Baum der Erkenntnis des Guten und Bösen vergreift, der in der biblischen Urgeschichte symbolisch für das Alleswissen und Alleskönnen steht.[8] Auch wenn wir das griechische Wort „teleios“ genauer mit „ungeteilt“ statt mit „vollkommen sein“ übersetzen, wird die ungeheure Forderung nicht abgemildert. Alles, was wir tun, bleibt fragmentarisch, hat Spannungen, Risse, Vorbehalte. Wir sind in allem Denken und Tun immer auch Schauspieler, Egoisten, Bedenkenträger. Kein Glück, keine Liebe, keine Gerechtigkeit gelingt uns so perfekt, dass sie nicht auch eine Verfehlung oder Vergeblichkeit enthielte. Gewiss ahnt jeder, dass die Welt anders aussehen würde, wenn die Vorschläge Jesu eingehalten würden: „Liebt eure Feinde und bittet für die, die euch verfolgen.“[9] Aber kaum jemand sieht eine Chance, wie er diese radikalen Empfehlungen erfüllen könnte, ohne ein Phantast, Einsiedler, Märtyrer oder Masochist zu werden. „Ich aber sage euch: Jeder, der seinem Bruder auch nur zürnt, soll dem Gericht verfallen sein.“[10] Wer könnte dann noch ein „reines Herz“ haben?[11]

Wenn bereits unsere Vorurteile und Ressentiments Totschlagsdelikte wären, hätten wir uns alle als Verbrecher zu bekennen. Wenn Richter einräumen müssten, was sie selber schon verbrochen haben, dürfte keiner mehr im Namen der Wahrheit zu Gericht sitzen. Wenn Eltern und Lehrer auf Sanktionen zu verzichten hätten, käme keine Erziehung mehr zustande. Wenn der Eid als Aberglaube verboten würde, bedeutete dies das Ende des traditionellen Soldatentums und der Beamtenschaft. Wenn man das „Plappern“ der Gebete als Unglaube erklärte[12], wären viele Gläubige, die an ihren Liedstrophen und

7 Mt 5–7.
8 Gen 2,9.17.
9 Mt 5,44.
10 Mt 5,22.
11 Mt 5,8.
12 Mt 6,7.

Gebetsreimen hängen, Heuchler. Ohne das Schätzesammeln verlören die Banken und Börsen ihre Daseinsberechtigung[13]. Wenn also die Bergpredigt tatsächlich eine Anweisung zum praktischen Handeln wäre, müsste man zuvor die Welt verändern. Andererseits erfahren wir täglich im gesellschaftlichen wie im privaten Raum, dass Vernunft, Natur und Sitte allein nicht helfen, das Zusammensein glücklicher zu gestalten. Gewaltanwendung erzeugt meist nur Gegengewalt, und der wahre Friede stellt sich nicht ein, wenn man nur die Begriffe auswechselt, aber das Verhalten nicht ändert. Lügen und Betrugsversuche sind nun mal keine bloßen „Fehler". Und ein „Militärschlag" ist kein Akt, der befriedet, auch wenn die Bombardierung als gerechte Vergeltung begründet wird. Darum lässt sich trotz aller logischen Einwände gegen die Bergpredigt die Hoffnung nicht aus der Welt schaffen, dass die Forderungen Jesu doch Impulse und Verhaltensweisen enthalten, die zu einer wirklichen Kultur des gelungenen Zusammenlebens führen könnten, wenn sie befolgt würden.

---

13 Mt 6,19.

Die Vision einer anderen Welt – *Das Reich Gottes*

Mt 5,2 Da er aber das Volk sah …[14]

Vorab ist festzustellen, dass die Bergpredigt der Verkündigung des „Evangeliums vom Reich" zuzuordnen ist.[15] Der Mann aus Nazareth, nach dem wir Christen heißen, hat Wegspuren zum „Reich Gottes" gelegt. Doch was verstand er unter diesem „Reich"? Gehört dieser Begriff nicht zu jenen traditionellen christlichen Wörtern, über die man sich scheinbar verständigt hat, solange keiner fragt, was darunter zu verstehen ist? Das „Reich Gottes" muss Jesus sehr wichtig gewesen sein, denn nach den ersten drei Evangelien verkündet er gleich zu Beginn seiner Tätigkeit programmatisch: „Die Zeit ist erfüllt, und das Reich Gottes ist herbeigekommen …"[16] Er greift damit ein Schlagwort seines Lehrers Johannes des Täufers auf, das er aber wesentlich anders interpretiert.[17] Er nennt das Kommen des Reiches Gottes eine „Frohbotschaft"[18], während Johannes es als „Gericht" beschreibt.[19] Er ruft die Menschen auch nicht hinaus in die Wüste wie Johannes, sondern sucht sie selber in ihren Dörfern und Städten auf. Er mahnt sie: „Trachtet zuerst nach dem Reich Gottes und nach seiner Gerechtigkeit …"[20], und er lehrt sie im Vaterunser bitten: „Dein Reich komme!"[21] Aber wie denkt er sich dieses „Reich"?

Der griechische Begriff für „Reich Gottes" (basileia tou theou) ist vieldeutig. Eine „basileia" ist räumlich das Gebiet, in dem ein Herrscher regiert. Sie ist aber auch sachlich das Regiment, die Art und Weise, wie der Souverän herrscht. Am ehesten trifft die altdeutsche Vorstellung einer „Herrschaft" die Fülle des Begriffs. Wenn zum Beispiel früher von der „Herrschaft Hohenlohe" die Rede war, so waren das hohenlohische Land genauso wie die regierende Fürstenfamilie und deren Kultur und Politik gemeint. Im Allgemeinen gilt das „Reich Gottes" als „*u*-topisch", als eine Vorstellung, die noch „kei-

---

14 Für die Auslegung der Bergpredigt empfiehlt sich nach wie vor die Lutherübersetzung (revidierter Text 1984), weil ihre Sprachkraft die so genannte ökumenische Einheitsübersetzung weit übersteigt.

15 Mt 4,23.

16 Mk 1,14f.; Mt 4,17.

17 Mk 1,14f.; Mt 3,2; Manfred Köhnlein, Ecce homo – Seht, der Mensch, Band 1: Der Ruf, 1999, S. 55f.

18 Mk 1,15.

19 Mt 3,7; Lk 3,7.

20 Mt 6,33.

21 Mt 6,10.

nen Platz“ hat. Diese Geringschätzung rührt daher, dass von einem Reich räumliche Sichtbarkeit und zeitliche Ansetzung erwartet werden, die aber das „Reich Gottes“ nicht – oder zumindest noch nicht – vorweisen kann. Grundsätzlich drücken sich in der Idee des „Reiches Gottes“ das Unbehagen an den gegenwärtigen Weltzuständen und die Hoffnung auf ein besser gestaltetes Zusammenleben aus. Es ist die Suche nach dem Glück, nach der Welt, wie sie eigentlich sein sollte. Der Reich-Gottes-Gedanke kann eine vorantreibende, ja geradezu sprengende Wirkung haben. Aber es muss beschrieben werden, wie man in das Reich Gottes gelangt oder wie das Reich Gottes zu uns kommt. Dazu werden Modelle im Hier oder Dort bzw. im Damals oder Dermaleinst vorgeschlagen, die aber allesamt nur wenig befriedigen. Weder die Ordensgemeinschaft von Qumran, noch das „Neue Jerusalem“ der mittelalterlichen Wiedertäufer in Münster und schon gar nicht das „Tausendjährige Reich“ des Naziregimes haben als „Friedensreiche“ überzeugt. Auch die kommunistische Hoffnung auf ein „Arbeiterparadies“ wie auch die prophetische Erwartung eines „neuen Himmels und einer neuen Erde“[22], in der „man nicht mehr lernt, Krieg zu führen“[23], und wo „die Wölfe bei den Lämmern wohnen“[24], haben sich nicht erfüllt. Der Garten Eden ist ökologisch verloren, und die apokalyptische Umschmelzung der Welt in einer globalen Katastrophe wünscht sich nach Hiroshima niemand. In pietistischen Kreisen wurde vor allem ein „Herzensreich“ erwartet, weil es in der früheren Lutherbibel bei Lukas hieß: „Siehe, das Reich Gottes ist *inwendig* in euch.“[25] Das griechische Wort „entos“ bedeutet aber präziser übersetzt „mitten unter euch, zwischen euch“. Es bezieht sich auf den Umgang miteinander, auf die zwischenmenschlichen und gesellschaftlichen Verhältnisse.

Hilfreicher als jede räumliche oder zeitliche Beschreibung des Reiches Gottes ist deshalb seine funktionale Darstellung als Regierungsweise, als „Königsherrschaft Gottes“. Dabei hat besonders Matthäus das Missverständnis ausgelöst, dass die „Königsherrschaft Gottes“ transzendent sei. Matthäus war wohl ein geborener Jude, der es in jüdischer Scheu vor dem Heiligen mied, das Wort „Gott“ direkt auszusprechen. Er ersetzte den Namen des Höchsten lieber durch die Andeutung „Himmel“ und sprach darum vom „Himmelreich“ statt vom „Reich Gottes“. Dadurch entstand schon früh die Vorstellung, das „Reich Gottes“ sei „himmlisch“, also oben oder jenseitig. Es wurde als Gegenwelt zur hiesigen Welt erwartet, als Ewigkeit. Auch die Äußerung

---

22 Jes 65,17.
23 Jes 2,4; Mi 4,3.
24 Jes 11,6ff.
25 Lk 17,21.

Jesu im Johannesevangelium gegenüber Pilatus: „Mein Reich ist nicht von dieser Welt“[26], hat dazu geführt, das „Reich Gottes“ außerhalb der erfahrbaren Welt in der Transzendenz anzusiedeln. Jesus meinte aber wohl mit „nicht von dieser Welt“ nur, dass er seine „Herrschaft“ nicht an den geläufigen „weltlichen“, d.h. politischen Maßstäben ausrichten wollte. Das „Reich Gottes“ brach schon da an, wo er ungewöhnliche Taten der Liebe, des Friedens und der Gerechtigkeit wagte. Jesus verkörperte die sonnengleiche Wärme Gottes.[27] Demnach ist die „Königsherrschaft Gottes“ weder ein ferner Ort, noch eine andere Welt, noch eine andere Zeit, sondern die mit Jesus erfolgte Zuwendung Gottes, die unser Selbstverständnis prägen und unsere Handlungs- und Verhaltensweisen ändern will.

Wer aber wird in die Gemeinschaft Jesu aufgenommen? Welches „Volk“ erhält Zutritt zu „Gottes Reich“? Dürfen sich nur Auserwählte und fest Entschlossene zu ihm zählen? Wenn der „offene Himmel“, der sich über das Land spannt, das große Tauferlebnis Jesu war[28], dann kann dem weiten Horizont unten auf der Erde nur die offene Gesellschaft der vielen „Kinder Gottes“ aus allen Nationen und Kulturen entsprechen. Das Volk Gottes im Reich Gottes ist keine hervorgehobene Elite, sondern umfasst die Masse der Schicksale, die überall anzutreffen sind. Die Lebensleistung Jesu war einzigartig. Er bewegte sich gleichermaßen intensiv im öffentlichen wie im privaten Raum. Vom Morgen bis zum Abend wandte er sich in persönlichen „Sprechstunden“ einzelnen Fällen und Schicksalen zu, besuchte Häuser, führte Lehrgespräche. Zugleich stellte er sich den Neugierigen in den Synagogen, auf dem Tempelplatz, auf den Märkten, in den Stadttoren, auf den Anhöhen, am See. Es ging ihm um die seelische und soziale Befreiung der einzelnen Zeitgenossen, um das Gespräch mit den verschiedenen Gruppen, aber auch um die Belehrung des ganzen Volkes. Wenn er den Propheten Jesaja zitierte: „Das Herz dieses Volkes ist verstockt“[29], nahm er an, dass es so etwas wie eine Volksseele gab, die genauso wie das individuelle Bewusstsein der einzelnen Bürgerinnen und Bürger der Erweckung bedurfte. Das Volk war für Jesus nicht nur die Kulisse für seine Begegnungen mit Gruppen und Einzelnen, sondern selber als ganzes ein Ansprechpartner, ein Gegenüber, eine Großperson.

Zur Realität eines „Reiches“ gehört immer auch ein „Volk“, zur Idee des Bundes das „Bundesvolk“. Gott erwählt sich im Alten Testament in Bundesschlüssen große Einzelne wie Abraham, Sara, Jakob, Rut, aber auch das

---

26 Joh 18,36

27 Mt 5,45.

28 Mt 3,16.

29 Mt 13,15; Jes 6,9f.

ganze Volk der Hebräer am Sinai und der Judäer im Exil. Im Neuen Testament erzählt der Evangelist Matthäus immer wieder, dass Jesus „viel Volk“[30] nachgefolgt sei. Nach Markus hatte Jesus sogar Mühe, sich gegenüber dem Auflauf des Volkes einen privaten Raum zu bewahren.[31] Nach Lukas war es die besondere Aufgabe des „Heilands“, „dem ganzen Volk“ große Freude zu bringen.[32] Und nach Johannes trägt ein guter Hirte Verantwortung für das einzelne Schaf, aber auch für die ganze Herde.[33] Allein schon mit der Hervorhebung von zwölf Jüngern im größeren Kreis seiner Sympathisanten erinnerte Jesus symbolisch an das altisraelitische Zwölf-Stämme-Volk, das er in den „neuen Bund“ hineinführen wollte[34], den schon der Prophet Jeremia geweissagt hatte und den er die Gemeinschaft der „Kinder Gottes“ nannte.[35] „Jesus und das Volk“ ist ein genauso wichtiges Thema wie „Jesus und seine Jünger“ und „Jesus und der einzelne Patient“.
Wie lässt sich heute der Alltag der Bevölkerung zur Zeit Jesu noch erfassen? Wer war damals das „Volk“? Können wir die Probleme der Menschen in einer orientalischen Ecke des Römischen Reiches vor zweitausend Jahren so beschreiben, dass sie ihr antikes Kolorit behalten, aber zugleich auch typisch sind für existentielle Grunderfahrungen unserer Zeit? Wir haben archäologische Funde, Chroniken und mehr oder weniger zufällig erhalten gebliebene religiöse und säkulare Dokumente, Textfetzen, Steininschriften der damaligen Zeit. Aber wir kennen deren Stellenwert nicht. Wir wissen nicht, wieviel Leser sie benützten und welchen Einfluss diese Überbleibsel auf die Gesellschaft ihrer Zeit hatten. Wir können auch nur ungefähr beurteilen, wie objektiv ihre Darstellung war. Behauene Steine und vergilbte Buchstaben melden uns Spuren, aber sie vermitteln uns kaum noch die gesellschaftliche Atmosphäre der damaligen Zeit. Kulturreste aus Marmor oder Pergament erzählen von der Macht einstiger Herrscher, aber am Leben der einfachen Menschen, die doch die Mehrheit ihrer Gesellschaft bildeten, ist ihnen kaum noch etwas gelegen. Das durchschnittliche Leben der Menschen in einem Volk verblasst so schnell, wie die Lehmhütten zerfallen und die Hilferufe ungehört bleiben. Außerdem war die antike Geschichtsschreibung ebenso wie die heutige durch Vorurteile und Interessen geleitet. Sie lieferte Kriegsgeschichte, keine Alltagsgeschichte. Sie war eher Herrenverherrlichung als Jedermannsbericht. Ihr Blickwinkel war fast immer von oben und nur selten von unten her angesetzt.

30 Mt 4,25; 8,1; 12,15; 15,30; 19,2; 20,29.
31 Mk 3,9f.; 6,31; 7,33.
32 Lk 1,47; 2,10.
33 Joh 10,1–16; Lk 15,4; Mk 6,34.
34 Jer 31,31–34.
35 Mt 5,9; Lk 20,36; Joh 1,12.

Die Vernichtungskraft der Zivilisation ist groß. Wir können uns selbst fragen, ob wir zufrieden wären, wenn man zweitausend Jahre nach uns irgendeine beliebige CD-Scheibe, einen Plastikeimer oder einen zufälligen Steuerbescheid aus der Müllhalde unserer Kultur ausgraben und behaupten würde, so seien insgesamt das Niveau und das Flair unserer Zeit gewesen Im Jüdischen Krieg 66–70 n.Chr. sind auch die Jerusalemer Archive in Flammen aufgegangen. Die überlebenden Schriftgelehrten haben zwar Jahre und Jahrzehnte später wichtige Lehren und Erzählungen aus dem Gedächtnis rekonstruiert und in den großen jüdischen Traditionswerken Mischna, Gemara und Talmud zusammengestellt und kommentiert.[36] Aber jede Erinnerung war immer auch von einer Veränderung und Neuanwendung begleitet. So ist die Bandbreite der innerjüdischen Überlieferung des Jahrhunderts, in dem Jesus gelebt hat, verhältnismäßig schmal. Die Theologen benützen heute entweder allgemeine Lebenserscheinungen der hellenistisch-antiken Welt, wenn sie die Zeit Jesu beschreiben, oder sie orientieren sich an dem jüdischen Schriftsteller und Historiker Josephus Flavius, der in den Jahren 75/79 n.Chr. ziemlich detailliert über den „Jüdischen Krieg" schrieb und 93/94 die „Jüdischen Altertümer" verfaßte, worunter er die „Weltgeschichte" von der Schöpfung bis zum Ausbruch des Krieges gegen Rom verstand. Josephus war zwar ein geborener Jude, aber er lief dann zu den Römern über. Er entwarf ein Bild des Judentums, das auch Griechen und Römern imponieren sollte. So verzeichnete er zum Beispiel das patriotische Anliegen der jüdischen Freiheitskämpfer ins Negative und machte sie somit zu mordlustigen Räubern.
Die meisten heutigen Darstellungen der wirtschaftlichen, politischen und religiösen Verhältnisse der Zeit und Umwelt Jesu leiten sich aus Rückschlüssen ab. Man schließt aus mehr oder weniger zufällig gefundenen Beispielen auf das Allgemeine. Daraus erwachsen nur ungefähre Eindrücke, aber kaum Gewissheiten. Wir können immer nur sagen: „es ist überliefert", aber nicht präzisieren „es war wirklich so". Gesichert ist, dass die gesellschaftliche Lage im Nahen Osten um das Jahr 30 unserer Zeitrechnung, auf das wir Jesu Wirken ansetzen, ziemlich instabil war. Die großen römischen Kaiser Augustus und Tiberius hatten zwar mit Hilfe der Soldatenstiefel und strenger Gesetze etwas Ruhe und einen gewissen Wohlstand in den hellenistischen Mittelmeerstädten geschaffen, aber besonders in der Prokuratur Judäa, die reichsrechtlich zur Provinz Syrien gehörte, waren die Machtverhältnisse verwirrt und die Zuständigkeiten zersplittert. Der absolutistische Herodes der Große hatte sein Königreich unter drei seiner Söhne, die er nicht schon zu seinen Lebzeiten

---

36 Siehe hierzu das mehrbändige alte Werk von Hermann L. Strack / Paul Billerbeck, Kommentar zum Neuen Testament aus Talmud und Midrasch, 1926.

hinrichten ließ, testamentarisch aufgeteilt. Die verfeindeten Brüder Archelaos, Antipas und Philippus suchten ihre kleinen Territorien mit Hilfe der ständig höher geschraubten „Königssteuer“ fürstlich auszubauen. Ihre Herrschaft wurde jedoch eingeschränkt durch die Oberaufsicht der römischen Statthalter, die rasch wechselten und in ihren kurzen Amtszeiten ebenfalls versuchten, möglichst viel „Kaisersteuern“ aus dem Land herauszuholen. Ein relativ ruhiger Pol im Machtgefüge war die Priesteraristokratie in Jerusalem, die vor allem auf den Einzug des Zehnten und der „Tempelsteuer“ bedacht war, aber im Grunde genommen über das Umfeld der heiligen Stadt hinaus wenig politischen Einfluß besaß. Zugleich bedrückten reiche Großgrundbesitzer die einzelnen Kleinbauern und strenge Zollpächter die Händler, so dass das alltägliche Leben der Menschen in den jüdischen Gebieten überwiegend von Fragen der Steuererhöhung, der Steuerverweigerung, der Verschuldung und des Schuldenerlasses bestimmt war. Ein rasches Anwachsen der Bevölkerung führte zu Platznot und Auswanderung. Dürrezeiten und Missernten verschärften die Armut der unteren Schichten. Der soziale Gegensatz zwischen Stadtbürgertum und Landbevölkerung war groß. Die liberalen Judäer und die konservativen Galiläer erwiesen sich gegenseitig Spott, wenn nicht gar Verachtung. Rein hellenistische Städte mit eigener Verwaltung oder gemischt jüdisch-hellenistische Siedlungen erhoben sich besonders in Galiläa wie Inseln im Land und stellten ständig die Reinheitsfrage, wie weit gesetzestreue Israeliten mit ihnen Handel und Verkehr treiben durften. Überall stieß man schon nach kurzen Wegstrecken auf eine andere Herkunft, Sprache, Wirtschaft und Kultur. Zahlreiche Erneuerungsbewegungen wie die der Pharisäer oder Essener suchten in idealistischen Lebensformen das „wahre Israel“ darzustellen. Kämpferische Widerstandsbewegungen wie die Zeloten fielen den Römern in den Rücken oder erpressten sich durch die Entführung der Reichen ihr Waffengeld. Einerseits war der Ruf nach Solidarität der „reinen“ Abrahamssöhne gegenüber den „unreinen“ Fremden groß. Andererseits befehdeten sich die jüdischen Gruppen und Sekten und bestritten sich gegenseitig die Aufrichtigkeit ihrer Lebensgestaltung. Wer vor lauter Alltagssorge die Reinheitsforderungen nicht erfüllen konnte, wurde als „Am-ha-arez“, als plattes Volk, als „Volk, das im Finstern sitzt“, diskriminiert.[37] Nicht umsonst gebraucht Jesus in seinen Predigten immer wieder das Bild von den „zerstreuten, verirrten, verlorenen, unter die Wölfe gefallenen Schafen“, die daran leiden, „dass sie keinen Hirten haben“38. Trotz aller Spannungen gab es natürlich immer wieder auch den kleinen gelungenen Alltag mit Geburten, Hoch-

---

37 Mt 5,16.
38 Mt 9,36; 10,6.16; 15,24.

zeiten, Erntefesten, Schafschuren, Fischfängen, Weinbergarbeit, Wallfahrten, Viehmärkten, Gastmählern. Das heutige Mediengesetz, nach dem schlechte Nachrichten „gute“ Nachrichten sind, weil sie zur Steigerung der Leserzahlen führen, galt schon für die antiken Autoren. Alle historischen Notizen über das Leben der Zeitgenossen Jesu sind nur Ausschnitte. Die volle Lebenserfahrung der damaligen Zeit überliefern sie nicht. Es scheint deshalb ratsam zu sein, sich vornehmlich an die innerbiblische Darstellung selbst zu halten und aus den „Textbildern“, das heißt aus den plastischen Formulierungen der Evangelien heraus, sich vorzustellen, wie Jesus das Volk seiner Zeit sah und wie ihn die „große Menge, die sich bei ihm versammelte“, erlebte[39] – dies stets im klaren Bewusstsein dessen, dass wir dabei immer nur den „erzählten Jesus“ erfahren, aber nie mit letzter Sicherheit den tatsächlichen Verlauf seines Auftretens rekonstruieren können.

---

39 Mt 13,2.

Der zweite Mose – *Der neue Bund*

Mt 5,1 … ging er auf einen Berg und setzte sich …

Fromme Pilgertradition will den „Berg der Seligpreisungen“ auf einer bestimmten Anhöhe oberhalb Kapernaums lokalisieren; doch der „Berg“ der Bergpredigt ist kein identifizierbarer, topographischer Ort, sondern ein bildhaftes Symbol. Die Bergpredigt kann so oder in Teilen auf jeder landschaftlichen Erhebung, auf jedem Marktplatz, unter jedem Baum, an jedem Ufer gehalten worden sein. Entscheidend ist nicht, dass uns Matthäus ein exaktes Wortprotokoll der Ansprache Jesu überliefert, sondern dass er den Geist der Verkündigung Jesu bewahrt hat. Ein „Berg“ ist für damaliges Denken ein höherer, dem Himmel und damit Gott näherer Ort. Wer vom Berg herab spricht, verkündet seine Aussagen mit höherer Autorität. Der „Berg“, auf den Jesus sich „gesetzt“ haben soll[40], ist als „Thron des Messias“ ausgelegt worden. Aber diese Deutung wirkt künstlich. Es geht bei diesem „Berg“ eher um die Verknüpfung der Geschichte Israels mit der Entstehung des Christentums. „Berg“ und „Volk“ waren schon einmal beisammen, als Mose dem Sklavenvolk der Hebräer, das aus Ägypten entronnen war, im Namen des HERRN eine Verfassungsurkunde, die Zehn Gebote, übergab.[41] Dieser „Dekalog“, der an den zehn Fingern abzählbar und leicht lernbar ist, zog um das Volk der heimatlosen Flüchtlinge einen ersten geistigen Schutzraum. Seine Gebote und Verbote steckten die Grenzen des Menschseins vor Gott klar ab: „Du sollst nicht …!“ „Du wirst nicht einmal daran denken, fremde Götter anzubeten, den Sabbat zu entheiligen, einen Mitmenschen zu töten, in die Ehe eines anderen einzubrechen …“ Durch kategorische Verneinungen zeigen die Zehn Gebote, was gut ist. Sie sind als das „Normale“ und „Ordentliche“ das Fundament der Sittlichkeit. Ihre Präambel bestimmt den Ton aller nachfolgenden Weisungen: „Ich bin der Herr, dein Gott, der ich dich aus Ägyptenland, aus der Knechtschaft, geführt habe.“[42] Nachdem die Israeliten der sozialen Sklaverei entronnen waren, sollten sie sich davor hüten, in geistige Barbarei zu verfallen. Sie mussten lernen, ein verantwortliches Volk zu werden. Auch wenn die Zehn Gebote überwiegend negativ formuliert sind, so haben sie doch in allen Teilen immer auch einen Exodusklang, einen „herausführenden“, rettenden, bewahrenden Sinn. Aber sie leuchten trotz ihrer Einfachheit und Selbstverständlichkeit nicht immer ein. Obwohl das Volk in einer feierli-

---

40 Mt 5,1.

41 Ex 19 u. 20; Dtn 5.

42 Ex 20,2.

chen Bundesverpflichtung Gott gegenüber die Einhaltung der Gebote versprochen hatte[43], mussten die späteren Propheten Israel immer wieder auf den Dekalog hinweisen und auf „Recht und Gerechtigkeit" dringen.[44]
In der Bergpredigt weitet nun Jesus den Willen Gottes aus. Er verkündet eine „bessere Gerechtigkeit" (5,20) und führt damit die Ethik einen großen Schritt weiter. Er fügt dem „Du sollst nicht!" das „Du darfst!" hinzu: Du darfst lieben. Du musst nicht hassen! Du darfst deinen Mantel hergeben. Du brauchst niemand etwas wegzunehmen![45] Während die Zehn Gebote die Sorge vor Unmenschlichkeit eindämmen, öffnet die Bergpredigt die Tür zur Mitmenschlichkeit. Matthäus sieht große Linien aus der hebräischen Bibel auf Jesus zulaufen. Jesus erfüllt die Verheißungen der Väter.[46] Er ist der Davidssohn, der Abrahamssohn, der Immanuel und als zweiter Mose[47] der höhere Lehrer des Gottesvolkes, das sich auf die Menschheit hin erweitert. Um die Analogie zwischen Mose als dem ersten Lehrer des Gesetzes und Jesus als dem neuen Lehrer des Evangeliums zu unterstreichen, betont Matthäus, dass Jesus sich auf den Berg „gesetzt" und seine Hörer „gelehrt" habe, so wie ein Rabbi seine Thoraschüler sitzend unterrichtet. Der jüdische Theologe Pinchas Lapide nennt die Bergpredigt zu Recht eine „Berg*lehre*"[48]. Sie ist eher Unterricht als Verkündigung. Man muss zwischen den Zeilen der drei Kapitel die Zwischenrufe, Rückfragen, Zustimmungen und Ablehnungen der Zuhörer vernehmen. Denn wenn wir diese packende Rede Jesu eine Predigt statt einen Unterricht nennen, übertragen wir unbemerkt die einlinige Eintönigkeit heutiger Kanzelreden auf die orientalische Kultur. Menschen aus dem Orient unterhalten sich mit lebhaften Gesten und dramatischen Unterbrechungen. Sie reden scheinbar aneinander vorbei – und verstehen sich trotzdem. Dennoch mag gelegentlich die Bezeichnung Bergpredigt bleiben – einfach nur deshalb, weil sie in langer Tradition zum Fachbegriff geworden ist. Im Grunde genommen kann man die Bergpredigt nicht sitzend ertragen. Man muss begeistert aufspringen oder entsetzt den Kopf schütteln, so wie es am Ende dieser Unterrichtsstunden am Berg heißt: „Und es begab sich, als Jesus diese Rede vollendet hatte, daß sich das Volk entsetzte über seine Lehre."[49] Die Forderungen wie die Tröstungen dieser langen Rede klingen ungeheuerlich. Wer hat je schon Ähnliches gehört? Dabei ist die Bergpredigt keine reine Theorie.

---

43 Ex 19,5–8; 24,1–8.
44 Am 5,24; Jes 2,21.
45 Mt 5,40.43.
46 Mt 1,22; 2,15.
47 Mt 1,1; 1,23; 2,15; Hebr 3,3–6.
48 Pinchas Lapide, Die Bergpredigt – Utopie oder Programm?, ^{3}1983, S. 17f.
49 Mt 7,28.

Sie verlangt unbedingt das Tun des Gehörten. Sie hält nichts vom bloßen Lippenbekenntnis. „Es werden nicht alle, die zu mir sagen: Herr! Herr!, in das Himmelreich kommen, sondern die den Willen tun meines Vaters im Himmel“ (7,21). Das Wort ruft nach der Tat. „Wer diese meine Worte hört und tut sie …“ (7,24). Doch: Wie leicht fällt es zu handeln, wie Jesus vorschlägt?

Die Zähmung der Bergpredigt – *Auslegungstheorien*

Mt 5,2 … und seine Jünger traten zu ihm. 2 Und er tat seinen Mund auf, lehrte sie und sprach: …

Die erste große Streitfrage nach dem Kopfschütteln über die Radikalität der Empfehlungen Jesu ist das ***überlieferungsgeschichtliche Problem***, die Frage, ob die Bergpredigt überhaupt eine authentische Rede Jesu ist. Hat Jesus diese lange Rede tatsächlich selber so oder wenigstens in Teilen so gehalten? Sollte man sie nicht eher als eine literarische Konstruktion des Matthäus bewerten, die Jesus von dem Evangelisten in den Mund gelegt wurde, um seinen eigenen Ansichten eine höhere Autorität zu verschaffen? Ganze Forschergenerationen haben sich damit beschäftigt, die einzelnen „Textschichten" der Bergpredigt voneinander zu trennen und so genannte „ureigene Worte Jesu" von redaktionellen Zusätzen zu unterscheiden. Aber die Frage nach der Echtheit der Bergpredigt ist müßig. Die Evangelisten kannten kein Copyright. Sie unterschieden nicht zwischen ursprünglichen Worten des historischen Jesus und späteren Weisungen des auferstandenen Christus. Sie verstanden den Namen „Jesus Christus" als die theologische Gleichung „Jesus ist der Christus", mit der sie ausdrückten, dass der irdische Jesus von Nazareth mit dem auferstandenen Christus des Glaubens identisch war. Das Schicksal des „Herrn" war nach seinem Ende am Kreuz nicht „vorbei", sondern durch den Tod hindurch zu einem neuen Leben erhöht worden. Darum waren die Evangelisten überzeugt, dass alles, was ihnen der Auferstandene heute durch den Geist eingab, schon vom Irdischen gesagt oder getan sein konnte – und umgekehrt. Er war ja ein und dieselbe Person. Wenn die Urchristen also im „Sturm der Zeit" eine wunderbare Rettung durch den Auferstandenen erfuhren, so nahmen sie es als sicher an, dass schon der irdische Jesus seinen Jüngern durch den Seesturm hindurch geholfen hatte.[50] Und wenn umgekehrt der Meister aus Nazareth seine Jünger ermahnt hatte, Friedensstifter zu sein, so war auch für sie das Programm des Friedens an den Himmel geschrieben und die Christen weltweit als Friedenswächter „eingesetzt"[51]. Die Frage nach der Authentizität der Jesusworte taucht also nur dort auf, wo die Inhalte der Evangelien so eklatant verbogen wurden, dass sich nachdenkliche Leser oder Hörer heute sagen müssen: Das kann nicht im Sinne Jesu gewesen sein, weil sich darin eher

50 Mt 8,23–27.

51 Eph 2,6.14–18.

der Zorn und die Gesetzlichkeit der späteren Gemeinden ausdrücken als das Evangelium Jesu – wie zum Beispiel in den Drohungen mit dem Höllenfeuer und dem „Heulen und Zähneknirschen" der Verdammten[52]. Jesus war nicht zum Sohn Gottes berufen worden, um Ansichten zu verbreiten, die der Vergeltungsdrang der Menschen schon vor ihm behauptet hatte.
Wir rechnen also den so genannten „ureigenen Worten Jesu" – soweit sie überhaupt der Überlieferung entnommen werden können – im Allgemeinen keinen Vorrang vor späteren Aussagen der Evangelisten zu, die sie im Namen Jesu Christi vorbringen. Wir beschränken die Offenbarung des Evangeliums nicht auf das *eine* Jahr des öffentlichen Wirkens Jesu. Der offene Himmel der Taufe Jesu wurde nach seiner Todesstunde nicht geschlossen, sondern über dem geöffneten Grab Jesu weiter ausgespannt. Die historisch-kritische Unterscheidung von Textschichten mag für die wissenschaftliche Schulung junger Theologen wichtig sein, aber nicht zwingend für die Schule des Lebens. Wir fragen nach der inhaltlichen Kraft der Texte der Bergpredigt, wer auch immer ihre Worte festgehalten und gestaltet hat. Die Wucht der Aussagen fasziniert uns mehr als die eindeutige Klärung der Herkunft einzelner Verse. Wir zerbrechen uns nicht den Kopf darüber, ob die einzelnen Sprüche Jesu auch wirklich buchstäblich so über seine Lippen kamen, sondern ob sie seinen Geist atmen. Wir empfinden die Vorschläge zur Feindesliebe, zur Wahrhaftigkeit, zum Besitzverzicht und die übrigen Provokationen der Bergpredigt nicht primär als Textformen, sondern als Impulse zu einer besseren Gestaltung des Daseins in jeder Zeit. Man darf ihnen weder die Spitze abbrechen, noch auf ihrer direkten Anwendung ohne Berücksichtigung unserer heutigen Lebenswelt beharren.
Eine zweite wichtige Frage ist, welchem Evangelisten wir überhaupt folgen sollen, wenn wir uns den Worten der Bergpredigt stellen. Man nennt diese Frage das ***synoptische Problem***, denn die „Bergpredigt" liegt nämlich nicht nur in der Fassung des Matthäus vor. Lukas überliefert große Teile ihres Stoffes als „Feldrede", während bei Markus und Paulus nur kleine Reststücke ihrer Sprüche und bei Johannes überhaupt keine direkten Parallelen überliefert sind.[53] Die Feldrede Lk 6,20–49 ist mit 30 Versen beachtlich lang, aber gemessen an den drei Kapiteln von Matthäus 5–7 doch wesentlich kürzer. Lukas schreibt mindestens ein Jahrzehnt nach Matthäus. In der Zwischenzeit erfolgt die Bildung der ersten Christengemeinden, und der Abstand zwischen den Juden der Synagoge und den Heidenchristen ist größer geworden. Lukas kann schon – mehr als Matthäus – auf die Missionserfolge der Apostel zu-

---

52 Mt 5,22.30; 8,12; 13,42.50; 18,8f.; 22,13; 24,51; 25,30.41.
53 z.B. Mk 1,22; 4,21.24; 9,43–48.50; 10,11–12; 11,25.

rückschauen. Er fügt deshalb seinem Evangelium auch eine Apostelgeschichte an, die den Verlauf der Missionsarbeit von Jerusalem bis Rom erzählt. Ihm liegt die geographische Ausbreitung des Evangeliums über alle Länder und Völker hinweg stärker am Herzen als die geschichtliche Herkunft des neuen Gottesvolkes aus dem alten Gottesvolk, die Matthäus mit seiner Öffnung der Thora auf Jesus hin noch so wichtig war. So setzt Lukas deshalb auch Jesus nicht mehr wie Matthäus analog zu Moses auf einen „Berg“[54], sondern stellt ihn auf ein weites, offenes „Feld“. „Und er ging mit ihnen hinab und trat auf ein ebenes Feld. Und um ihn war eine große Schar seiner Jünger und eine große Menge des Volkes ...“[55] Für Lukas ist Jesus nicht nur der zweite Mose, sondern der neue Mensch überhaupt, der den Unterschied zwischen Juden und Heiden hinter sich lässt. Lukas führt den Stammbaum Jesu darum auch nicht nur wie Matthäus bis auf Abraham als den ersten umherziehenden Hebräer zurück, sondern bis auf Adam als den Urmenschen.[56] In der Zwischenzeit ist auch die Frage der Realisierbarkeit der Worte Jesu im täglichen Leben stärker in den Vordergrund getreten als bei Matthäus, zumal die Verfolgungen der Anhänger Jesu sich häuften. Lukas lässt deshalb die Menschen zwar immer noch aus allen Gebieten „herbeiströmen“[57], schränkt aber die Weisungen Jesu eindeutig auf die jüngst und neu berufenen und gewissermaßen eingesegneten Jünger ein. Bei ihm werden die Hörer der Feldrede durchweg in der 2. Person Plural „ihr, euch“ angesprochen. Es wird in der „Feldrede“ auch deutlich, dass zur lukanischen Zeit bereits Spannungen zwischen den reichen und den armen Gemeindemitgliedern aufkamen, von denen uns auch Paulus berichtet[58], denn Lukas kontrastiert seine Seligpreisungen der Armen scharf durch Weherufe über die Reichen.[59] Trotz dieser beträchtlichen Unterschiede der Anliegen und der Formulierungen lässt sich die Bergpredigt des Matthäusevangeliums nicht auslegen ohne einen ständigen Blick auf die Lukas-Fassung als Feldrede. Gerade die Unterschiede der Evangelisten in der Wahl der Worte und Bilder, der Kürzungen und Zusätze lassen schärfer nach dem fragen, was der Kern der Friedensbotschaft Jesu eigentlich war und ist. So bieten also bereits die Evangelien eine interne Diskussion über die Ethik Jesu an. Diese Auseinandersetzung verstärkt sich noch, wenn man auf den Umgang mit der Bergpredigt in der Kirchengeschichte achtet.

---

54 Mt 5,1.
55 Lk 6,17.
56 Vgl. Mt 1,1f. mit Lk 3,38.
57 Lk 6,17f.
58 1 Kor 11,17–21.
59 Vgl. Lk 6,20–23 mit 6,24–26; siehe auch Apg 5,1–11.

Damit stellt sich nämlich das dritte Problem. Können wir überhaupt noch unvoreingenommen der Bergpredigt begegnen, nachdem sie jahrhundertelang auf vielerlei Art und Weise ausgelegt und dabei auch entstellt worden ist? In jeder heutigen Interpretation schwingt immer auch bewusst oder unbewusst ihre Wirkungsgeschichte mit. Man könnte die ganze Auslegungsgeschichte der Bergpredigt geradezu als eine Geschichte ihrer Zähmung bezeichnen. So hat man schon immer die absolute, die ***wortwörtliche Befolgung*** ihrer Weisungen als naiv oder gar unmöglich „verketzert", obwohl sie von den Brüdergemeinden der Hussiten, Mennoniten, Ämischen, Quäker u.a. unter großen Opfern real gelebt wurde und noch gelebt wird. Diese Gruppen sehen in der Bergpredigt eine pazifistische Friedensordnung, die das Reich Gottes heute schon paradiesisch herbeiführen könnte, wenn die Menschen nur konsequent den Gewaltverzicht Jesu befolgen würden. Die Großkirchen halten den pazifistischen Gemeinschaften entgegen, dass sich nur abgesonderte Gruppierungen, die aus der gesellschaftlichen Mitverantwortung aussteigen, eine solche radikale Befolgung der Weisungen Jesu leisten können. Weltkirchen oder Staatswesen würden sich ruinieren, strebten sie auf diese Weise den idealen Frieden und die absolute Gerechtigkeit an. Dieser totalen Befolgung der Bergpredigt durch Sekten oder Freikirchen entgegengesetzt, gibt es darum den so genannten ***„eklektischen"****, d.h. „auswählenden"* Gebrauch, der die Rede Jesu als Sprüchesteinbruch bewertet, aus dem man sich den einen oder anderen Quader herauslöst, der brauchbar erscheint, wie etwa die bekannte Goldene Regel: „Alles nun, was ihr wollt, dass euch die Leute tun sollen, das tut ihnen auch!"[60] Die anderen Weisungen bleiben dabei unbeachtet. So war zum Beispiel der russische Volksschriftsteller Leo Tolstoi vor allem daran interessiert, in der Bergpredigt ein „Prinzip der Gewaltlosigkeit" zu sehen, ohne die Weisungen, etwa zum Umgang mit dem Besitz, der Wahrheit, dem Sorgen usw. wesentlich zu beachten.

Die meisten Auslegungskonzepte entscheiden sich jedoch zwischen dem wortwörtlichen und dem nur ausschnittsweisen Gebrauch der Bergpredigt für einen Mittelweg. Sie nehmen zwar alle Worte Jesu ernst, schränken sie aber von übergeordneten Gesichtspunkten her ein, so etwa die dogmatischen Deutungen wie z.B. die ***anthropologische Sinngebung***. Sie gibt vor, dass die Bergpredigt nur auf allgemeine Aussagen über das Menschsein vor Gott abziele. Ihre Forderungen wollten nur die Selbstgerechtigkeit der Menschen erschüttern. So friedlich, so barmherzig, so aufrichtig, wie Jesus es beschreibt, müssten die Menschen eigentlich vor Gott stehen; aber leider sind sie anders geartet. Wir alle sind Sünder, die sich nicht an Wahrheit und Ge-

---

60 Mt 7,12.

rechtigkeit halten. Selbst die scheinbar weißen Westen der ehrbaren Bürger sind vor Gott grau, wenn nicht gar schwarz. Die Untaten der Menschen unterscheiden sich vor Gott nur nach Quantität, aber nicht nach Qualität. Die einen haben das Böse schon begangen, die anderen es erst gedacht. In Versuchung sind wir alle schon geraten. Der Sinn der Forderungen Jesu sei deshalb nur die Aufdeckung der Gewissen. Ein Schweizer Theologe hat diesen Gedanken einmal auf das Bild gebracht, die Bergpredigt stelle den Wanderer vor eine steile Felswand und behaupte, der Weg gehe oben weiter. Wie er nach oben käme, sage sie ihm aber nicht. Er könne das Hindernis natürlich nicht aus eigener Kraft überwinden und falle darüber in Trauer. Bei dieser Erschütterung der Gewissen setzt eine zweite dogmatische Deutung an. Man nennt sie die ***christologische Perspektive***. Sie lässt die erschrockenen „Sünder" nach einem Helfer Ausschau halten. Dabei bietet sich der Sprecher der Bergpredigt, Christus selbst, an. Der Verkünder hat seine Weisungen stellvertretend für uns alle schon erfüllt. Er hat mit seinem Gang an das Kreuz den unbedingten Gehorsam geleistet.[61] Wenn wir uns diese „Rechtfertigung" schenken lassen, brauchen wir die Weisungen der Bergpredigt nicht mehr, weil wir dann so geheiligt sind, dass wir spontan mit aufrichtigen Taten zum Bau des Reiches Gottes beitragen. „So bringt jeder gute Baum gute Früchte"[62], wobei unter „gut" als von Christus „gut gemacht" verstanden wird. Vor allem Luther und Calvin haben diese dogmatischen Deutungen geschätzt und sie auf die ganze Bergpredigt bezogen. Die meisten Auslegungstheorien vertreten aber nicht die absoluten wortwörtlichen oder generalisierenden Verständnisse, sondern die so genannten ***relativen Deutungen***. Sie bejahen alle Forderungen der Bergpredigt, aber eben nur begrenzt bezogen auf bestimmte Personengruppen, besondere Zeiten oder eingeschränkte Räume.

So behauptet die so genannte ***personale Eingrenzung***, die Forderungen der Bergpredigt seien nur bestimmten Auserwählten in Auftrag gegeben worden. Sie sei nicht als breite Volksansprache, sondern als beschränkte Jüngerrede zu verstehen, da gleich zu Beginn bemerkt werde: „Und seine Jünger traten zu ihm."[63] Das Volk habe dem Jüngerunterricht nur zugehört und ihm am Ende Beifall gezollt.[64] Allein die Jünger seien in der Lage gewesen, die „Berglehre" in ihr Leben umzusetzen, weil sie durch ihre Wanderexistenz alle hinderlichen sozialen Bindungen wie Familie, Beruf, Sitte usw. hinter sich

61 Vgl. Röm 8,1–4; 1 Petr 2,4.
62 Mt 7,17.
63 Mt 5,1.
64 Mt 7,28.

gelassen hätten.[65] Diese Auslegungstheorie, der schon die alten Kirchenväter huldigten, wurde im Mittelalter zur scholastischen Zwei-Stände- oder Zwei-Stufen-Lehre ausgebaut. Sie teilt die Christenheit in den Laienstand der „imperfecti", der Unvollkommenen, und in den Klerikerstand der „perfecti", der Vollkommenen, ein, um gestufte Forderungen verlangen zu können. Die bloß Getauften hätten im Alltag nur die „mandata", die Aufträge der Zehn Gebote, einzuhalten, praktisch also nur das „du sollst nicht!" Die Geweihten hingegen, Mönche, Priester, Kirchenfürsten usw., sollten zusätzlich noch die „consilia" des Evangeliums, die Ratschläge des Gewaltverzichts, der Armut, der Keuschheit und der Besitzlosigkeit befolgen. Die Bergpredigt galt nach dieser Theorie im strengen Sinn nur denen, die sich durch ihre Gelübde bereits dem „Himmelreich" versprochen und dem „Weltsinn" ein für alle Mal durch ihre Weihen abgesagt hatten. Martin Luther hat zwar in seinen Schriften über das allgemeine Priestertum aller Gläubigen von 1520/21 diese Einteilung der Christenheit in zwei Stände bestritten und allen Christen das ganze Evangelium in Auftrag gegeben, andererseits aber die Zweiteilung 1523 in seiner Schrift „Von weltlicher Oberkeit, wie weit man ihr Gehorsam schuldig sei" als Zwei-Reiche-Lehre doch wieder eingeführt – aber nun in das Gewissen der Christen hineinverlegt. Jeder Christ stehe in den Fragen von Recht und Gerechtigkeit in einer Doppelrolle, nämlich zugleich Amtsperson und Privatperson zu sein. Luther fasst dabei den Amtsbegriff so weit, dass jeder Beruf – selbst das Eltern- und Nachbarsein – zu einem „Amt" wird. Bei allen Aufgaben und Konflikten habe der „Christenmensch" zu unterscheiden, ob er als „Weltperson" oder als „Privatperson" gefragt sei. Als „Weltperson" ist er für andere da und darf kein Unrecht „leiden". Als Privatperson ist er für sich selber da und soll Unrecht „dulden". Luther spielt dabei mit dem Doppelsinn von „leiden/dulden" als „ertragen" bzw. „zulassen". Als Amtsträger hat der „Christenmensch" die Pflicht, Gewalttätigkeiten zu wehren, als Privatmann ist er berufen, für sich selber Gewalt zu ertragen. Die Nachteile dieser lutherischen Zwei-Reiche-Lehre sind offensichtlich. Die weltlichen Rollen, in denen jeder als Mitbürger und Familienangehöriger steht, sind so zahlreich, dass der Einzelne kaum eine Chance hat, für sich allein Verantwortung zu tragen. Immer steht er für irgendjemand, den er schützen muss. Folglich kommt in der lutherischen Zwei-Reiche-Lehre mehr die Strafe als die Liebe zum Zug. Die Liebe hat nur die Möglichkeit, der Bestrafung eine gewisse Mäßigung vorzuschlagen. Die lutherische Ethik ist in Gefahr, das Bewusstsein zu spalten. Als Richter, als Soldat, als Geschäftsmann, als Familienvater handelt der Bürger anders denn als Christ, d.h. er lässt meist die „von Gott

65 Gerhard Lohfink, Wem gilt die Bergpredigt? 1988, S. 32f.

eingesetzte Obrigkeit“ tun, was sie will, und ist dankbar, dass er unter ihr „ein geruhig und stilles Leben führen“ darf, wie es früher in dem evangelischen Kirchenlied „Verleih uns Frieden gnädiglich“ hieß.[66]
Andere Verständnisse beschränken die relative Gültigkeit der Bergpredigt auf eine ***bestimmte Zeit***. Jesus von Nazareth sei konsequent davon ausgegangen, dass das Weltende in wenigen Jahren eintreffe, behauptete zum Beispiel Albert Schweitzer. Für die vermeintlich kurze Übergangszeit von drei oder fünf Jahren sei es ihm erlaubt gewesen, in einer „Interimsethik“ alle Werte umzuwerten, zu vergeben statt zu vergelten, „im Freien“ zu leben statt innerhalb der Gesellschaft und ihrer Spielregeln. Der „Davidssohn“ habe sich jedoch über das Kommen eines apokalyptischen Weltendes getäuscht und sei am Kreuz mit dem Verzweiflungsschrei gestorben, wobei er bis zuletzt die Augen offen hielt, ob Gott nicht doch noch eingriffe und ihn auf den Wolken des Himmels als Kyrios präsentierte. So sei Jesus von Nazareth mit seinen Erwartungen gescheitert. Eine Auferstehung kennt Albert Schweitzer nicht, und eine Fortsetzung der Botschaft Jesu gibt es für ihn nur insofern, als wir uns angeregt von dessen beispielhaftem Willen selber durch sittliche Arbeit erlösen.[67]
Eine weitere Einschränkung, die ***räumliche***, bezieht die Bergpredigt nur auf die antike Bauerngesellschaft zur Zeit Jesu. Sie fragt, wie anders man sonst mit dem Spruch: „Darum sorgt nicht für morgen; denn der morgige Tag wird für das Seine sorgen“ (6,34), zurechtkäme. Eine Gesellschaft, die vom täglichen Fischfangen und Kornmahlen lebte und nur von Ernte zu Ernte dachte, habe es sich vielleicht leisten können, von der Hand in den Mund zu leben. Eine moderne Industriegesellschaft hingegen beruhe auf langfristiger Planung und Profitkalkulation. Sie sei auf gezielte Investitionen und Berechnungen ihrer Renditen gebaut.
Wiederum eine andere Auslegungsvariante will die Bergpredigt nur im Blick auf das Verhalten ***innerhalb der Kirchengemeinden*** gelten lassen. „Ich aber sage euch: Wer mit seinem Bruder zürnt, der ist des Gerichts schuldig.“[68] Gläubige Brüder und Schwestern müssten in ihren Gottesdiensten und Gemeindekreisen gewaltfrei miteinander auskommen können, denn Christen, die aus der Vergebung lebten, bräuchten im Grunde genommen kein Versöhnungsgebot mehr. Diese Beschränkung der Bergpredigt auf das kirchliche

66 Evangelisches Kirchengesangbuch, Ausgabe für die Evangelische Landeskirche in Württemberg, 1953, Nr. 139, Strophe 2.
67 Albert Schweitzer, Geschichte der Leben-Jesu-Forschung, 1906 (1913), Kapitel 21: Die Lösung der konsequenten Eschatologie; auch Kapitel 25: Schlußbetrachtung.
68 Mt 5,22.

Leben würde jedoch zu einer Trennung zwischen Sonntags- und Werktagschristentum führen und die bittere Erfahrung verkennen, dass es in der Kirche genauso wie in Staat und Gesellschaft Bruderneid und Herrschsucht gibt.
Die Eingrenzung der Bergpredigt auf bestimmte Gruppen, Zeiten oder Räume will also nicht gelingen, ohne dass der Eindruck entsteht, man nimmt ihren provokativen Forderungen die Spitzen. Deshalb ist in einer *vierten Fragestellung* noch einmal zu fragen, an wen denn die Bergpredigt von Anfang an überhaupt gerichtet war. *Wer waren ihre ursprünglichen Adressaten?* War ihre Hörerschar weit offen oder auf bestimmte Personen und Gruppen beschränkt, die von vornherein die Voraussetzungen mitbrachten, radikal das Beste zu wollen? Wie schildert die Bergpredigt selber ihr Auditorium? Wer saß oder stand eigentlich bei Jesus, als er sein „Evangelium vom Reich" verkündete?[69]
Auf den ersten Blick scheinen sich zwei konzentrische Kreise um Jesus gebildet zu haben. In einem Innenkreis standen die „Jünger". In weiteren Außenkreisen lagerten sich die „vielen". Jesus hat demnach im Wesentlichen nur seine Jünger angesprochen, denn sie seien näher bei ihm gestanden. Die „vielen" haben, wie es zunächst erscheint, nur die Kulisse gebildet, aber Jesus nicht wirklich wörtlich vernommen. Eine größere Volksmenge konnte allein schon aus akustischen Gründen die Predigt nicht hören. Man kann von einem Berg herab nicht nach allen Seiten rufen, zumal der Wind den Schall vertreibt. Dieser scheinbar logische Einwand übersieht die Bedeutung des Berges als eines symbolischen Ortes. Vor allem steht einer reinen Jüngerbelehrung der Schluss der Bergpredigt entgegen, wo die Reaktion des Volkes ausdrücklich als Echo auf ihren Inhalt beschrieben wird: „Und es begab sich, als Jesus diese Rede vollendet hatte, dass sich das Volk entsetzte über seine Lehre, denn er lehrte sie mit Vollmacht und nicht wie ihre Schriftgelehrten."[70]
Das Volk hat sehr wohl die Provokationen Jesu gehört, wie es uns Matthäus nahe bringen will. Denn die Jünger werden am Ende nicht mehr gesondert erwähnt, sondern nur noch die „Menge". Die Jünger stehen als Handwerker, Zöllner, Fischer, Bauern dem Volk auch nicht elitär gegenüber, sondern sind seine Prototypen. Sie stammen aus dem Volk. Viele Metaphern der Bergpredigt haben mit Alltagssorgen, Schuldknechtschaft, Unrechtserfahrungen, Hunger und Durst zu tun. Auch wenn hier und dort – und ganz besonders bei starken Herausforderungen der Gewissen – das allgemeine „sie" der dritten Person Mehrzahl in das persönliche „du" oder „ihr" übergeht, ist das noch kein zwingender Beweis dafür, dass die Bergpredigt nur eine Empfehlung für

69 Mt 4,23.
70 Mt 7,28f.

die Wenigen ist, die „mit Ernst Christ sein wollen". Man kann bei einer Ansprache an eine Menge durchaus jeden persönlich meinen. Die personelle Einschränkung wird in Wahrheit nur vorgebracht, um die Bergpredigt von Rathaus und Parlament fernzuhalten und sie nicht auf die politischen Verhältnisse anwenden zu müssen, die aber das Leben der Gesellschaft wie der einzelnen Menschen doch wesentlich bestimmen. Der Rahmen der Bergpredigt ist breiter, als gemeinhin angenommen wird. Die programmatische Rede Jesu beginnt im Matthäusevangelium nicht erst mit dem ersten Vers des fünften Kapitels. Die ursprünglichen Fassungen der Evangelien kannten keine numerische Verseinteilung. Sie wurde erst später von Kirchenvätern zur besseren Übersicht vorgenommen. So ist wohl auch das vorausgehende „Summarium" als Überblick über die Tätigkeit Jesu, das heute als Kapitel 4, Vers 23–25 gezählt wird, schon dem eigentlichen Bestand der Bergpredigt zuzurechnen, weil es die Szenerie erstellt. „Als er aber das Volk *sah* ..."[71] Die Bergpredigt ist von vornherein eine Volksansprache und keine bloße Jüngerbelehrung, weil Jesus, bevor er „seinen Mund auftat"[72], nicht nur seine treuen Freunde ins Auge fasste, sondern die Schicksale der von weither zusammengeströmten Menge „ansah". Die Bergpredigt oder Berglehre gilt ohne Einschränkung immer und überall. Sie richtet sich an jedermann. Man darf sie weder entschärfen, noch kürzen, noch in die Antike zurückversetzen, noch auf die Kirchengemeinde eingrenzen, noch ins Paradies verbannen. Der Sonntag und der Werktag, das Evangelium und das Leben gehören zusammen. Der Christ ist als Jünger und Staatsbürger ein und dieselbe Person, die Glaube und Vernunft vereinen und nicht gegeneinander oder nebeneinander stellen soll. Und auch der Mitchrist darf von überall her kommen. Er muss sich nicht erst ausweisen als einer, der zu mir passt.

---

71 Mt 5,1.
72 Mt 5,2.

Der zusammengelaufene Haufen – *Die Hörer der Bergpredigt*

Mt 4,23 Und Jesus zog umher in ganz Galiläa, lehrte in ihren Synagogen und predigte das Evangelium von dem Reich und heilte alle Krankheiten und alle Gebrechen im Volk. 24 Und die Kunde von ihm erscholl durch ganz Syrien. Und sie brachten zu ihm alle Kranken, mit mancherlei Leiden und Plagen behaftet, Besessene, Mondsüchtige und Gelähmte; und er machte sie gesund. 25 Und es folgte ihm eine große Menge aus Galiläa, aus den Zehn Städten, aus Jerusalem, aus Judäa und von jenseits des Jordans.

Nach diesen Angaben beruht die Tätigkeit Jesu auf vier Säulen: *umherziehen, lehren, verkündigen, heilen.* Sie werden gleichwertig aufgezählt und benötigen sich gegenseitig. Sie sollten auch heute noch die Grundmodelle der christlichen Dienste sein. Dabei ist allein schon das „Umherziehen" keine rein technische Bemerkung, dass Jesus einmal hier und einmal dort gewesen sei, sondern bereits ein inhaltlicher Teil des „Evangeliums vom Reich". Auch Petrus betont später bei seiner Missionsansprache an den römischen Hauptmann Cornelius das „Umherziehen" als wichtiges Merkmal des Lebens Jesu.[73] Die Nachfolge verlangt eine mobile Lebensform, die loslassen kann und sich nicht am Besitz festkrallt. Im „Umherziehen" schwingt auch die geistige Beweglichkeit mit. Das Lehren, Verkündigen und Heilen muss angesichts der verschiedenen Hörer mobil gestaltet werden, indem es die Fragen und Bedürfnisse der jeweiligen Personen und Gruppen berücksichtigt. Umgekehrt gibt es kein Umherziehen, Lehren, Heilen, das nicht „verkündigen" will, und es gibt keine „Verkündigung", die nicht zugleich lehrt, beweglich macht und heilt. Auch Paulus hat in seinen Leib-Gleichnissen darauf hingewiesen, dass die kirchlichen Dienste zwar verschiedene Profile haben, aber in ihrer Notwendigkeit und Würde gleichberechtigt sind: „Das Auge kann nicht zur Hand sagen: Ich bin nicht auf dich angewiesen. Der Kopf kann nicht zu den Füßen sagen: Ich brauche euch nicht."[74] Diese grundsätzlichen Überlegungen bedeuten für die Bergpredigt, dass sie den Glauben beweglich machen, aber auch lehren und heilen will. Sie kann nicht nur verblüffen und vor den Kopf stoßen wollen. Die „große Menge" (V. 25) die sich um Jesus versammelt, bringt ihren „heillosen" Alltag und ihre ganze Verschiedenheit mit, zu deren Bewältigung sie Anweisung und Unterricht braucht.

---

73 Apg 10,38.

74 1 Kor 12,21; Röm 12,5f.

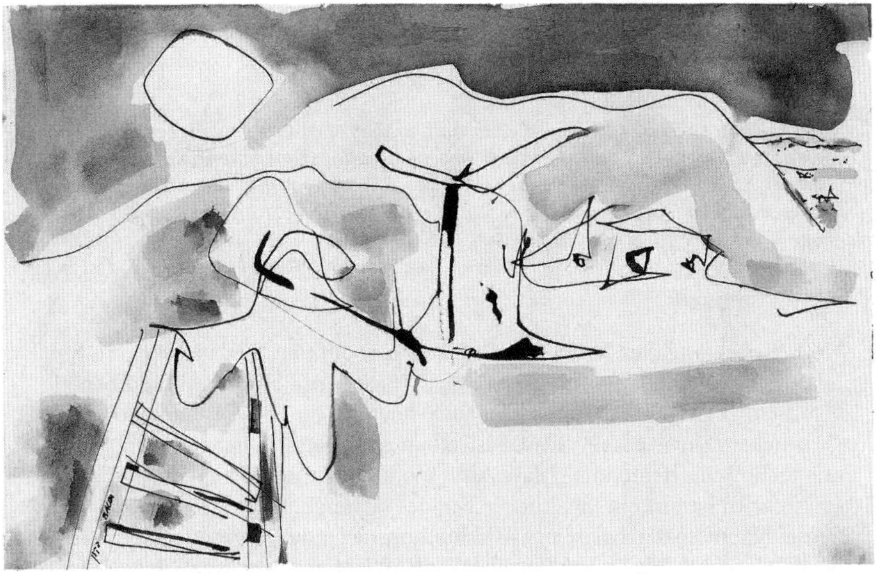

„Und sie brachten zu ihm alle Kranken, mit mancherlei Leiden und Plagen behaftet“ (V. 24). Das Publikum der Bergpredigt setzt sich zusammen aus Träger und „Getragenen“, Gesunden und Kranken, Starken und Schwachen, Hörenden und Schwerhörigen. Dabei liegt auf den Gebrechen und Leiden der besondere Akzent. Die „Besessenen, Mondsüchtigen und Gelähmten“ stehen als Beispiele für alle, die unter Bedrückungen leiden. Die Bergpredigt schließt die Glücklichen und Zufriedenen nicht aus, wendet sich aber vornehmlich an die Leidenden und Geplagten. Man muss die Menschen in ihrer Not sehen, bevor man die Erfüllbarkeit der Weisungen Jesu bezweifelt. Wer den Druck der Verhältnisse spürt und nach einer anderen „Gerechtigkeit hungert und dürstet“, verlangt nach anderen Maßstäben des Zusammenlebens (5,6). Die Volksscharen haben zum Teil beschwerliche Strecken zurückgelegt, um Jesus zu erleben, und ihre Patienten unter großen Mühen von weit her mitgebracht. Der Ruf, der Jesus vorausgeeilt ist, kann darum nicht nur Utopien versprochen haben. Die Menschen wären nicht mit ihren Lasten und Problemen gekommen, wenn sie keine Antworten erwartet hätten. Leidgeprüfte Menschen trauen keinen Tröstungen, die nicht stichhaltig sind. Allein die Zusammensetzung der Zuhörerschaft weist also schon auf die Volksnähe und den Realitätsbezug der Verkündigung Jesu hin.

„Und die Kunde von ihm erscholl durch ganz Syrien“ (V. 24). Matthäus zieht um die Hörer der Bergpredigt einen großen geographischen Kreis. Die Bezeichnung „Provinz Syrien“ war zurzeit Jesu der römische, reichsrechtliche Verwaltungsbegriff für den ganzen Länderblock am östlichen Mittelmeer, den wir heute den Nahen Osten nennen würden. Aus diesem großen Landstrich werden „reine“ und „unreine“, jüdische und nichtjüdische Herkunftsgebiete der Hörer konkurrenzlos nebeneinander gestellt. „Jerusalem“ und „Judäa“ waren klassische jüdische Gebiete. „Galiläa“ bestand aus einem Nebeneinander von getrennten jüdischen und nichtjüdischen Siedlungen. In der „Dekapolis“ und im „Gebiet jenseits des Jordans“ wohnten in den hellenistischen Städten jüdische Minderheiten. Der „Ruf“ Jesu war also nicht auf Israel beschränkt. Für die „vielen Menschen“, die zusammenliefen, verwendet Matthäus den griechischen Begriff „ochloi“[75], der soziologisch „Scharen, Volksmengen“ bedeutet, im Unterschied zu dem theologisch gefärbten Ausdruck „laos“, mit dem sonst der Evangelist Israel als Gottesvolk bezeichnet.[76] Die Gültigkeit der Bergpredigt kann deshalb heute nicht von vornherein auf den Raum der Kirche als das „neue Israel“ beschränkt werden.[77] Es wäre reichlich

75 Vgl. auch Mt 5,1; 7,28; Sach 2,15.
76 Mt 1,21; 2,6.
77 Anders bei Gerhard Lohfink, Wem gilt die Bergpredigt? 1988, S. 29–31 u.ö.

konstruiert, daran zu erinnern, dass die angegebenen Regionen einmal zum Großreich Davids gehörten und deren Aufzählung deshalb nur Jesus als den „Davidssohn" herausstellen wolle. Die Tür zum Evangelium ist nicht nur angelehnt, sie ist weit geöffnet. „Und es werden kommen von Osten und von Westen, vom Norden und vom Süden, die zu Tisch sitzen werden im Reich Gottes", überliefert Lukas als Jesuswort (Lk 13,29). Er schildert das Volk des „Reiches Gottes" ebenso wie Matthäus als Zulauf aus allen Himmelsrichtungen, auch wenn er mehr die Tischgemeinschaft des Volkes mit Jesus als die Hörergemeinde betont. Der „offene Himmel" verlangt das „offene Land" und die „offene Gemeinde". Um Jesus herum steht, wie wir heute sagen würden, die „multikulturelle Gesellschaft". Gerade sie hat durch ihre spannungsreiche Zusammensetzung Strategien der „Entfeindung"[78] und der Toleranz nötig. Im Epheserbrief wird von „Christus Jesus" gesagt: „Er ist unser Friede, der aus beiden (Juden und Heiden) *eines* gemacht hat und den Zaun abgebrochen, der dazwischen war, nämlich die Feindschaft."[79] Für ihn waren nicht das Volks- oder Parteigenossentum, sondern das Mensch- und Mitmenschsein die entscheidenden Kategorien der Existenz. Gottes irdischer Stellvertreter verkündete: Wer zum Reichtum des Schöpfers aufschaut, entdeckt von ihm her die Geschöpfe in ihrer Not. Der Not aber wird nicht anders abgeholfen als durch mehr „Gerechtigkeit".

---

78 Pinchas Lapide, Die Bergpredigt – Utopie oder Programm?, ^{3}1983, S. 100.

79 Eph 2,13f.

Die bessere Gerechtigkeit – *Der Kern der Bergpredigt*

Mt 5,20 Denn ich sage euch: Wenn eure Gerechtigkeit nicht besser ist …

Die *Gerechtigkeit* ist das Leit- und Stichwort der Bergpredigt. Die lange Rede Jesu ist trotz ihrer recht verschiedenen Themen und breit gestreuten Sprüche nicht ohne Systematik. An fünf Stellen wird in grundsätzlichen Äußerungen der Hunger nach „Gerechtigkeit" in den Mittelpunkt gerückt.[80] Die Gerechtigkeit ist für unfreie, geplagte Menschen so nötig wie das tägliche Brot. Ohne eine „bessere Gerechtigkeit" bricht das Reich Gottes nicht an.[81] Dabei versteht Jesus unter Gerechtigkeit weniger die genaue Einhaltung von Gesetzen und Vorschriften als vielmehr die verlässliche Solidarität zwischen Gott und den Menschen und den Menschen untereinander, wie sie schon von den Propheten als „Bundestreue" gefordert wurde.[82] Entscheidend ist die Abfolge, in der Jesus die „bessere Gerechtigkeit" zwischen Gott, Mensch und Mitmensch beleuchtet. Zuerst beschreibt Jesus in den Seligpreisungen[83], Salz- und Lichtworten[84] die höhere Gerechtigkeit, die von Gott her auf uns zukommt. Es ist der vertikale Blick von oben nach unten. Gott handelt anders, als wir denken: einfühlsamer, großzügiger, hilfreicher. Er ist gerechter zu uns, als wir meinen. Das Passiv steht vor dem Aktiv. Gott beschenkt uns, bevor er etwas von uns fordert. Er gibt uns zuerst ein neues Selbstbewusstsein und neue Kraft, bevor er nach unserem Glauben und unseren Taten fragt. Nachdem Jesus durch Gottes gnädige Zuwendung uns gestärkt sieht, geht er in einem zweiten Gedankengang, in den so genannten Antithesen, auf das Verhältnis der Menschen zueinander ein und ruft uns zu einem anderen Umgehen miteinander auf.[85] Wir dürfen gerechter zueinander sein und solidarischer miteinander verkehren. Es ist der horizontale Blick nach links und rechts, die Frage, wie wir zu unseren Mitmenschen stehen. In seinen Anweisungen zum Almosengeben, Beten und Fasten prüft Jesus in einem dritten Blickwinkel von unten nach oben, wie wir mit Gott verfahren: Ob wir uns ihm darstellen, wie wir in Wahrheit sind, oder ob wir ihm nur etwas vorspielen.[86] Wir dürfen

80 Mt 5,6.10.20; 6,1.33.
81 Mt 5,20.
82 Am 5,21–24; Jes 11,1–5; Jer 31,33.
83 Mt 5,3–12.
84 Mt 5,13–16.
85 Mt 5,21–48.
86 Mt 6,1–18.

Gott gerechter werden und müssen ihn nicht mit falscher Frömmigkeit betrügen. Schließlich sieht Jesus gleichsam in unser Herz und beschreibt in den Sprüchen vom Schätzesammeln und Sorgen, wie wir uns zu uns selbst verhalten und uns selber mehr gerecht werden können.[87] Diese verschiedenen Perspektiven hin zu einer „besseren Gerechtigkeit" sind am anschaulichsten in dem berühmten „Doppelgebot der Liebe", das eigentlich ein Dreifachgebot ist, didaktisch zusammengefasst: „Du sollst den Herrn, deinen Gott, lieben von ganzem Herzen, von ganzer Seele und von ganzem Gemüt … (und) deinen Nächsten … wie dich selbst."[88] Das „Reich Gottes" rückt näher, wenn wir in der Gottesliebe, Nächstenliebe und Selbstliebe anders verfahren und fortschreiten bis hin zur Feindesliebe. Es gibt einen Zirkel der Liebe, in dem die eine Liebesform von der anderen abhängt. Aber wir können in diesen Zirkel der Liebe nicht beliebig einsteigen, sondern sollten zuerst die Liebe, mit der Gott uns liebt, wahrnehmen, um uns dann für die Liebe zu uns selbst, zu unseren Nächsten und sogar zu unseren Feinden davon erwärmen zu lassen.

Wenn wir die Bergpredigt auslegen, halten wir uns an feste Kriterien. So sind wir der Überzeugung, dass sie eine Volksansprache und nicht nur eine Jüngerbelehrung ist. Sie gilt jedermann, immer und überall.[89] Ferner verstehen wir die Bergpredigt als eine inhaltlich zusammenhängende Rede, bei der die Abschnitte jeweils sinnvoll aufeinander bezogen sind. Man zerstört die Dynamik der Bergpredigt, wenn man sie für ein Notizbuch hält, in dem die Äußerungen Jesu in der Abfolge beliebig aufgelistet sind, so dass man einzelne von ihnen je nach der Thematik, die gerade aktuell ist, ohne Beachtung des Gesamtzusammenhangs herausgreifen könnte. Ein Redner kann nicht drei Kapitel lang die Aufmerksamkeit seines Auditoriums erregen, wenn er nicht in einem systematischen Zusammenhang spricht. Wir sehen deshalb als durchgehenden roten Faden das Ringen Jesu um Gerechtigkeit und Frieden. Vor allem ist es wichtig zu sehen, dass die Bergpredigt ständig im Bezugsspiel des „Dreifachgebots" der Liebe argumentiert. Unser Gottesverhältnis prägt unser Verhältnis zu unseren Nächsten und auch das Verhalten zu uns selbst. Darüber hinaus nehmen wir wahr, dass die Berg*predigt* eine Berg*lehre* sein will, das heißt: sie ist Unterricht, Dialog, Disput. „(Er) *lehrte* sie und sprach …"[90] Zur jüdischen Lehrkunst gehört seit eh und je das lebhafte Für und Wider. Man kann deshalb zwischen den Zeilen die Einwürfe und Rückfragen der Zuhörer heraushören und sich das Kopfschütteln oder Kopfnicken

---

87 Mt 6,19–34.
88 Mt 22,37–39.
89 Mt 4,25.
90 Mt 5,2.

der Menschen um Jesus vorstellen. „Ihr sollt nicht meinen …“[91] Das Volk war nicht erst am Ende der Ausführungen Jesu über seine Lehre „entsetzt“[92], sondern schon während seiner ganzen Rede. Schließlich stellen wir die traditionsgeschichtliche Betrachtung der Bergpredigt hinter die inhaltliche Auslegung ihrer „Wortbilder“ zurück. Die moderne theologische Forschung verwendet große Mühe darauf, ursprüngliche Textschichten von sekundären Zusätzen und Ergänzungen zu unterscheiden. Für die ersten Leser der Evangelien gab es jedoch diese Trennung zwischen Worten des historischen Jesus und späterer „Gemeindebildung“ nicht. Wir berücksichtigen zwar, dass die Ansprache einmal mehr das „Volk“, dann wiederum eher nur die „Jünger“ herausfordert, also die beiden verschiedenen Adressaten „Öffentlichkeit“ und „Kirche“ vorliegen und die Texte verschiedene „Sitze im Leben“ haben können. Die systematische Auslegung der Bergpredigt darf sich jedoch von der textkritischen Methode nicht verdrängen lassen, wenn in Zeiten zunehmender „Militärschläge“ und sich ausweitender Verteilungskämpfe der Widerspruch des Evangeliums noch gehört werden soll.

91 Mt 5,17.
92 Mt 7,28.

Das Glück der Habenichtse – *Die Seligpreisungen*

Mt 5,2–12 (Lk 6,20–23)

2 *Und er tat seinen Mund auf, lehrte sie und sprach:*
3 *Selig sind, die da geistlich arm sind; denn ihrer ist das Himmelreich.*
4 *Selig sind, die da Leid tragen; denn sie sollen getröstet werden.*
5 *Selig sind die Sanftmütigen; denn sie werden das Erdreich besitzen.*
6 *Selig sind, die da hungert und dürstet nach der Gerechtigkeit; denn sie sollen satt werden.*
7 *Selig sind die Barmherzigen; denn sie werden Barmherzigkeit erlangen.*
8 *Selig sind, die reinen Herzens sind; denn sie werden Gott schauen.*
9 *Selig sind die Friedfertigen; denn sie werden Gottes Kinder heißen.*
10 *Selig sind, die um der Gerechtigkeit willen verfolgt werden; denn ihrer ist das Himmelreich.*
11 *Selig seid ihr, wenn euch die Menschen um meinetwillen schmähen und verfolgen und reden allerlei Übles gegen euch, wenn sie damit lügen.*

12 *Seid fröhlich und getrost; es wird euch im Himmel reichlich belohnt werden. Denn ebenso haben sie verfolgt die Propheten, die vor euch gewesen sind.*

Die Bergpredigt beginnt mit Worten gleich Fanfarenstößen: „Selig sind, gepriesen seien, glücklich sind, freuen dürfen sich …“ Mit zehn überraschenden Jubelrufen lässt Jesus aufhorchen. Ursprünglich waren es wohl nur acht Ausrufe, denn die achte Seligpreisung schließt sich mit der ersten zu einem Ring, indem sie mit demselben Refrain endet: „… denn ihrer ist das Himmelreich.“[93] In der Zahlensymbolik bedeutet die Zahl „vier“ die Zahl der Himmelsrichtungen und der Winde. „Acht“ Seligpreisungen könnten andeuten, dass Jesus das in alle Richtungen und in alle Reiche zerstreute „Menschenvolk“ sammeln will. Dabei spricht er im ersten Viererblock das Sein, im zweiten das Tun seiner Hörer an.[94] Die neunte und die zehnte Seligpreisung sind umständlicher formuliert und wirken ohne einen feierlichen Abschluss wie angehängt. Sie gehen wohl auf die Urgemeinde zurück, in der Matthäus lebte, weil sie auf die Erfahrung von Verfolgungen hinweisen. Außerdem spricht der Wechsel in der Anrede von der 3. Person „sie, ihnen“ zur 2. Person „ihr, euch“ nicht mehr alle Menschen an, sondern nur noch in besonderem Maße die Christen. Der Evangelist hat die Verkündigung Jesu durch

---

93 Vgl. Mt 5,10 mit 5,3.
94 Mt 5,3–6; 5,7–10.

seine eigene Theologie und Erfahrung ergänzt. Er legt großen Wert auf die Zehnerzahl der Seligpreisungen, weil sie für ihn in seinem Evangelium den Stellenwert haben, den in der Thora des Mose die Zehn Gebote einnehmen. Matthäus vertritt den Standpunkt, dass Jesus Mose so weit überbietet wie das Evangelium das Gesetz. Nicht die Gesetzestreuen, die Rechtschaffenen, die Erfolgreichen, die Zufriedenen, sondern ausgerechnet die Hungernden, Verfolgten, Leidtragenden, Entrechteten, die Zeitgenossen mit den leeren Händen werden „selig" gepriesen, und zwar nicht erst dereinst im Paradies, sondern hier und jetzt in ihrem Alltag, der so trostlos zu sein scheint. Das klingt wie Ironie, als hätte Jesus die deprimierten Gesichter seiner Zuhörer doch nicht betrachtet. „Seligkeit, Glück" ist das Letzte, was die Menschen um Jesus mit ihren leeren Mägen und ihren enttäuschten Herzen empfinden. Und doch verheißt ihnen Jesus, dass sie frei und entlastet werden sollen. Ähnlich gibt Jesus, der „Sohn des Zimmermanns", bei Lukas in seiner Antrittspredigt in Nazareth bekannt: „Der Geist des Herrn … hat mich gesandt, zu predigen den Gefangenen, dass sie frei sein sollen … und den Zerschlagenen, dass sie frei und ledig sein sollen …"[95] Dass Fesseln abfallen, Eingeschnürte wieder durchatmen können und die Zukunft wieder offen ist, darin besteht das Grundgefühl, das Jesus überall, wo er auftritt, vermittelt.

An die Unfrommen – *Die erste Ermunterung*

Mt 5,3 (Lk 6,20a) Selig sind, die da geistlich arm sind; denn ihrer ist das Himmelreich.

Eigentlich wäre „Heil!" die bessere Übersetzung des griechischen Begriffs „makarios", mit dem die Seligpreisungen beginnen; aber der strapazierte Ruf „Heil!" hat Schonzeit seit seinem Missbrauch durch die Nationalsozialisten. Ausgeschlossen werden sollte auch, dass die „selig" Gepriesenen erst nach ihrem Tod die neue Freiheit erleben werden, so wie man früher von den Verstorbenen als von den „Seligen" sprach. Am meisten entsprechen dem griechischen „makarios" wohl die Umschreibungen: „Gratulieren darf man" oder „Glücklich sein dürfen alle". Das Wort „Himmelreich" im Nachsatz der Seligpreisung verlagert das Glücksgefühl nicht erst ins Jenseits. Matthäus benützt aus Scheu vor dem Heiligen das Bildwort „Himmel" als Chiffre für „Gott", so dass „Himmelreich" bei ihm eigentlich „Gottesherrschaft" meint.[96]

---

95 Lk 4,17–22; Mt 13,55.
96 Vgl. oben S. 15.

Zudem verwendet der Evangelist das Präsens „ihnen gehört" und nicht das Futur „wird gehören". Heute und hier soll die Wende geschehen. Schon in der Gegenwart soll das Leben der „Armen" bereichert werden. Aber wer sind die „geistlich Armen?" Es ist entscheidend für die Auslegung, ob die Gruppen, die Jesus anredet, auf ihre Charaktereigenschaften oder auf ihren sozialen Stand hin angesprochen werden. Ist die „Armut" eine Tugend oder eine gesellschaftliche Zumutung? Sind diese „Armen" freiwillig oder unfreiwillig arm? In der Feldrede des Lukas ist die Antwort eindeutig. Die „Weinenden werden lachen" und „die Hungernden werden satt werden."[97] Bei Lukas geht es offensichtlich um die Notlage und nicht um den Charakter. Obwohl er sein Evangelium etwa zehn Jahre später als Matthäus abfasst, hat er an dieser Stelle die Jesusworte wohl ursprünglicher bewahrt. Matthäus macht aus den Notfällen bereits Tugenden, wenn er Jesus sich an die „Sanftmütigen", „Barmherzigen", „Herzensreinen" und „Friedfertigen" wenden lässt. Die merkwürdige Lutherübersetzung „geistlich Arme" hat schon zu vielen Missverständnissen geführt. Man dachte an spartanische Einsiedler oder schlichte Barfüßermönche, die sich durch „ihren „Geist" selbst arm und demütig gemacht haben und weder Privateigentum, noch großartige Kirchen, noch besondere theologische Kenntnisse besitzen. Im Blick waren auch einfache Gemeindechristen, die sich durch keinen Zweifel und keine moderne Welt anfechten lassen. Statt „geistlich arm" wurde auch schon „geistig arm" übersetzt und die erste Seligpreisung dann auf die „Einfältigen", ja sogar auf die geistig Behinderten als die besonderen Schützlinge Gottes bezogen. In diesem Sinne hätte Matthäus den griechischen Begriff „nus", Verstand, und nicht „pneuma", Wind, Hauch, Atem, Geist, gebraucht. Der griechische Text redet, genau gefasst, von „arm in Bezug auf das Pneuma". „Pneuma" aber ist in der biblischen Sprache die Energie, mit der Gott am Menschen arbeitet und die der Mensch nicht von sich aus in die Tat umsetzen kann. Die „geistlich Armen" sind demnach alle, die keine oder nur wenig Wirkung Gottes an sich spüren. Es sind die, die an der Gottesferne leiden und leben müssen, als gebe es keinen Gott, zumal sie vor lauter Alltagssorgen ihre Religiosität nicht pflegen können. Ein Rabbi spricht sie normalerweise nicht an, weil sie nicht zu seinem Milieu gehören. Aber Gott ist auch für die Nichtfrommen offen. Er hat Verständnis für die, die nicht oder nicht mehr glauben können. Das ist eine überraschende Paradoxie, die zeigt, dass Gott den Menschen mit einer Großzügigkeit begegnet, welche die Menschen untereinander niemals aufbringen würden. Gott knüpft seine Zuwendung an keine Vorbedingungen, weil er weiß, wie erschöpft viele sind. Diese Voraussetzungslosigkeit der

---

97 Lk 6,21.

Gnade bedeutet nicht, dass Gott im Umkehrschluss sich gegen die Frommen wenden würde. Er lässt sich von allen finden, die ihn ernsthaft suchen. Aber er hat nach der Bergpredigt keinen Gefallen an den „Frömmlern", die ihre Gläubigkeit mit dem Glauben verwechseln und ihre Selbstsicherheit für Gottvertrauen halten. Gottes Pneuma können wir uns nicht selber geben.
Matthäus denkt spirituell. Er hat großes Interesse an der psychischen Befindlichkeit der Menschen. Er sieht den Gottessohn mitten unter den verunsicherten Zeitgenossen stehen, um sie seelisch zu stärken. Lukas hingegen denkt eher sozial. Er blickt auf die Menschen, die gesellschaftlich am unteren Rand der Existenz leben, und formuliert die erste Seligpreisung eindeutig im Blick auf die materielle Armut: „Selig seid ihr Armen, denn das Reich Gottes ist euer."[98] Lukas lässt Jesus den Hungernden ganz konkret zusprechen, dass sie „satt werden" sollen, mit all dem täglichen Brot, das der Mensch braucht.[99] In den lukanischen Seligpreisungen steht Gott unverhüllt parteiisch auf der Seite der Habenichtse und gegen die Reichen, die ihren Überfluss nicht teilen wollen. Eigentlich sollte man alle drei Armutsformen, die geistliche, die geistige und die soziale Not, nicht gegeneinander ausspielen, sondern in den unterschiedlichen Seligpreisungen der Evangelien gleichberechtigt angesprochen sehen und sowohl der lukanischen wie der matthäischen Textfassung ihr Recht lassen. Jesus will allen, die an äußeren oder inneren Mängeln leiden, Gottes Sorge um das Wohl ihrer Seele, ihres Geistes und ihres Leibes zusichern. Es kann der Reiche sehr arm und der Arme sehr reich sein vor Gott. So lässt sich die erste „Seligpreisung" sinngemäß mit den Worten wiedergeben: *„Frei und froh sein sollen alle, die Gottes Kraft nicht mehr vertrauen können; denn gerade ihnen wendet sich Gott zu."*

An die Depressiven – *Die zweite Ermunterung*

Mt 5,4 (Lk 6,21b) Selig sind, die da Leid tragen; denn sie sollen getröstet werden.

Welches Leid, welche Trauer ist gemeint? Jesus mag in der Menge die vielen Witwen und Waisen gesehen haben, die ihre ärmlichen, schwarzen Kleider trugen, denn bei Lukas erwähnt er konkret die Tränen: „Selig, die ihr jetzt weint, denn ihr werdet lachen."[100] Die Witwen und Waisen waren als alleinstehende und nicht rechtsfähige Personen besonders gefährdet. Sie unterstan-

98 Lk 6,20.
99 Lk 6,21a.
100 Lk 6,21b.

den deshalb seit den altisraelitischen Zeiten dem besonderen Gottesschutz.[101] Dennoch gab es immer wieder Versuche, gerade sie versteckt oder offen auszubeuten.[102] Heute erfahren zwar Trauernde, die einen Todesfall zu beklagen haben, jede gesetzliche Hilfe, um die Nachlässe zu behalten. Es gibt auch mit Pfarrern, Psychologen, Versicherungen, Bestattungsunternehmen genügend Krisenagenten, die ihnen beistehen können. Trotzdem machen die Trauernden immer auch die Erfahrung, dass sie ihre persönliche Trauer besser mit sich allein ausmachen sollten, weil die Umwelt nicht weiß, wie sie ihr Mitgefühl ausdrücken soll, und das „normale" Alltagsleben auch nicht zu lange von Grenzfragen aufgehalten sein will. Trauer lässt oft vereinsamen, weil der Verlust eines geliebten Menschen letztlich nicht (mit-)teilbar ist.

Die zweite Seligpreisung des Matthäusevangeliums kann mit „Leid" aber auch die allgemeine Resignation von Menschen meinen, die angesichts der Weltverhältnisse erfahren müssen, dass „die Dinge nun mal sind, wie sie sind", und „man eben doch nichts daran ändern kann". Es können Tränen der Wut engagierter Bürgerinnen und Bürger sein, die an den Weltverhältnissen schier verzweifeln. Von solchen Gefühlen werden nicht selten kritische Zeitgenossen angefallen, die in Friedensbewegungen auf ein Ende von Aufrüstung und Kriegsverharmlosung hofften, nach mehr Aufklärung das Verschwinden des Antisemitismus erwarteten oder in Umwelt- und Naturschutzfragen auf eine Veränderung der Lebensgewohnheiten setzten – und doch nur von Jahrzehnt zu Jahrzehnt die Unverbesserlichkeit des Menschengeschlechts und die Wiederkehr von Ideologien, Lügen und Profitsucht erleben müssen. Auch sie werden „lachen", verheißt ihnen Jesus, weil Gott als Herr der Geschichte auch gegen die Unvernunft der Menschen Friedensschlüsse, Abrüstungen, Verhaltensänderungen im Umgang mit der Natur durchsetzt. Nicht ausgeschlossen werden kann, dass sich das „Leid" auch auf die Schuld bezieht, die sich der Einzelne in Verfehlungen gegenüber seinen Mitmenschen aufgeladen hat und die er durch die Jahre als unaufgearbeitete Last mit sich schleppt. Alle diese Trauererfahrungen mit anderen oder mit sich selbst sollen wirksam „getröstet" und nicht nur oberflächlich „vertröstet" werden. Den Trauernden soll über das freundliche Zureden hinaus ein neuer Lebensanfang ermöglicht werden. Diese Verheißung steht allerdings bezeichnenderweise im Futur, damit sie als Weg und Prozess und nicht als plötzliches Wunder verstanden wird. Schon bei Jesaja wurde versprochen, dass das Bild vom zerstörten Jerusalem nicht der letzte Eindruck der Geschichte sein wird, sondern dass die „alten Trümmer" eines Tages weggeräumt sein werden und der „be-

---

101 Ex 22,21–23; Dtn 10,18; 14,29; 24,19.21 u.ö.

102 Dtn 27,19; Jes 1,17; Jer 22,3; Mk 12,40.

trübte Geist“ der Trauernden wieder Grund und Anlass für „Lobgesänge“ finden wird.[103] Eine sinngemäße Neufassung der zweiten Seligpreisung könnte also lauten: *„Frei und froh sein sollen alle, die Tränen der Trauer und der Enttäuschung weinen; denn sie werden sich an neuen Anfängen erfreuen.“*

An die Verstummten – *Die dritte Ermunterung*

Mt 5,5 Selig sind die Sanftmütigen; denn sie werden das Erdreich besitzen.

Bei dieser dritten Seligpreisung, die so „sanft“ klingt, wird die Bergpredigt schon recht unbequem. Dabei ist der Nachsatz entscheidend. Den „Sanftmütigen“ wird Landbesitz verheißen. Das griechische Wort, das Luther mit „Erdreich“ übersetzt, kann sowohl auf den lokalen Ackerboden wie auf den ganzen Globus bezogen werden. Jedenfalls verleiht das Reich Gottes konkret Boden unter den Füßen. Das wiederum ist ein Indiz dafür, dass Jesus das Reich seines Vaters nicht transzendent, sondern als hiesige „bessere“ Welt versteht. Gottes Herrschaft greift die Eigentumsverhältnisse an. Anders kann der dritte Hochruf nicht gemeint sein, wenn Jesus das Schicksal der vielen Landlosen und Schuldsklaven, die er um sich stehen oder sitzen sah, nicht ironisieren wollte. Man darf bei der Auslegung der Bergpredigt zu keinem Zeitpunkt und bei keinem Vers das Publikum um Jesus außer Acht lassen. Es waren überwiegend die Habenichtse, die Entrechteten, die Hoffnungslosen, eben das damalige „Volk“. Sie sollen wieder den Pflug durch den eigenen Acker ziehen dürfen. Das wird nicht anders geschehen als in einem langen Prozess des Widerstands, wenn nicht gar der Revolution. Die Reichen werden ihren Besitz nicht freiwillig aus der Hand geben. Jesus spricht deshalb auch die Landverheißung im Futur aus: „werden besitzen“. Auch hier wird die Überbietung des Alten Israel durch das neue Gottesvolk um Jesus deutlich. Abraham und seinen Nachkommen wurde das Land Kanaan zum Besitz versprochen.[104] Den multinationalen Scharen, die zu Jesus herbeigelaufen sind, verheißt er die ganze „Erde“, weil dem „offenen“ Volk das „offene“ Land entspricht. Wenn aber die Veränderung der Eigentumsverhältnisse nicht ohne Zorn und Streit erfolgen kann, können die „Sanftmütigen“ nicht die Stillen und Dulder sein. Die Revolution ist der „Sanftmut“ diametral entgegengesetzt, auch wenn sie kein Blutvergießen mit sich bringt. Der griechische Be-

[103] Jes 61,3f.
[104] Gen 17,8.

griff „praüs“, den Luther mit „sanftmütig“ übersetzt, bezeichnet tatsächlich zur Zeit Jesu auch nicht vorrangig die innere Tugend, sondern ein von außen aufgezwungenes Schicksal. Schon in der griechischen Ausgabe des Alten Testaments, der Septuaginta, steht „praüs“ an mehreren Stellen für die „Bettelarmen“, die „Geknechteten“. Das Wort ist eine soziale Standesbezeichnung und kein moralischer Tugendbegriff. Die vermeintlich „Stillen“ sind in Wahrheit die „Stillgemachten“, die Ausgenützten und „Hinunterverarmten“. Es waren damals die Hirten, Tagelöhner, Bettler und andere minder und schlecht angesehene Gruppen. Es können heute die Landarbeiter in Lateinamerika, die indischen Leprakranken, die Aidskranken Afrikas oder die Obdachlosen der europäischen Großstädte sein – eben die Schwachen aller Gesellschaften, die nichts auf dem Konto haben und mit vielem in der Kreide stehen.

Es wäre schön, wenn die „Demütigen“ und „Geduldigen“ in der Weltgeschichte siegen würden. Aber leider sah und sieht die Wirklichkeit anders aus. Jesus war kein Träumer. Überraschende „Sanftmut“ und „Güte“ können die Starken und Brutalen zwar eine Weile verblüffen, aber auch ihre Erbarmungslosigkeit noch stärker herausfordern. Gerade Christen, die es ernst meinen mit dem Glauben, sind nicht selten versucht, Glaubensstärke mit stiller „Demut“ zu verwechseln, wie man es in der pietistischen Tradition vor allem Frauen abverlangte. Aber Jesus war nicht der Typ des weichen, allzeit gütigen und nachgiebigen Seelenhirten. Jede Form von „Masochismus“ war ihm fremd. Die Hörer der Bergpredigt wären ihm davongelaufen, wenn er an ihrer harten Lebenserfahrung vorbeigeredet und sie nur zum Stillhalten aufgefordert hätte. Jesus wollte sie vielmehr gleich zu Beginn seiner „Lehre“ mit dem Zuspruch stärken: Gott ist auf der Seite derer, die den Hunger nach einer besseren Welt verspüren und am Durst nach Gerechtigkeit leiden. Gerade sie dürfen am Reich Gottes mitarbeiten, denn sie haben die unbestechlichste Lebenserfahrung. So lässt sich die dritte Seligpreisung sinngemäß in die ungewohnten Worte fassen: *„Frei und froh sein sollen alle, deren Stimmen nichts mehr gelten; denn sie werden wieder Boden unter den Füßen erhalten im Land.“*

An die Gerechtigkeit Suchenden – *Die vierte Ermunterung*

Mt 5,6 (Lk 6,21a) Selig sind, die da hungert und dürstet nach der Gerechtigkeit; denn sie sollen satt werden.

Das Leitwort der Bergpredigt „Gerechtigkeit“ wird hier zum ersten Mal genannt. Das Volk der ersten drei Seligpreisungen, das kein großes Gottvertrauen mehr hat (V. 3), um die Weltverhältnisse trauert (V. 4) und zum Verstummen gebracht wurde (V. 5), braucht die „Gerechtigkeit“ wie der Durstige den Schluck Wasser und der Hungernde das Stück Brot. Essen und Trinken sind Grundvorgänge des Lebens. Wer „hungert und dürstet“, verliert die Lebenskraft. Darum wird die „Gerechtigkeit“ in der Bibel als ein unverzichtbares „Lebensmittel“ für die Seele angesehen, gleich dem Körper, der nach Nahrung verlangt. Die Gerechtigkeit will als Hausgenosse in den Siedlungen „mitwohnen“[105], und wenn sie dem „Frieden“ begegnet, umarmen sich beide wie Freunde.[106] Die Gerechtigkeit ist der „Gurt der Lenden“, der das Unterkleid hält, das die Scham bedeckt.[107] Sie ist auch der „Panzer“, der die Brust vor Verletzungen schützt.[108] Die biblischen Bildvergleiche, welche die Bedeutung der Gerechtigkeit hervorheben, sind unerschöpflich. Besonders der Prophet Amos stellt sich die „Gerechtigkeit“ als einen „nie versiegenden Bach“ vor.[109] Der Apostel Paulus sieht in der Unterscheidung zwischen der von Gott geschenkten Gerechtigkeit und unserer Selbstrechtfertigung schlechthin das Kriterium für den rechten Glauben.[110] In den biblischen Schriften werden häufig „Recht und Gerechtigkeit“ auch nebeneinander gestellt[111], aber dennoch deutlich unterschieden. Das Recht hat einen sachlichen Ansatz. Es besteht aus Vorschriften, Geboten und Verboten, die zu beachten sind. Man kann „im Recht sein, Recht haben, sprechen, verlangen, verweigern“. Die Gerechtigkeit ist der übergeordnete Begriff, an der sich „Recht tun und Recht sprechen“ orientieren müssen.[112] Sie ist das persönliche Beziehungsverhältnis gegenseitiger Verlässlichkeit und nicht nur die kalte Zumessung von Lohn und Strafe. Schon im alten Israel ist die Gerechtigkeit als „Zedaka“ die Gemeinschaftstreue, mit der sich einer dem andern verpflichtet. Sie ist der Bund, der Gott das Vertrauen und dem Mitmenschen die Hilfe gelobt. Sie gibt dem Einzelnen so viel, wie er braucht, und nicht nur so viel, wie er verdient. Es ist die Pflicht der Reichen, den Armen die Teller zu füllen, und die Aufgabe der Mächtigen, die Schwachen mit aller Kraft zu schützen.[113] Vielleicht trifft das moderne Wort Solidarität am ehesten das biblische Verständnis von „Gerechtigkeit“. Die Gerechtigkeit ist mitfühlend. Ihr Maß

---

105 Jes 1,21.
106 Ps 85,11.
107 Jes 11,5.
108 Jes 59,17; Eph 6,14.
109 Am 5,24.
110 Röm 1,17; 3,21–25.
111 2 Sam 8,15; Jes 56,1; Jer 9,23; 22,15.
112 Ps 146,7–9.
113 Ps 72,4.12–14.

ist das subjektiv Notwendige und weniger das objektiv Festgelegte. Ihr Gegenbegriff ist die Untreue und die Lieblosigkeit. So wie das „Recht“ nicht gebeugt werden soll[114], darf die „Gerechtigkeit“ nicht aus der Welt verbannt werden. Sie kann entstellt und vorenthalten, aber letztlich nicht vergessen werden.

In der vierten Seligpreisung verspricht Jesus dem Volk, dass es wieder „satt werden“ soll (V. 6b), satt im Magen und nicht nur ideell mit Versprechungen befriedigt. Es geht um eine „bessere Gerechtigkeit“[115], die den Hunger beseitigt, indem sie zu Brot verhilft. Es ist gefährlich, die Aussagen der Bergpredigt vorschnell zu spiritualisieren, indem man gleich nach ihrem übertragenen Sinn sucht. Die Gerechtigkeit will konkret „gegessen“ werden. Sie besteht also darin, dass jeder – ganz wörtlich genommen – genug zu „beißen“ hat. Lukas lässt darum Jesus in der parallelen Stelle der „Feldrede“ ganz elementar sagen: „Selig seid ihr, die ihr jetzt hungert, denn ihr sollt satt werden.“[116] Vielleicht ist Matthäus der Weisere, wenn er das Sattwerden von einer „besseren Gerechtigkeit“, wie wir sie von Gott lernen können, abhängig macht. Denn erst die Veränderung der Verhältnisse schafft neues Leben. Für Reformen sind aber Maßstäbe erforderlich. Matthäus beschreibt deshalb in den Seligpreisungen, wie Gott zu seinen Geschöpfen steht, damit daran abzulesen ist, wie die Menschen entsprechend miteinander umgehen sollten. Gott aber verheißt zuerst den Erschöpften Glück und Heil und nicht den Wohlhabenden noch mehr Besitz. Es ist sein gerechter Wille, dass jedem ohne Ansehen der Person so viel zukommt, wie er zu einem glücklichen Leben braucht, damit er nicht nur vegetiert. Um dies zu erreichen, müssen die Mitmenschen im Aufblick zu Gott lernen, „barmherziger“ zu werden; denn sie neigen in der Realität des Alltags nicht dazu, von sich aus „jedem das Seine“ zu gewähren, wie es ein Grundsatz des so genannten Naturrechts verlangt. Eines der größten Probleme zur Zeit Jesu war die Unbarmherzigkeit der Rechtsprechung, wie dies mehrere Beispiele in der Bergpredigt noch zeigen werden.[117] Der unschuldige Schuldner, dem die harten Steuergesetze nach und nach den kleinsten Besitz aus der Hand genommen hatten, stand nahezu nackt vor Gericht.[118] Nach jüdischem Ideal sollte die Rechtsprechung aber retten und nicht nur richten. Sie sollte eine Bewahrungs- und nicht nur eine Bestrafungsgerechtigkeit sein. Darum wechselt in der fünften Selig-

---

114 Ex 23,6; Dtn 16,19; Jes 10,2.
115 Mt 5,20.
116 Lk 6,21.
117 Vgl. unten S. 113ff.
118 Mt 5,40.

preisung der Begriff „Gerechtigkeit“ und geht über zu dem Begriff „Barmherzigkeit“. Eine Übertragung der vierten Seligpreisung für unsere Zeit könnte lauten: *„Frei und froh sein sollen alle, die nach Gerechtigkeit hungern und dürsten; denn sie wird ihnen gegeben werden wie das tägliche Brot.“*

An die Engagierten – *Die fünfte Ermunterung*

Mt 5,7 Selig sind die Barmherzigen; denn sie werden Barmherzigkeit erlangen.

„Barmherzigkeit“ wäre eng verstanden, wenn es ihr nur um gelegentliche Almosen ginge. Als aufrichtiges Opfer besteht sie nicht nur aus Banküberweisungen, die man vor Weihnachten karitativen Organisationen zukommen lässt, oder aus Münzen, die man in Fußgängerzonen in den Bettlerhut wirft. Sie umfasst auch mehr als die wenigen Minuten, die man einem jammernden Nachbarn zuhört, und mehr als die gnädige Geduld, mit der ein Vater seinem Sohn noch einmal eine Untat verzeiht. Die „Barmherzigkeit“ ist kein gelegentlicher Affekt, sondern die grundsätzliche Einstellung, dass die Sorgen und das Elend des anderen auch mein Schicksal und meine Not sein könnten und dass ich als der Glückliche im Vergleich mit dem Unglücklichen nur der Verschonte bin. Die „Barmherzigkeit“ im biblischen Sinn ist das umfassende Mitleid, das sich etwas „ans Herz oder an die Nieren“, also an die Substanz des eigenen Ichs gehen lässt. Von Jesus wird in den Wundergeschichten erzählt, es habe ihn „gejammert“, wie er das „Elend“ des Volkes oder einzelner Patienten sah.[119] Und dem „barmherzigen Samariter“ dreht es fast das „Eingeweide im Leib“ um, wie es im Griechischen heißt, als er den blutenden Überfallenen sieht. Er unterbricht seinen Weg nicht nur kurz, sondern bleibt bei dem Überfallenen über Nacht und pflegt ihn persönlich. Die „Barmherzigkeit“ ist also die wirkliche Fürsorge, die nicht nur einen Überschuss an Kraft, Zeit und Geld abgibt, sondern so sehr am Schicksal des andern teilnimmt, dass aus Fremden Nächste werden. Sie ist das Tun, das länger wirkt, als die Worte reichen. Sie hält ohne Vorbehalte zu dem, der uns braucht. Ihr Symbol ist nicht der Mund, sondern das Herz. Die „Barmherzigkeit“ geht dabei nicht ins Leere. Sie hat die Verheißung eines gleichwertigen Lohns, denn „die barmherzig sind, werden Barmherzigkeit erlangen“. Die Nächstenliebe ist zwar keine Garantie dafür, wann und wie sie uns als „Seligkeit“ vergolten wird. Aber so wie die Steine, die wir auf andere werfen, auf uns selbst

---

[119] Mt 9,36; 14,14; 15,32; 20,34.

zurückfallen, so kommt auch die Aufmerksamkeit, die wir anderen schenken, eines Tages in irgendeiner Form als Segen zu uns zurück. So ließe sich die fünfte Seligpreisung in die Worte fassen: *„Frei und froh sein sollen alle, die sich dem Elend anderer stellen; denn auch ihnen wird geholfen werden, wenn Not über sie kommt."*

An die Aufrichtigen – *Die sechste Ermunterung*

Mt 5,8 Selig sind, die reinen Herzens sind; denn sie werden Gott schauen.

Das „reine Herz" ist die edelste Errungenschaft, denn nur ihm wird das Seligste verheißen, das es überhaupt geben kann: die „Schau Gottes". In allen anderen Seligpreisungen wird Gott nicht direkt als Person, sondern nur seine Herrschaft, das „Himmelreich" in Aussicht gestellt.[120] Die Menschen jedoch, die „reinen Herzens" sind, sollen ihn sehen dürfen von Angesicht zu Angesicht. Allerdings wird die direkte Gottesschau im Futur ausgedrückt. Wird sie demnach erst nach dem Tod eintreten, wenn die Menschen, die ein „reines Herz" haben, in die Ewigkeit „heimgegangen" sind? Nach Jesaja ist zu Lebzeiten eine unmittelbare Schau Gottes für den Menschen tödlich.[121] Der Heilige kann von einem sündigen Menschen nicht von Angesicht zu Angesicht geschaut werden. Auch nach Paulus können wir Gott zu Lebzeiten nur in Symbolen, Rätselworten, Prophezeiungen erkennen, so wie bei einem Spiegelbild wesentliche Dimensionen einer Erscheinung fehlen. Es gibt keine Gotteserfahrung, die nicht auch rätselhaftes „Stückwerk" bleibt, solange es Unglück, Leiden und Tod gibt. Gott „sehen, wie er ist", wird auch nach der Offenbarung des Johannes den „Knechten Gottes" erst im „himmlischen Jerusalem" möglich sein, „wenn es keine Nacht mehr geben wird"[122]. Was wird dann mit jenen geschehen, die „untreue Diener" waren? Werden sie Gott nicht einmal als Richter schauen? Mit ihren ausgemalten Endzeitvorstellungen von dem heiligen Gott, vor dessen „Thron" wir zu treten haben[123], geraten diese Bibeltexte in den Bereich der Spekulationen. Wir haben keine Kenntnis über das Leben in der „Gottesschau" nach dem Tod. Es war auch nicht im Sinne Jesu, seine Hörer mit dem Jenseits zu konfrontieren, sondern ihnen zu helfen, ihr Diesseits zu bewältigen. Der Bergprediger verheißt kein

---

120 Vgl. oben S. 14f.
121 Jes 6,5.
122 Offb 22,3–5; 1 Joh 3,2.
123 Ps 33,13f.; Hes 1,26; Mt 19,28; Hebr 12,2; u.ö.

mystisches oder endzeitliches „Schauen" Gottes. Wir finden in der sechsten Seligpreisung den üblichen griechischen Begriff für das alltägliche Sehen und Erkennen und keinen Ausdruck für eine übernatürliche Vision oder ein inneres Schauen. Gott wird nach jüdischem Denken, an dem Jesus noch teilhat, an seinen Werken erkannt.[124] Das schließt nicht aus, dass die Verstorbenen in der Auferstehung eine unverhüllte Gottesbegegnung erfahren werden. Aber diese kann zu Beginn der Bergpredigt nicht gemeint gewesen sein, wenn Jesus auf das reale Leben der um ihn versammelten Hörer blickt. Er lädt sie ein, auf ein „reines Herz" bedacht zu sein, damit sie ihre Fixierung auf die Angst vor ihren weltlichen Herren aufgeben und über ihre Bedrücker hinweg zu Gott „aufsehen" und nach seinem Willen fragen, um dadurch innerlich frei zu werden.

Das „Herz" als Sitz des Fühlens, Denkens und Trachtens spielt in der Verkündigung Jesu eine große Rolle. „Nicht das, was zum Munde eingeht, sondern was aus dem Herzen durch den Mund nach außen geht", macht den Menschen „rein" oder „unrein"[125], sagt Jesus in einem bekannten Spruch. Die „Dämonien" sitzen demnach nicht im Milieu, sondern in der eigenen Brust, sodass der Mensch sich eigentlich in jede Situation hineinbegeben und mit allen Mitmenschen gleich welcher Herkunft verkehren kann, wenn er dabei nur „reine" Motive hat. Das Herz kann voll guten Willens, aber auch „verstockt" und „verhärtet" sein.[126] Das „reine Herz" ist das „ungeteilte Herz", das Gott vorbehaltlos vertraut, ohne sich daneben heimlich anderen Göttern zuzuwenden. Seine „Reinheit" entsteht nicht durch die Verdrängung der Triebe und Begierden, sodass eigentlich nur der Asket ein „reines Herz" hätte. Es lebt vielmehr aus der Aufrichtigkeit, mit der sich einer sich den Sachen oder seinen Mitmenschen zuwendet. Dabei ist die Rede vom „reinen Herzen" in der Glaubensgeschichte Israels nicht neu. Schon die Propheten haben den „äußeren" Kult abgelehnt, der nur die Hände, aber nicht das Herz reinigt. Sie verkündeten bereits, dass Gott sich nicht durch heilige Spiele täuschen lässt, sondern in das Herz der Gläubigen schaut, ob sie ihn nur gespielt oder mit wirklicher Hingabe ehren.[127] Sie forderten die „Herzensbeschneidung"[128] für die unverhüllte praktische Nächstenliebe und schlugen vor, das „steinerne Herz im Leib gegen ein fleischernes" und damit das kalte gegen das warme Herz auszutauschen.[129] Das „reine Herz" meidet nicht nur die Be-

124 Röm 1,20.
125 Mt 15,11.18.
126 Mt 6,21.34; 13,15; 16,8; Mk 16,14.
127 Jes 1,5f.10–17; Am 5,21–23; Jer 7,3–6.
128 Jer 4,4; 9,25; 5 Dtn 10,16; Jes 58,7; Am 5,14.
129 Hes 11,19; 36,26.

rührung mit dem Bösen, sondern es widersteht dem Übel in konsequenter Arbeit am „Frieden“. So könnte die sechste Seligpreisung auch lauten: *„Frei und froh sein sollen alle, die anderen ohne Vorbehalte begegnen; denn sie werden erfahren, dass Gott bei ihnen ist.“*

An die Friedensarbeiter – *Die siebte Ermunterung*

Mt 5,9 Selig sind die Friedfertigen; denn sie werden Gottes Kinder heißen.

Es ist bekannt, dass Martin Luther die siebte Seligpreisung ungenau übersetzt hat. Im griechischen Text heißt es nicht die „Fried*fertigen*“, sondern die „Friedens*macher*“. Das bedeutet, dass nicht nur passiv die Tugend des Friedlichseins, sondern aktiv die Tätigkeit der Friedensarbeit gemeint ist. Gewiss stehen sich beide Haltungen nicht alternativ gegenüber. Der äußere Einsatz um den Frieden braucht die innere Friedensbereitschaft. Aber es reicht in der Nachfolge Jesu nicht aus, sich nur im privaten Bereich friedlich zu verhalten, ohne auch für eine friedensorientierte Änderung der politischen Konzepte und der wirtschaftlichen Strukturen einzutreten. Die Welt bessert sich nicht automatisch, wenn nur das „Herz“ still wird. Die Mahnung zum Frieden braucht die mutige öffentliche Rede, unter Umständen auch die Straßendemonstration. Die Gerechtigkeit kann sich nicht ausbreiten, wenn kein Frieden ihr Raum gibt.[130] Und der Frieden wiederum wird sich nicht einstellen, wenn keine „bessere Gerechtigkeit“ herrscht.[131] Wie in der Bibel „Recht und Gerechtigkeit“ als Begriffspaar nebeneinander stehen[132], so auch „Gerechtigkeit und Frieden“. „Das Reich Gottes ist Gerechtigkeit und Frieden“, schreibt Paulus.[133] Und Jesaja verheißt, dass der „Friedensfürst“ seine Herrschaft durch „Recht und Gerechtigkeit stärken und stützen“ wird.[134]
Das hebräische Wort für Frieden „shalom“ zählt zu den ältesten Wörtern der biblischen Sprache und bezeichnet die einfachsten Vorgänge der zwischenmenschlichen Kommunikation. „Shalom“ ist schon bei den Erzvätern der Gruß, mit dem der eine sich bei dem anderen nach dessen Wohlbefinden erkundigt.[135] Es ist der Wunsch, dass jedem „Gutes zukommen“ und alle in der

---

130 Jak 3,18.
131 Jes 32,17.
132 Vgl. oben S. 51f.
133 Röm 14,17.
134 Jes 9,5f.
135 Gen 43,27f.

Gemeinschaft ihr Brot und Bett haben mögen.[136] „Shalom“ als Segen und Frieden ist im „handgreiflichen“, konkreten Denken der Antike immer etwas Praktisches: Haus, Kinder, Herden, Ernten, auf die alle in der Volksgemeinschaft ein Recht haben. Vor allem ist bei den Propheten „shalom“ die Vision, dass das durch Krieg und Verbannung geplagte Volk eines Tages wieder in „Auen des Friedens wohnen“ und jedem Volksgenossen die körperliche Unversehrtheit garantiert sein wird.[137] Dabei ist „shalom“ kein sorgloser Genuss, sondern harte Arbeit. Es müssen „Schwerter zu Pflugscharen“ und „Spieße zu Sicheln“ umgeschmiedet werden.[138] Es sollen Weinstöcke und Feigenbäume gepflanzt werden, anstatt dass „Stiefel mit Gedröhn dahergehen“ und „(Soldaten)mäntel durch Blut geschleift werden“[139]. Dem „Kriegführen“ soll abgeschworen und die Bewahrung des Friedens gelernt werden.[140] Bei den Evangelisten ist „shalom“ der Gruß der Engel, wie er im Weihnachtsevangelium aus dem offenen Himmel kommt[141] und für das Zusammenleben der Menschen so wichtig ist wie „Salz“ für das Essen[142]. Noch in einem der spätesten Briefe des biblischen Kanons steht „shalom“ für „Wärme und Sättigung“[143]. Die Autoren des Neuen Testaments kehren zwar den hebräischen Begriff „shalom“ in den griechischen Ausdruck „eirene“ um, behalten aber das dynamische hebräische Verständnis vom Frieden als Arbeitsprozess bei. „Frieden“ wird in der Bibel nirgends als Sicherheit garantiert, wohl aber immer als „Dienst“ verstanden und mit konsequenter Bemühung verknüpft.[144] Frieden „hat“ man nicht, sondern Frieden „wird“. Nach Paulus ist Gott ein „Gott des Friedens“, weil er die „Speisung des Feindes“ verlangt, die Rache verbietet[145] und den Triumph des einen über den anderen nicht will.[146] Ebenso wird im Epheserbrief von Christus gesagt, dass „Er (selber) unser Friede“ ist, weil er die „Zäune der Feindschaft“ zwischen „Juden und Heiden“, „Nahen und Fernen“ abgebrochen hat.[147] Bei der Friedensarbeit muss aber in Kauf genommen werden, dass sie immer das „Risiko des Kreuzes“, die bittere Erfahrung des Scheiterns, einschließt. Die Friedensarbeiter werden

136 Hi 22,21; 24,7.
137 Jes 32,18.
138 Jes 2,4; Mi 4,3.
139 Jes 9,4.
140 a.a.O.
141 Lk 2,14; Ecce homo 1, S. 60f.
142 Mk 9,50.
143 Jak 2,16.
144 Mk 10,42–44; 1 Petr 3,11; Hebr 12,14.
145 Röm 12,18–21.
146 1 Kor 14,33.
147 Eph 2,14–18.

nicht selten von ihren eigenen Nächsten abgelehnt, weil das Niederschlagen von Konflikten den Menschen eher einleuchtet als deren versöhnliche Auflösung. „Den Frieden lasse ich euch, meinen Frieden gebe ich euch. (Aber) nicht gebe ich euch, wie die Welt gibt.“[148] Es ist den Friedensarbeitern nicht freigestellt, einen gewaltsamen Streit oder Krieg gutzuheißen, sondern sie sollten dafür sorgen, dass zuerst nach den Gründen der Zerwürfnisse gefragt wird. Es liegen fast immer Verletzungen oder Entbehrungen vor, die den „Feind“ aggressiv werden ließen. Weil in der biblischen Verkündigung der Frieden mit Gerechtigkeit verbunden ist, darf kein „Kriegsgeschrei“ vertuschen, wer wen zuerst beraubt, beleidigt, bedrängt hat. Es gibt keine Sicherheitspolitik ohne Bemühungen um Versöhnung. Christen können nicht zustimmen, dass die Rüstungsausgaben steigen und gleichzeitig die Zuschüsse für die Entwicklungshilfe gekürzt werden. „Es gibt keinen Frieden auf dem Weg der Sicherheit. Denn Frieden muss gewagt werden“, bekannte schon 1939 Dietrich Bonhoeffer auf einer ökumenischen Weltkonferenz.[149]

In der christlichen Tradition haben sich drei Verständnisse von Frieden herausgebildet, die Stufen einer vernünftigen humanen Entwicklung darstellen. Der *erste Friedensbegriff* ist paradoxerweise der „heilige“ oder „gerechte Krieg“, weil er „Befriedung“ schaffen soll. Er wird als Abschreckung, Vorausverteidigung oder Vergeltung ausgegeben und als „ultima ratio“, als letztes Mittel für berechtigt erklärt. Er muss aber völkerrechtlich allen Beteiligten „rechtmäßig“ angekündigt werden. Die Verfechter des „gerechten Krieges“ behaupten, während der Auseinandersetzung zwischen Militär und Zivilbevölkerung unterscheiden und den Schaden, den die „gerechte“ Vergeltung nach sich zieht, niedriger halten zu können, als es das Übel war, um dessentwillen der Krieg begann. Diese Kriterien werden in Wahrheit aber nur erfüllt, wenn die Nachrichten gefiltert werden und die Weltöffentlichkeit nicht alle Motive der Herrschenden und nicht alle Ereignisse des Kriegsgeschehens erfährt.[150] Erfreulicherweise besteht seit dem Zweiten Weltkrieg ein Konsens zwischen den Kirchen, dass der Präventiv- oder Vergeltungskrieg als angeblich „gerechter Krieg“ ein ungeeignetes Mittel ist, Frieden zu schaffen, auch wenn er waffentechnologisch für „sauber“ und „begrenzbar“ erklärt wird. Seine verheimlichten „Kollateralschäden“, seine Nebenwirkungen, treffen immer Unschuldige. Bevor die Welt fundamentalistisch in „Kinder des Lichts“ und „Kinder der Finsternis“ aufgeteilt wird und man von „Achsen des Bösen“ spricht, sind die Menschen ihrem Schöpfer die Verantwortung für die

148 Joh 14,27.
149 Dietrich Bonhoeffer, Gesammelte Schriften I, Ökumene, 1965, S. 218.
150 Jes 59,7–9.

Schonung aller seiner Geschöpfe schuldig. Der *zweite Friedensbegriff* geht von der Waffenruhe aus und bezeichnet schon eine Situation als „Frieden“, wo der Krieg nicht oder noch nicht ausgebrochen ist. In Wahrheit aber herrschen nur das Gleichgewicht der Rüstung und die Angst vor dem Krieg, aber nicht die Entwicklung von mehr Toleranz und Chancengleichheit. Deshalb kann auch ein Waffenstillstand bei weiter schwelenden Konflikten nicht als Frieden im biblischen Sinne verstanden werden. Der *dritte Friedensbegriff* setzt deshalb bei der Gerechtigkeit an. Nach ihm ist erst die Anerkennung der Würde und Eigenart des „Gegners“ Frieden. Voraussetzung für dieses hohe Friedensideal ist aber die Bereitschaft zum Dialog. Es ist das Umschalten von materieller Bewaffnung auf geistige Auseinandersetzung. „(Der Herr) zieht die Gerechtigkeit wie einen Panzer an“, wird im Jesajabuch verkündet.[151] Und der Epheserbrief fährt fort mit der symbolischen Umfunktionierung der Waffen: „Vor allem aber ergreift den Schild des Glaubens ... und nehmt den Helm des Heils und das Schwert des Geistes, welches ist das Wort Gottes.“[152] Es ist Christen nicht möglich, ihren kritischen Verstand unter die so genannte politische Vernunft oder die militärische Lage zu beugen. Was sich die Mächtigen und ihre Parteien selber sagen können, brauchen Christen nicht auch noch vom Evangelium her zu bestätigen. Krieg ist kein Verhängnis. Krieg muss nicht sein, sondern ist immer die Folge fehl gelaufener Politik. Es gibt keinen „sauberen“ Krieg, keine „gerechte Vergeltung“ und keinen bloßen „Militärschlag“. Das sind reine Propagandaparolen. Das „sanftmütige“ Christentum kann sehr hart gegenüber der gewalttätigen Machtpolitik sein, denn es bekennt prinzipiell, dass es keine Alternative zum Frieden als nur die Entwicklung von mehr Gerechtigkeit gibt. Erst wenn die Christen zu dieser Einsicht stehen, verdienen sie den Namen „Kinder Gottes“.

„... sie werden Gottes Kinder heißen“ (V. 9b). Nur in der siebten Seligpreisung und später beim Gebot der Feindesliebe[153] werden alle, die sich auf die Verkündigung Jesu einlassen, „Gotteskinder“ genannt. Dabei ist erneut auf den Wortlaut des Urtextes zu achten. Im Griechischen wird zwischen „tekna“ (unmündige Kinder) und „hyioi“ (erwachsene Söhne) unterschieden, neben die wir auch die mündigen Töchter stellen. In der siebten Seligpreisung steht nun „hyioi“. Das führt weg von der Vorstellung, nur die Stillen, die Einfältigen, die „Kindlein“ könnten die Güte Gottes vertreten. Es ist die erwachsene Aufgabe der Christen, für den Frieden und gegen den Krieg zu „kämpfen“. Wer die Parole „Ohne Rüstung leben“ als überholt verdammt, kann es

151 Jes 59,16f.
152 Eph 6,16f.
153 Mt 5,45.

nur um den Preis neuer Feindbilder tun. Gewiss verwendet Paulus in seinen Briefen hin und wieder auch den Ausdruck „tekna theou", „Kindlein Gottes", aber er will damit nur die liebevolle Fürsorge des „himmlischen Vaters" umschreiben, denn er fügt sofort hinzu, dass der Geist der „Kinder Gottes" nicht „knechtisch", sondern „mündig" sei.[154] Zudem benützt Paulus, wenn er die Mitverantwortung der Christen für die Erlösung der Schöpfung herausstellt, den Begriff „hyioi – Söhne", weil auch die Absage an den Krieg gegen die Natur zum „erwachsenen" Christsein dazugehört.[155]
Es war für die Wirkung Jesu entscheidend, dass er seinen Zuhörern, die wohl in ihrer Mehrheit verschuldete Bauern, geplagte Patienten, gesellschaftliche „Nobodies" waren, mit dem Ehrennamen „Söhne und Töchter Gottes" eine neue Identität gab, die alle weltliche Klassifizierung überstieg. Als gleichwürdige „Söhne und Töchter Gottes" entkamen sie der hilflosen Vereinzelung und bildeten untereinander eine solidarische Familie der Bundesgenossen Gottes. Sie waren wieder jemand, und über ihren Herren gab es einen HERRN. Es wurde ihnen von den Großgrundbesitzern, Kultverwaltern, Königsvögten, Besatzungstruppen keine Gerechtigkeit geschenkt, wenn sie nicht solidarisch zusammenstanden und sich selber um mehr Gerechtigkeit kümmerten. Dies ist wieder ein Hinweis darauf, dass Jesus seine Eigenschaft „Gottessohn" nicht als biologische Herkunft, sondern als Adoption verstand, die er nicht als Privatbesitz für sich behalten wollte. Er bezog viele Menschen auf seinem Weg in seine familiäre Beziehung zu Gott ein.[156] Ähnlich verhalf Mahatma Gandhi den unfreien Kastenlosen, die er „Gotteskinder" nannte, zu einer neuen „satyagraha", Seelenstärke. Und auch Martin Luther King führte die diskriminierten Farbigen in Amerika zu einer neuen inneren Freiheit, indem er sie mit den „Kindern Israels in Ägypten" identifizierte. Im Grunde genommen erhält jedes Kind in der christlichen Taufe den zweiten Familiennamen „Gotteskind", damit die Gleichheit der Menschen betont und die Gottebenbildlichkeit der höchste Wert eines Menschen bleibt. Allerdings darf nicht übersehen werden, dass das spirituelle Ehrenprädikat erst im Futur zugesprochen wird: „Sie *werden* Gottes Kinder heißen." Die Auszeichnung „mündige Söhne und Töchter Gottes" ist keine Garantie gegen Verfolgung und Leiden. Sie kann zum Märtyrertitel werden. Zunächst bedeutet der geistliche Ehrenname nur, dass der HERR die Menschen anders ansieht, als die Herren es tun. Für ihn sind sie von höchster Herkunft, wenn sie nach Gerechtigkeit und Frieden hungern. Sie repräsentieren ihn in ihrer Armut mehr, als

---

[154] Röm 8,14–17; Gal 3,36.
[155] Röm 8,19–23.
[156] Vgl. Ecce homo 1, 1999, S. 47–50; 2, 2000, S. 38.86.

die Könige auf dem Thron es vermögen. Die siebte Seligpreisung ließe sich also umschreiben: *„Frei und froh sein sollen alle, die am Frieden arbeiten; denn man wird in ihnen zu Recht Gottes erwachsene Söhne und Töchter sehen.“*

An die Enttäuschten – *Die achte Ermunterung*

Mt 5,10 Selig sind, die um der Gerechtigkeit willen verfolgt werden; denn ihrer ist das Himmelreich.

Die Grammatik hilft, die Auslegung zu präzisieren. Es liegt im Griechischen das Perfekt Passiv vor: „… die verfolgt *worden* sind“. Man hört während der Heilsrufe Jesu förmlich die Zwischenrufe seiner Hörer: Wir haben schon oft versucht, Gerechtigkeit zu verlangen, und wurden nur verlacht, vertrieben, verfolgt, bestraft. Daran zeigt sich doch, dass Schwachheit nichts ausrichtet.[157] Es ist zur Zeit Jesu in der Tat oft geschehen, dass die unfreien Bauern, die mehr Steuergerechtigkeit verlangten, von ihren Feldern und Weinbergen verjagt wurden. Es war riskant, den Mund zu öffnen und die Ungerechtigkeit beim Namen zu nennen. Allzu leicht konnte ein Widersacher vor Gericht Recht bekommen, wenn er die entsprechenden Freunde als Zeugen auftreten ließ. Die Hörer hatten nicht nur Sehnsucht nach Gerechtigkeit, sondern waren auch schon oft mit dieser Sehnsucht gescheitert. Umso notwendiger war es, dass Jesus ihrer Resignation widerstand und ihnen wieder Mut machte: „denn ihrer ist das Himmelreich“. Gerade den Verfolgten gilt die besondere Zuwendung Gottes. Da die achte und die erste Seligpreisung den gleichen Nachsatz haben, dürfen sie auch thematisch miteinander verbunden werden. Jesus hatte Hörer vor sich, die zu einem großen Teil von Gott und der Welt enttäuscht waren. Schon die erste Seligpreisung geht darauf ein, dass viele Zuhörer von Gott nichts mehr erhofften, weil sie sein Wirken nicht mehr sahen. Die achte Seligpreisung drückt nun aus, dass viele auch von der Welt nichts mehr erwarteten, weil sie zu oft die Ungerechtigkeit der Herren und der Gerichte erfahren hatten. Solche Enttäuschungen auszuhalten und im Vertrauen auf Gottes Regiment nicht zu verzagen, gehört zum Wesen des Christentums, wie auch schon die jüdischen Psalmen den „Obgleich-Glauben“ und den „Dennoch-Standpunkt“ empfahlen: „Und ob ich schon wanderte im finsteren Tal, fürchte ich kein Unglück, denn du bist bei mir …“[158] „Dennoch bleibe ich

157 Weish 2,11.
158 Ps 23,4.

stets an dir, denn du hältst mich bei meiner rechten Hand ...“[159] Der Glaube braucht einen langen Atem. Für jüdische Hörer verkündigte Jesus zwar mit seiner Stärkung der Armen und Entrechteten nichts Neues[160], aber er versicherte ihnen diesen Trost mit neuer Kraft. „Wohl dem, dessen Hilfe der Gott Jakobs ist ... der Recht schafft denen, die Gewalt leiden, der die Hungrigen speist ...“[161] Seit alters gelten im jüdischen Glauben die Verfolgten als die Lieblinge Gottes und bis zu den letzten Schriften des Neuen Testamentes herrscht Verständnis für die Klage, dass „der Gerechte viel leiden“ muss.[162] Wenn die Hilfe Gottes scheinbar aussteht, so muss das nicht bedeuten, dass sie nicht vorhanden ist. Jesus jedenfalls spricht seinen sorgenvollen Hörern zum Abschluss seiner Seligpreisungen die „Herrschaft Gottes“ noch einmal demonstrativ im Präsens, und nicht nur im Futur, zu: „... denn ihrer *ist* das Himmelreich“[163]. Wir dürfen übersetzen: *„Frei und froh sein sollen alle, die verfolgt wurden, weil sie Gerechtigkeit verlangten; denn gerade ihnen wendet sich Gott zu.“*

An die Geschmähten – *Die neunte Ermunterung*

Mt 5,11 (Lk 6,22) Selig seid ihr, wenn euch die Menschen um meinetwillen schmähen und verfolgen und reden allerlei Übles gegen euch, wenn sie damit lügen.

Die neunte und die zehnte Seligpreisung wurden offensichtlich erst vom Evangelisten hinzugefügt. Sie wenden sich nämlich nicht mehr an die versammelten Volksscharen zu Füßen Jesu, sondern an die späteren Gemeindechristen unter dem auferstandenen Christus. Matthäus lässt jetzt nicht mehr den Prediger aus Nazareth, sondern den HERRN reden. Auch das Subjekt der Angesprochenen hat vom weiträumigen „sie“ zum engeren „ihr“ gewechselt. Aus den Hörern der Bergpredigt sind Leser des Evangeliums geworden. Wir befinden uns in der zweiten oder dritten Generation nach dem Auftreten Jesu. Die Verse 11 und 12 haben nicht mehr die Prägnanz kurzer Heilsrufe, sondern sind umständliche Hinweise auf inzwischen eingetretene Ereignisse. Als *Grund der Verfolgung werden auch nicht mehr die Unrechtszustände im Land* angegeben, sondern das bloße Bekenntnis zum Namen Jesus Christus. „Um meinetwillen“, nicht mehr „um der Gerechtigkeit willen“, werden die Ange-

---

159 Ps 73,23.
160 Ps 34,19.
161 Ps 146,5–9; Jes 1,17 u.ö.
162 Ps 34,20; 1 Petr 3,14.
163 Vgl. oben S. 44.

sprochenen verfolgt. Christus selbst ist inzwischen die Gerechtigkeit geworden. Das ist ein Fingerzeig darauf, dass die Erfahrungen, auf die der Text anspielt, erst in späterer Zeit gemacht werden konnten, denn in den galiläischen Anfängen Jesu, in die Matthäus die Bergpredigt hineinverlegt, war der bloße Name „Jesus von Nazareth" den Behörden noch nicht verdächtig. Lukas bringt zur neunten Seligpreisung eine Parallele und bestätigt damit, wie breit die noch späteren Erfahrungen von Verfolgungen waren. Er beschreibt sie als noch viel härter als Matthäus: „Wenn euch die Menschen hassen und euch ausstoßen und verwerfen euren Namen als böse um des Menschensohnes willen."[164] Man spürt, wie die Affekte gegen die Christen in den ungefähr zehn Jahren, die Lukas nach Matthäus schreibt, zugenommen haben. Die „Lügen" sind inzwischen in „Hass" umgeschlagen, und die Verfolgten werden aus der jüdischen Volksgemeinschaft „ausgestoßen". Wer die Verfolger waren, bleibt in beiden Evangelien ungenannt. Matthäus und Lukas reden nur allgemein von den „Menschen", als müssten sie aus Angst vor Denunzierung die Identität der Täter verbergen.

Jedenfalls sind schon bald nach dem Tod Jesu, der ja als „Aufrührer" hingerichtet wurde, üble Gerüchte und Lügen gegen die „Seinen" aufgekommen.[165] Die Gegner können einzelne jüdische Eiferer wie der Thorastudent Saulus gewesen sein, die den Abfall der Christen von den jüdischen Religionsgesetzen als Verrat der Tradition und die Vergöttlichung Jesu als Gotteslästerung empfunden haben.[166] Es waren aber auch die offiziellen Instanzen der jüdischen Selbstverwaltung, welche die jungen Christusgemeinden als bedrohlich empfanden. So berichtet Lukas in seiner Apostelgeschichte, dass die führenden Apostel der Jerusalemer Urgemeinde vor den höchsten jüdischen Gerichtshof gestellt wurden und dort den Vorwurf hören mussten, sie würden einen falschen „Namen" lehren.[167] Die „Anhänger des neuen Weges" wurden „gefesselt" nach Jerusalem gebracht[168] und ins „Gefängnis geworfen"[169]. Stephanus, der Anführer der Armenfürsorge der Urgemeinde, wurde sogar „gesteinigt"[170]. Auch die römische Provinzverwaltung sah die Entstehung der neuen Gemeinden nur ungern. Eingeschleuste Agenten, die die Glaubensinhalte der Urchristen missverstanden, verdächtigten die „Nazarener" der Menschenfresserei, weil sie „Leib und Blut Christi" im Abendmahl „ver-

---

164 Lk 6,22.
165 Apg 8,58f.
166 Apg 8,1; 9,1f.
167 Apg 5,27f.
168 Apg 9,2.
169 Apg 8,3.
170 Apg 7,59.

zehrten". Sie warfen ihnen vor, Inzest zu pflegen, weil sie sich bei ihren Treffen untereinander „Bruder" und „Schwester" nannten. Es gab viel dummes und „übles Gerede" (V.11). Die religiösen Anliegen und Bräuche der neuen Christengemeinden wurden als abscheuliche Unmoral diffamiert. „Selig sein" erhielt nun einen anderen, einen übertragenen Sinn. Es stand nicht mehr unter der Verheißung von realer Befreiung und von glücklich werden im Alltag, sondern war eine schmerzliche „Heiligung" durch das Martyrium. Selig werden hieß: ins Jenseits gehen. Das „Reich Gottes" als die Herrschaft Gottes in der Gegenwart verlagerte sich in das ewige „Himmelreich". Wir können umschreiben: *„Geheiligt seid ihr, wenn euch die Menschen um meinetwillen verleumden, schmähen und verfolgen. Ihre Abneigung ist auf Irrtum gebaut."*

An die Verfolgten – *Die zehnte Ermunterung*

Mt 5,12 (Lk 6,23) Seid fröhlich und getrost; es wird euch im Himmel reichlich belohnt werden. Denn ebenso haben sie verfolgt die Propheten, die vor euch gewesen sind.

Aus den Verunglimpfungen sind Verfolgungen geworden. Immer mehr Gemeindeglieder mussten aus dem Land fliehen oder verloren ihr Leben und wurden „in den Himmel" aufgenommen, wie die Urchristen glaubten. Es fiel schwer, darüber nicht zu verzweifeln, sondern „fröhlich und getrost" zu bleiben. So suchte und fand man in den Gemeinden Zuflucht im aufkommenden Lohngedanken. Man nahm an, dass die „Brüder und Schwestern", denen hier die Glaubensfreiheit, die Ehre und zuletzt das Leben genommen wurde, dafür im Himmel entschädigt würden. Das Martyrium war zwar ein Leiden, aber keine Katastrophe mehr; es war nur Durchgang. Die Begründung allerdings war merkwürdig und schlug leider bereits antijudaistische Töne an, die zeigen, dass „Synagoge" und „Kirche" sich schon weit voneinander getrennt hatten: „Ebenso haben sie die Propheten verfolgt." Die Propheten mussten wegen ihrer Verkündigung oft auch Leid auf sich nehmen.[171] Aber das „ebenso" trifft nicht zu. Von keinem alttestamentlichen Propheten ist bekannt, dass er aus dem Volksverband ausgestoßen, gesteinigt oder einer fremden Besatzungsmacht ausgeliefert wurde. Man beginnt in der Urgemeinde, über die anderen in Klischees zu reden.[172] Matthäus muss sich auf

---

171 Jak 1,10; Am 7,12; Jer 37,15; Dan 6,17; Jon 1,15.

172 Hebr 11,32–38.

die Propheten beziehen, denn er kann im 5. Kapitel seines Evangeliums, das erst von den galiläischen Anfängen Jesu berichtet, noch nicht auf die Passion Jesu verweisen. Da der Evangelist aber nach 70 n.Chr. schreibt, geht er vom abgeschlossenen Schicksal Jesu aus; er denkt „nachösterlich". Er will nicht nur über die ehemaligen Hörer Jesu, sondern vor allem für seine gegenwärtigen Mitbrüder und für interessierte „Heiden" schreiben. Darum weist er bereits in Kapitel 5 indirekt über das Schicksal der Propheten auf das Schicksal Jesu hin und ruft seine Mitchristen dazu auf, die Verfolgungen zu ertragen und „christusförmig" zu werden. Die Bergpredigt ist deshalb auch in diesen beiden letzten Seligpreisungen keine Volksansprache mehr, sondern eine Jüngerrede. Das Risiko des Martyriums ist nicht jedermann anzuraten, selbst wenn einige Urchristen in den ersten großen Verfolgungen „fröhlich und getrost" in den Tod gingen. Mit der Verheißung von Verfolgungen hätte Jesus die Volksscharen „am Berg" nie für sich gewinnen können. Sie fühlten sich schon genug unterdrückt. Wir können aber dieser „matthäischen" Seligpreisung den geistlichen Zuspruch entnehmen, dass Gott auch im Leiden das letzte Wort haben wird: *„Seid fröhlich und getrost; Gott wird euch dafür reich belohnen. Auch die Propheten vor euch nahmen Leiden auf sich."*

Zusammengefasst ließe sich das „Heil" der Seligpreisungen heute etwa so formulieren:

Frei und froh sein sollen alle, die Gottes Kraft nicht mehr vertrauen können;
gerade ihnen wendet sich Gott zu.

Frei und froh sein sollen alle, die Tränen der Trauer und Enttäuschung weinen;
sie werden sich an neuen Anfängen erfreuen.

Frei und froh sein sollen alle, deren Stimmen nichts mehr gelten;
sie werden wieder Boden unter den Füßen erhalten im Land.

Frei und froh sein sollen alle, die nach Gerechtigkeit hungern und dürsten;
sie wird ihnen gegeben werden wie das tägliche Brot.

Frei und froh sein sollen alle, die sich dem Elend anderer stellen;
auch ihnen wird geholfen werden, wenn Not über sie kommt.

Frei und froh sein sollen alle, die anderen ohne Vorbehalte begegnen;
sie werden erfahren, dass Gott bei ihnen ist.

Frei und froh sein sollen alle, die am Frieden arbeiten;
man wird in ihnen zu Recht Gottes erwachsene Söhne und Töchter sehen.

Frei und froh sein sollen alle, die verfolgt wurden, weil sie Gerechtigkeit verlangten; gerade ihnen wendet sich Gott zu.

Geheiligt seid ihr, wenn euch die Menschen um meinetwillen verleumden, schmähen und verfolgen; ihre Abneigung ist auf Irrtum aufgebaut.

Seid fröhlich und getrost; Gott wird euch dafür reich belohnen. Auch die Propheten vor euch nahmen Leiden auf sich.

Matthäus formt die Seligpreisungen poetisch in zwei Versblöcke, die beide das Stichwort Gerechtigkeit ausführen und jeweils mit dem gleichen Refrain die „Zuwendung Gottes" bekennen. Gott lässt das Volk durch Jesus wissen, dass nicht auch noch er auf der Seite der Großen und Mächtigen steht, sondern die Sorgen der Kleinen und Schwachen kennt und ihnen helfen wird. Diese Veränderung der Verhältnisse geschieht als langwierige Friedensarbeit von „unten" her, an der sich alle beteiligen dürfen, die bereit sind, sich selber zu ändern und „erwachsene Kinder Gottes" zu sein. Der achtmalige „Heilsruf" führt die „Mühseligen und Beladenen" aus allen Richtungen zum neuen Gottesvolk zusammen[173] und verheißt ihnen die Kraft des Geistes Gottes. Dabei hat Matthäus den Mut, in seinen beiden nachgestellten Seligpreisungen die Heilsrufe Jesu eigens für seine Zeit fortzuführen.

Aber werden die Menschen einen Trost, der gegen alle Wirklichkeitserfahrung steht, aufnehmen? Haben die damaligen Hörer Jesu nicht dazwischengerufen: „Wie sollen *wir* jemals die Herrschaft Gottes durchsetzen können? Ausgerechnet *wir*?" Und können wir nicht auch die Zwischenrufe unserer heutigen Zeitgenossen hören, die sie am liebsten als „Antipreisungen" gegen die Seligpreisungen der christlichen Tradition einwenden würden? Wenn Matthäus die Worte Jesu aktualisieren durfte, so ist es gewiss auch uns nicht verwehrt:

Selig sind, die da geistlich arm sind; denn ihrer ist das Himmelreich.
– Nein, verraten sind die Armen! Sie haben in der Gesellschaft keinen Platz.

Doch, selig sind, die da Leid tragen; denn sie sollen getröstet werden.
– Nein, peinlich sind die Leidenden. Sie verderben ihren Mitmenschen die Lust am Sein.

---

173 Mt 11,28.

Doch, selig sind, die da hungern und dürsten nach Gerechtigkeit; denn sie sollen satt werden.
– Nein, hilflos sind die, die ihr Recht suchen. Geld regiert die Welt und Macht geht vor Recht.

Doch, selig sind die Barmherzigen; denn sie werden Barmherzigkeit erlangen.
– Nein, verlacht werden die Guten. Undank ist der Welt Lohn.

Doch, selig sind die Friedfertigen; denn sie werden Gottes Kinder heißen.
– Nein, an die Wand gedrückt werden alle, die Frieden wirklich wollen. Sie sind in der Minderheit.

Statt der kritischen „Antipreisungen“ lassen sich auch tröstliche „Fortpreisungen“ entwerfen:

Gelobt seien alle, die an Widerständen nicht verzagen;
sie sind Brot für andere aus Gottes Hand.

Gelobt seien alle, die Brücken über Gräben bauen;
sie werden Farben in Gottes Regenbogen sein.

Gelobt seien alle, die Hände ausstrecken, wo sich Fäuste ballen;
sie werden Gottes Anwälte genannt.

Gelobt seien alle, die vor Mauern nicht erschrecken;
sie werden Tore finden, die sonst keiner entdeckt.

Das Salz in der Suppe – *Die Bildworte*

Mt 5,13–16

5,13 Ihr seid das Salz der Erde. Wenn nun das Salz nicht mehr salzt, womit soll man salzen? Es ist zu nichts mehr nütze, als dass man es wegschüttet und lässt es von den Leuten zertreten. 14 Ihr seid das Licht der Welt. Es kann die Stadt, die auf einem Berg liegt, nicht verborgen sein. 15 Man zündet auch nicht ein Licht an und setzt es unter einen Scheffel, sondern auf einen Leuchter; so leuchtet es allen, die im Hause sind. 16 So lasst euer Licht leuchten vor den Leuten, damit sie eure guten Werke sehen und euren Vater im Himmel preisen.

Ihr könnt es schaffen, am Regiment Gottes mitzuwirken, so wollen es die Salz- und Lichtworte dem skeptischen Volk bestätigen. „Ihr *seid* das Salz der Erde! Ihr *seid* das Licht der Welt!" Das Prädikat ist affirmativ, nicht konjunktivisch. Auch wenn die Hörer ihrem Erscheinungsbild nach alles andere als durchsetzungsfähig erscheinen, sind sie in Jesu Augen von ihrer Berufung her doch die geeigneten Mitarbeiter Gottes. Sie müssen nicht klagen: Wie *könnten* wir jemals Salz der Erde und Licht der Welt sein! Sie *sind* es jetzt, denn gerade sie haben die Lebenserfahrung, die der Ruf nach Gerechtigkeit braucht. Das Evangelium ist ihnen nicht geschenkt, damit sie es nur als Gedankengut bei sich *haben*, sondern sie selber *sind* mit ihrer ganzen Existenz das „Salz".[174] Bei der Mitarbeit am „Reich Gottes" wird die ganze Person mit Herz und Händen gebraucht, nicht nur ihr frommes Wissen oder Lippenbekenntnis. Matthäus wird im weiteren Verlauf der Berglehre stark das Tun betonen.[175] Die Genitive „der Erde" bzw. „der Welt" können doppelt ausgelegt werden: Einmal „für die Erde, für die Welt", zum anderen „aus der Erde heraus, vom Licht her." Insofern sind für die Salzfunktion zwei Übersetzungen möglich: „Ihr seid das Salz, das die Erde braucht" oder „Ihr seid das Salz, das aus dem Boden stammt." Beide Versionen ergeben einen Sinn, wobei „Erde" und „Welt" Synonyme für „Menschheit" sind. Nach der ersten Deutung kommt die Menschheit ohne die Friedensarbeiter nicht voran, nach der zweiten können die Menschen die „Söhne und Töchter Gottes" nicht täuschen, weil sie das „Erdhafte", das Menschlich-Allzumenschliche kennen. Aber nicht nur die Genitivkonstruktion ist doppeldeutig. Auch die Begriffe „Salz" und „Licht" sind als Symbole ambivalent. Sie können kritisch oder quietistisch, aufregend oder beruhigend verstanden werden. Salz zum Bei-

174 Vgl. Dietrich Bonhoeffer, Nachfolge, ^{6}1958, S. 65.

175 Mt 5,16.47; 7,12.21.24.26.

spiel würzt *und* konserviert. Es kann die Speisen erst richtig schmackhaft machen[176], aber auch das Verderben der Lebensmittel längere Zeit verzögern. Ebenso kann Licht die Dunkelheit scharf ausleuchten, damit die Konturen der Dinge sichtbar werden, aber auch nur trauten Schein verbreiten, bei dem man sich gemütlich „verhockt“. Entsprechend können die Christen die Gesellschaft „schmackhaft“ oder „fad“ machen. Sie können sich progressiv einsetzen und die Verhältnisse kritisch vorantreiben oder konservativ bleiben und nur auf eine Erhaltung der traditionellen Werte aus sein. Jedenfalls muss Salz sich „einmischen“, wenn es wirken soll. Es hat keinen Sinn, wenn es nur im Salzfass bleibt und nicht verwendet wird. Salz ist so lebenswichtig wie Brot. Im Orient werden dem Gast zur Begrüßung ein Stück Brot und eine Prise Salz gereicht als Zeichen, dass er willkommen ist. Damit wird ihm zugesichert, dass ihn der Gastgeber mit allem Lebensnotwendigen versorgen wird. „Das Salz ist etwas Gutes“[177], denn „mag man etwas Fades essen, ohne es zu salzen?“[178] Aber worauf bezieht sich die Salzmetapher: nur auf die Jünger oder auf das ganze Volk?

Dieser zweite Abschnitt der Bergpredigt gilt gern als Beweis dafür, dass die große Rede Jesu keine Volksansprache, sondern nur eine Jüngerbelehrung war. Sie könne und müsse deshalb auch nicht von jedermann eingehalten werden. Nur entschlossene Christen, die es mit ihrem Glauben ernst meinen, könnten sie befolgen. Als Argument wird grammatikalisch auf den Wechsel des Subjektes verwiesen. Das allgemein offene „sie“ der ersten acht Seligpreisungen gehe jetzt in das einschränkende „ihr“ über. Außerdem weise die symbolische Identifizierung der Hörer mit „Salz“ auf eine kleine Minderheit hin, denn Salz sei nur als geringe Beigabe und niemals als Hauptgericht genießbar. Diese Argumente sind brüchig. Das Volk, das Jesus umgibt, verkörpert zwar der Zahl nach die große Menge des „kleines Mannes“, der politischen Kraft nach aber ist es schwach. Wer in den Duktus der Bergpredigt hineinhört, kann sich sehr wohl vorstellen, dass Jesus mit den Seligpreisungen so viel Aufmerksamkeit und Vertrauen bewirkt hat, dass die Hörer näher zu ihm rückten. Er kann sie nun sehr wohl mit „ihr“ ansprechen und damit die Einzelnen noch stärker zur Aufmerksamkeit bewegen, ohne dass er dabei eine besonders gläubige Elite aus dem Volk herausrufen müsste.

„Wenn nun das Salz nicht mehr salzt ...“ (V. 13a). Wie ist das möglich? Kann Salz fad, kraftlos werden, in Fäulnis übergehen oder nur bei Feuchtigkeit verklumpen? Im griechischen Text steht der Ausdruck „närrisch, dumm

176 Ijob 6,6.
177 Lk 14,34a.
178 Ijob 6,6.

geworden“ im Sinn von „ohne Funktion, unbrauchbar“. Zwei Erklärungen sind möglich. Entweder ist der Vorgang paradox gemeint, also unsinnig. Salz kann überhaupt nie salzlos werden. So verstanden würde Jesus darauf hinweisen: Auch wenn ihr euch als kraftlos empfindet, könnt ihr gar nicht wirkungslos sein, weil Gott durch euch wirkt. Oder der Vorgang war den Hörern als normal bekannt, weil sich zur Zeit Jesu nur die Oberschicht das teure, reine Salz aus den syrischen Salzseen leisten konnte. Die einfachen Leute beschafften sich ungereinigte Salzbrocken aus dem Toten Meer, in denen allerlei nicht-mineralische Fremdkörper enthalten waren, die mit der Zeit zu faulen begannen. Wenn man dieses Mischsalz länger herumliegen ließ, konnte man es nicht einmal mehr als Düngemittel auf den „Acker“ oder auf die „Miste“ werfen, wie Lukas schreibt[179], sondern man musste es zum Ausfüllen der Löcher in den Fahr- und Fußwegen benutzen. Es war nur noch einen „Dreck“ wert. Manche Kommentatoren verstehen dieses Bildwort als Droh- oder Gerichtswort. Es klingt aber eher wie ein Seufzer der Enttäuschung: Es wäre schade um euch als Kostbarkeit, wenn ihr nicht zur Wirkung kämt! Nennt deshalb freimütig eure Sorgen! Ihr seid ja Söhne und Töchter des Höchsten! Ihr werdet sonst nur von denen, die mit Stiefeln daherkommen, zertreten, wenn ihr eure „Würzkraft” nicht einsetzt. Salz muss aus sich selbst heraus stark sein. Man kann es mit anderen Stoffen nicht nachwürzen.
Die Lichtfunktion wird breiter ausgeführt als die Salzfunktion. Zwei „Lichtbilder“ werden aufgestellt: die beleuchtete Stadt und der brennende Leuchter. „Eine Stadt, die auf einem Berg liegt, kann nicht verborgen bleiben“ (V. 14b). Sie kann tagsüber nicht übersehen werden, wenn ihre Zinnen die Sonnenstrahlen reflektieren. Auch nachts kann sie sich nicht unsichtbar machen, wenn der Mondschein auf sie fällt. Die antiken Städte waren aus Gründen der Sicherheit möglichst auf Anhöhen gebaut, zugleich bildeten sie weithin sichtbare geographische Orientierungspunkte für Handelskarawanen und Pilger. Jeder Israelit unter den Hörern Jesu dachte beim Beispiel der „hochgebauten Stadt“ an Jerusalem, an das Licht, das von „Zion ausgeht“[180]. Die herrliche Davidstadt kann nur Glanz ausstrahlen. Auf gleiche Weise sind die Hörer ein unübersehbares „Licht der Welt“, das Gott anzündet. Sie müssen nur heraustreten aus dem Gefängnis ihrer Sorgen. „Man zündet auch nicht eine Lampe an und setzt sie unter einen Scheffel“ (V. 15a). Das erste „Lichtbild“ spielt draußen, in der Öffentlichkeit, das zweite drinnen im Haus. In beiden Szenerien können die „selig“ Gepriesenen gar nicht übersehen werden, man muss

179 Lk 14,35.
180 Ps 122,3f.; Jes 60,1.

sie erkennen! Es ist denkbar, dass man damals Maßbecher zum Löschen der Öllampen benutzte, damit keine größere Rauchentwicklung entstand. Dann wäre der Vorgang zwar aus der normalen Alltagspraxis bekannt, aber insofern unsinnig, als man ein neu angezündetes Licht nicht sogleich wieder löscht. Es ist aber auch vorstellbar, dass geeichte Maßbecher als sehr wertvoll galten und man deshalb die Schwärzung ihrer Innenseite niemals riskiert hätte. So gesehen wäre der Vergleich wieder paradox. Er würde auf eine Tat anspielen, die keiner jemals unternommen hätte. Die sprichwörtliche Bedeutung des heutigen Spruchs vom „Scheffel" greift völlig daneben. Wir bezeichnen mit „sein Licht unter den Scheffel stellen" in der Umgangssprache eine unnötige oder gar falsche Bescheidenheit. Aber es geht nicht um die scheue Zurückhaltung des Lichtglanzes, sondern um die Warnung, das Licht zum Verlöschen zu bringen. Das Wort vom „Scheffel" ist grotesk gemeint und will nur unterstreichen, dass der natürliche Sinn des Lichtes das Leuchten und nicht das Erlöschen ist. Man könnte den „Scheffel" natürlich auch auf die Ängstlichkeit hin deuten, mit der manche ihren Glauben still für sich behalten, oder auf die starre Rechtgläubigkeit, unter der die Lebendigkeit des Glaubens erstickt. Aber dann läuft man Gefahr zu allegorisieren. Bedeutsam ist auch, dass das Licht auf einen „Leuchter" gestellt werden soll, damit es allen leuchtet, „die im Haus sind" (V. 15b). Mit „Leuchter" ist wie mit „Berg" an einen hervorgehobenen, für alle sichtbaren Ort gedacht. Für die „Kinder Gottes" besteht kein Grund, die Kraft, die ihnen Gott zukommen lässt, nur für sich zu behalten und als Privatglauben zu verbergen. Ob auf der Straße, im Haus, in der Gesellschaft, in der Familie, in der Gemeinde: die Wärme der von Jesus Angesprochenen wird überall gebraucht. Gerade die „kleinen Lichter", die Glaubensschwachen, die Machtlosen, die Trauernden werden ermuntert, aktiv aus sich herauszugehen, nach Gerechtigkeit zu rufen und für den Frieden zu arbeiten. Sie sind die wahren Zeugen der Herrschaft Gottes, die sich hier und heute durchsetzen will.

„So lasst denn euer Licht leuchten vor den Menschen, damit sie eure guten Werke sehen" (V. 16ab). Das „Licht", das die skeptischen Mitmenschen überzeugt, sind die Werke der Friedensarbeit, welche die Welt braucht. Matthäus hat, anders als Paulus, keine Scheu, von „guten Werken" zu reden. Für ihn steht das Christentum unter dem Tatbeweis. Die Mitmenschen werden die guten Werke der Jesusleute „ansehen" und von ihnen aus zum „Vater im Himmel" als dem Kraftspender „aufsehen" (V. 16c). Matthäus richtet das Augenmerk von den Tätern über die Taten auf Gott. Der „Vater im Himmel" wird im Rückschluss entdeckt, womit denen, die sich zu Jesus halten, eine hohe Verantwortung übertragen wird: Es hängt von *ihnen* ab, ob den Mitmenschen eine Gotteserkenntnis möglich ist. Wenn „Gottes Söhne und

Töchter“ Modelle des Friedens und der Gerechtigkeit ins Werk setzen, werden die Menschen Gott als Quelle für diese Taten zu erahnen beginnen. Das Lob Gottes ist also das Ziel des friedlichen Handelns und nicht der Ruhm der „Friedensleute“ selber. Bei ihrer Friedensarbeit sind sie nur Hinweisschilder auf Gott. Aber nicht auf „Gott“ im Sinne eines allgemeinen Gottesbegriffs, sondern auf „Gott“ in einer sehr persönlichen, familiären Rolle. An dieser Stelle der Bergpredigt begegnet zum ersten Mal der Name „Vater“ für Gott. Das Vaterbild steht für Fürsorglichkeit, Schutz, Kraft, Segen. Gott gibt die Energie für die Werke und wird über die Werke erkannt. Die Mitarbeiter am „Reich Gottes“ sind nur das „Licht“, das den Weg zu Gott hin ausleuchtet. Allein die Vorstellung war schon skandalös, dass Jesus die „Kleinen“, „die Schwachen“, das „unreine“ multikulturelle Volk zum „Licht der Welt“ ernannte, wenn gleich es schon im Jesajabuch hieß: „So spricht der Hohe und Erhabene ... Ich wohne ... bei denen, die zerschlagenen und gebeugten Geistes sind ...“[181]

Es waren auch Zuhörer aus dem religiösen Zentrum „Jerusalem“ dabei, berichtet Matthäus zum Auftakt der Berglehre.[182] Unter ihnen waren wohl auch gesetzestreue Fromme, denen der ganze Massenauflauf suspekt war. Wie jeder Prediger, dessen Ruf durch das Land eilt, wurde auch Jesus schon früh „abgehört“. Man kann aus dem Einwand „ihr sollt nicht meinen“ (V. 17) das Murren von „Schriftgelehrten und Pharisäern“ entnehmen[183], dass der Rabbi aus Nazareth ausgerechnet die „Unreinen“, die er so überraschend „selig“ gepriesen hatte, nun auch noch als „Licht der Welt“ identifizierte. Es gehörte zwar zum Glaubensbekenntnis Israels, dass Gott das „Licht“ des Volkes war. „Der Herr ist mein Licht und mein Heil.“[184] Darüber hinaus konnten die Propheten und Psalmbeter Israels auch die Thora als „Licht Gottes“[185] und den kommenden Messias als „Licht der Heiden“[186] preisen. Im Jesajabuch wurde sogar Israel selbst das „aufgehende Licht“ genannt, wenn auch nur das Israel, das „in seiner Mitte niemand unterjocht“ und die „Hungrigen sein Herz finden“ lässt.[187] Aber nirgendwo in seinen Schriften galten die Heiden als Licht für Israel – ähnlich wie auch heute die Erste Welt meint, von der Dritten Welt und deren Religionen nichts lernen zu können. Wenn also Jesus die aus Heiden und Juden bunt gemischte „Berggesellschaft“ das „Licht“ nannte,

---

181 Jes 57,15.
182 Mt 4,25.
183 Mt 5,20.
184 Ps 27,1,36,10; 89,16; 104,2; Jes 2,5; 9,1; 60,1.19; Mi 7,8 u.a.
185 Ps 119,105; 43,3; Spr 6,23; Jes 2,3.
186 Jes 42,6.
187 Jes 58,10.

hielt er sich nicht mehr an das herkömmliche Bekenntnis Israels. Er geriet in Verdacht, die Thora zu missachten. So lässt sich zwischen den Zeilen des Glaubens*unterrichts* der Berg*lehre* der empörte Zwischenruf hören: Wer das sagt, löst die Thora auf![188] Dieser Einwand ist nicht zu unterschätzen, denn er richtet sich gegen ein berechtigtes Anliegen. Die Thora war zur Zeit Jesu neben dem Tempel in Jerusalem das bedeutendste Symbol der Identität Israels. Das davidische Königshaus war erloschen, das Land in einzelne Territorien zerfallen. Man hatte die nationale Souveränität verloren und sah sich der römischen Besatzungsmacht ausgesetzt. Israel war keine politische und geographische Einheit mehr, sondern nur noch eine Legende von gestern und ein Traum von morgen. Besonders in Galiläa gewannen die Synagogen als lokale religiöse Zentren immer mehr Bedeutung, je beschwerlicher die Wallfahrten nach Jerusalem wurden. In den Synagogen aber stand im Zentrum nicht der Opferaltar, sondern der Thoraschrank. Hinzu kam, dass schon zur Zeit Jesu mehr Juden außerhalb Israels in der Diaspora fremder Völker lebten als in Israel selbst. Für sie waren die Verehrung und der Gebrauch der Thora eines der letzten Zeichen ihrer jüdischen Identität. So ist es verständlich, dass Jesus auf diesen Vorwurf, er löse das Gesetz auf, wenn er behaupte, Gott liebe auch die „unreinen“ Scharen, mit grundsätzlichen Aussagen über seine Stellung zum Gesetz antworten musste. Für den jungen Rabbi wurde die Situation nach den ersten verblüffenden Aussagen seiner Berglehre hoch gefährlich.

---

188 Mt 5,17.

Die Reform der Tradition – *Jesu Stellung zum Gesetz*

Mt 5,17–20 (Lk 16,16f.)

17 Ihr sollt nicht meinen, dass ich gekommen bin, das Gesetz oder die Propheten aufzulösen; ich bin nicht gekommen aufzulösen, sondern zu erfüllen. 18 Denn wahrlich, ich sage euch: Bis Himmel und Erde vergehen, wird nicht vergehen der kleinste Buchstabe noch ein Tüpfelchen vom Gesetz, bis es alles geschieht. 19 Wer nun eines von diesen kleinsten Geboten auflöst und lehrt die Leute so, der wird der Kleinste heißen im Himmelreich; wer es aber tut und lehrt, der wird groß heißen im Himmelreich. 20 Denn ich sage euch: Wenn eure Gerechtigkeit nicht besser ist als die der Schriftgelehrten und Pharisäer, so werdet ihr nicht in das Himmelreich kommen.

„Ich bin nicht gekommen, das Gesetz aufzulösen" (V. 17). Vor allem in der protestantischen Kirchengeschichte war es Tradition zu behaupten, das Judentum sei eine Gesetzesreligion, das Christentum dagegen eine Liebesreligion. In dem Wort „Gesetz" schwang die Vorstellung von Zwang, Ängstlichkeit, Unfreiheit mit, während man bei dem Wort „Liebe" an Freude, Freiheit, Freiwilligkeit dachte. Die Juden wurden zu selbstgerechten Egoisten stilisiert, die Christen hingegen zu Menschenfreunden, die durch Christus von aller „Werkerei" befreit waren. Abgesehen davon, dass sich diese „Dogmatik" weder mit dem Alltagsverhalten von Juden, noch mit dem von Christen deckte, stand dahinter auch eine Theologie, die überzog. Das Judentum genießt im Grunde genommen mehr Glaubensfreiheit als die christlichen Konfessionen. Es kennt außer dem Bekenntnis zu dem *einen* Gott keine weiteren Dogmen und auch kein Lehramt. Wenn die Juden ihre Hebräische Bibel „Thora" nennen, so verstehen sie unter dieser Bezeichnung eine persönliche „Empfehlung, Weisung, Anleitung" und nicht eigentlich das „Gesetz" im Sinne einer objektiv gültigen Rechtsnorm, so wie wir im Abendland Gesetzbücher und Strafparagraphen verstehen. Die Freude am Wort Gottes und nicht die ängstliche Sorge über seine Einhaltung wird in den Gebeten des Judentums betont. Gott hat dem Volk Israel die Thora aus Liebe und nicht zur Belastung gegeben, bekennen die jüdischen Gläubigen in den Synagogen: „Herr, unser Gott, wenn wir uns niederlegen und wenn wir aufstehen, sprechen wir von deinen Gesetzen und frohlocken ob der Worte deiner Thora und deiner Gebote immerdar."[189] Der jüdische Feiertagszyklus hat der Thora ausdrücklich ein eigenes Fest eingeräumt: die Simchat Thora, die „Freude an der

---

189 Vgl. Pinchas Lapide, Die Bergpredigt – Utopie oder Programm?, ^{3}1983, S. 21–24.

Lehre". Dieses Thorafest hat den Charakter einer Hochzeitsfeier. Die Synagogengemeinde „vermählt sich" mit dem Wort Gottes unter Liedern, Tänzen, Prozessionen symbolisch zu einem Paar. Auch die rabbinische Auslegung der Bibelworte ist nicht so zwanghaft, wie Christen es sich vorstellen. Die Rabbinen haben die Freiheit, für die einzelnen Bibelstellen bis zu siebzig Auslegungsmöglichkeiten zu finden, wenn sie nur den Buchstabenbestand der heiligen Texte nicht antasten. Jesus kritisiert zwar im weiteren Verlauf des Matthäusevangeliums die Kleinkrämerei der Schriftgelehrten („Weh euch, ihr Schriftgelehrten und Pharisäer ..., die ihr Mücken aussiebt ... und Becher und Schüsseln reinigt"), jedoch nur, wenn die peniblen Theologen darüber „das Wichtigste im Gesetz beiseite lassen, nämlich das Recht, die Barmherzigkeit und den Glauben"[190].

Die vermeintlich scharfe Alternative zwischen Jesus und dem Gesetz wurde in der christlichen Theologiegeschichte vor allem mit Paulus begründet, der in seinem Brief an die Römer erklärt: „Christus ist des Gesetzes Ende."[191] Zusätzlich wurde auf Johannes verwiesen: „Das Gesetz ist durch Mose gegeben, die Gnade und Wahrheit aber durch Jesus Christus geworden."[192] Auch unser Bergpredigtabschnitt galt als Beleg: „Wenn eure Gerechtigkeit nicht besser ist als die der Schriftgelehrten und Pharisäer ..." (V. 20). Wieder einmal hängt viel von der Philologie ab. Bedeutet das griechische Wort „telos", das Paulus in der oben zitierten Römerbriefstelle benützt, tatsächlich „Ende" oder nur „Erfüllung"? Hat Jesus die Thora als den wichtigsten Besitz seines Volkes abschaffen oder nur ihren Grundsinn schärfer profilieren wollen? Das Wort „telos" meint nicht Abbruch, sondern Ausrichtung, Zielpunkt. Paulus wollte das Gesetz so auslegen, wie es Jesus von Nazareth mit seinem Leben und Werk getan hat. Auch das entgegenstellende „aber" im Nachsatz des Johannesspruchs findet sich im griechischen Text so nicht. Johannes wollte nur bekennen, dass Jesus die „Fülle" der Einwohnung Gottes unter uns verkörpert und die Gnadenseite des Gesetzes herausgestellt hat.[193] Nicht der Gegensatz der Religionen, sondern ihre wechselseitige Ergänzung ist in einer multikulturellen Weltgesellschaft zu betonen. Spätestens seit dem Holocaust kann sich die christliche Theologie auch nicht mehr die Spur einer Überheblichkeit gegenüber dem jüdischen Glauben leisten. Selbst wenn in den neutestamentlichen Schriften einige antijudaistische Aussprüche zu finden sind, so sind diese heute nur als Entgleisungen zu werten, wenn zum Beispiel ein unbe-

190 Mt 23,23–25.
191 Röm 10,4.
192 Joh 1,17.
193 Joh 1,16.

kannter Kommentator in den 1. Thessalonicherbrief des Paulus einfügte: „... (die Juden) gefallen Gott nicht und sind allen Menschen feind“[194], oder wenn eine andere sekundäre Hand in das Johannesevangelium eintrug: „Ihr (Juden) habt den Teufel zum Vater ...“[195] Wie hätte Jesus von Nazareth auch in der kurzen Zeit zwischen seiner Gottesvision am Jordan und seiner Passion in Jerusalem aus dem Verband seines Volkes austreten und eine völlig neue Religion schaffen können? Der Rabbi aus Nazareth besuchte die Synagogen, er unternahm Wallfahrten zum Tempel, sprach seine jüdischen Gebete, diskutierte mit Schriftgelehrten über den Sinn von Geboten und Verboten. Er war und blieb bis an das Ende seiner Tage Jude. Jesus von Nazareth hat das Religionsgesetz Israels nicht aufgehoben, sondern als Lehrer, Wanderprediger und Wunderheiler „radikalisiert“, „von seinen Wurzeln her“ neu profiliert. Er musste es tun, weil er das einfache Volk mit seinen Alltagssorgen kannte. „Oberschichtler“ und „Mittelständler“, wie es die Pharisäer waren, hatten es relativ leicht, sich um die Vorschriften der Thora zu kümmern, sie zu beachten und sich „rein“ zu halten. Das Jesus zugeströmte „untere“ Volk hingegen war von der täglichen Überlebenssorge so sehr belastet, dass es sich nicht auch noch um die sorgfältige Einhaltung der Religionsgebote kümmern konnte. Jesus musste darum das „Gesetz“ auf wenige Grundregeln zurückführen, ohne damit dessen Wortbestand aufzuheben. Man darf keinen Abschnitt der Bergpredigt vom Rahmen der Zuhörerschaft ablösen und nur dogmatisch in sich selber betrachten, wenn „Gnade und Wahrheit“ konkret bleiben sollen.

Nach dem Matthäusevangelium vermittelt Jesus dem Volk, dass er eindeutig zur Tradition steht. „Ich bin nicht gekommen aufzulösen ...“ (V. 17). Jesus hat sich von Gott Abba nicht senden lassen, um Gottes Wort an Israel für ungültig zu erklären. Er ist auch nicht an diesen „Berg“ gekommen, um seinen Hörern ihre religiöse Erziehung zu nehmen. Jesus will kein Bilderstürmer sein. Er setzt die Thora nicht prinzipiell außer Kraft, er macht sie nur wirksamer. Auch wenn er manchmal die religiösen Vorschriften bei seinen Auslandsbesuchen, Sabbatheilungen und Sündergastmahlen brach, dann doch nur „um des Menschen“ willen.[196] Die Thora will in ihrer Grundmelodie ja nichts anderes bewirken, als mit allen ihren Weisungen „zum Leben zu verhelfen“[197]. Jesus unterscheidet zwar nicht ausdrücklich zwischen primären und sekundären Geboten, zwischen ethischen Weisungen und zeremonialen Vorschriften. Aber er will im Streitfall eindeutig das Recht des Lebens über die

---

194 1 Thess 3,15.

195 Joh 8,44.

196 Mk 2,27.

197 Dtn 4,1; 30,19.

Rechthaberei der Gesetzeslehrer stellen, wenn es um die Menschenwürde und die Befreiung von Zwängen geht. Jesus reformiert die Thora mit der Thora. Er kennt eine Mitte der Schrift und die Ränder der Schrift. Sie sind, wenn sie miteinander kollidieren, nicht gleichwertig. Die Thora hat ihren Kern in den Zehn Geboten. Sie sind die religiöse Verfassungsurkunde Israels. Die Zehn Gebote aber – und mit ihnen auch alle weiteren Anordnungen und Erzählungen, die um sie herum als Thora entstanden sind – stehen unter der Präambel der „Herausführung aus der Knechtschaft“[198]. Sie wollen das Volk vor dem Rückfall in soziale oder unmoralische Versklavungen schützen. Alle Gebote und Verbote der Thora sind darum immer zuerst auf ihren „herausführenden“ Sinn hin auszulegen und anzuwenden. Wenn Jesus in der Bergpredigt diese Grunderkenntnis der „Mischgesellschaft“, die ihn umgibt, vorträgt, will er ihr sagen, dass Recht und Gerechtigkeit allen Menschen zusteht und das Recht des Einen nicht zum Unrecht am Anderen werden darf. Das Gesetz gilt allen. Und wenn die Schwachen aufgrund ihrer Lebensumstände nicht mehr in der Lage sind, das Gesetz einzuhalten, dann muss es angepasst werden, damit es wieder von allen erfüllt werden kann. Das haben schon vor Jesus die Propheten gefordert. Jesus spricht ja ausdrücklich vom „Gesetz *und* den Propheten“ (V. 17)[199]. Das „Gesetz“ wird erst voll „lebendig“, wenn es von den Propheten her gesehen und verstanden wird.

Der Begriff „tora“ kann im engeren Sinn nur auf die fünf Bücher Moses, im weiteren Sinn auch auf die ganze Hebräische Bibel bezogen werden. Jesus wählt den engeren Begriff und deutet damit an, dass die Verkündigung der Propheten der Schlüssel zu den moralischen und zeremonialen Bestimmungen der Mosebücher ist. Immer wieder fielen die Propheten den Priestern und Königen in die Arme, wenn die Mächtigen das Recht für sich selber pachten und mit dem Kult ein Spiel treiben wollten. „Ich habe Lust an der Liebe und nicht am Opfer, an der Erkenntnis Gottes und nicht am Brandopfer.“[200] Die Propheten wehrten sich leidenschaftlich dagegen, dass Unschuldige verurteilt und Unterdrückte noch mehr ausgebeutet wurden. Gerade dadurch, dass Jesus dem „Gesetz“ die „Propheten“ hinzufügt, macht er deutlich, dass er auf keinen Buchstaben des Gesetzes verzichten, sondern das „Gesetz“ als „Recht“ von der „Gerechtigkeit“ her interpretieren will. Schon in den vier Kapiteln vor der Bergpredigt legt Matthäus großen Wert auf die Verbindungslinien zwischen Jesus und den „Propheten“, deren Verheißungen er erfüllt.[201] Es ist

---

198 Ex 20,2.

199 So auch Mt 7,12.

200 Hos 6,6 (vgl. Mt 9,13; 12,7); Jes 1,11; Jer 6,20; 14,12; Am 5,21–24.

201 Mt 1,22; 2,5.15.17; 3,15; 4,14.

entscheidend, dass zwischen dem geschriebenen Recht und dem höheren, freien Ideal der Gerechtigkeit unterschieden wird. Mögen Gesetze auch noch so objektiv wie nur möglich abgefasst sein, wenn sie sich nicht fortlaufend an der Humanität orientieren, können sie keine Gerechtigkeit vermitteln. Die Gerechtigkeit steht über dem Recht. Das Recht muss der Gerechtigkeit dienen und ihr zum Durchbruch verhelfen.

„Wahrlich, ich sage euch …" (V. 18). Im griechischen Text steht für „wahrlich" das bekannte „Amen". Wir kennen es meist nur als abschließende Bekräftigung eines Gebets. Wird es vorangestellt, will es gleich einem Gütesiegel sagen: Was jetzt folgt, ist unverzichtbar. Jesus stellt einen ersten Grundsatz seines Verhältnisses zur Religion seines Volkes auf, den auch die Besucher aus den umliegenden Ländern verstehen können. Er will den Glauben seiner Väter in seinem Buchstabenbestand nicht antasten. Er will aus der Quadratschrift der Thora kein Jota, den kleinsten Buchstaben, und auch nicht den geringsten Zierstrich wegstreichen, solange die Gebote und Verbote von den „Generalklauseln" der Liebe, der Menschenwürde und der Gemeinschaftsverpflichtung her interpretiert werden. Diese drei Kriterien sollen erhalten bleiben, solange die Erde steht. Man sollte aus dieser Zeitangabe nicht zwingend herauslesen wollen, Jesus postuliere damit ein apokalyptisches Weltende. Er möchte nur zu verstehen geben, dass Gottes Gebote die Menschen in ihrem Leben begleiten wollen, und dass sie „geschehen", also getan werden sollen. Jesus möchte die Tradition nicht eliminieren, sondern interpretieren, nicht abschaffen, sondern auslegen. Gesetze sind nur dann bedrückend, wenn ihr „Sitz im Leben", d.h. die Situation, die ihre Formulierung einmal bestimmt hat, vergessen wird, so dass sie nicht mehr konkret fallbezogen, sondern allgemein apodiktisch verstanden und verkündet werden. Nach dem Matthäusevangelium betont Jesus immer wieder das Tun, als sei er des ständigen bloßen Behauptens und Bekennens der Theologen überdrüssig. Beides gilt: „Der Mensch lebt nicht vom Brot allein" wie auch „Der Mensch lebt nicht vom Wort allein". Dabei ist die Aufforderung zum Tun keine unerfüllbar harte Norm, wenn wir uns an den roten Faden der Bergpredigt erinnern. Wer so sehr von Gott geehrt und geliebt wird, wie die Seligpreisungen und die Salz- und Lichtworte Jesu es verkünden, der hat auch die Rückenstärke, für das „Reich Gottes" etwas zu tun.

„Wer nun eines von diesen kleinsten Geboten auflöst …" (V. 19). Als leichtestes Gebot galt bei den Rabbinen das Freilassen einer gefangenen Vogelmutter, als schwerstes die Ehrerbietung gegenüber den Eltern. Bei beiden Geboten aber steht dieselbe Begründung: „Damit du lange lebest."[202] Dem-

---

202 Dtn 22,6f.; Ex 20,12; vgl. H. Strack / P. Billerbeck, a.a.O., 1. Doppelband, ^{4}1965, S. 249.

nach haben das leichte wie das schwere Gebot jeweils in ihrer Situation dieselbe Verheißung. Wer aber nun eines dieser besonders leicht oder schwer einzuhaltenden Gebote übertritt, wird trotzdem nicht aus der „Herrschaft Gottes" herausfallen, die Jesus nach Matthäus als „Himmelreich" umschreibt. Aber er wird eine verschiedene Wirkung im „Reich Gottes" entfalten. Wer ein Tier verschont, tut das kleine Gute. Wer jedoch seine alt gewordenen Eltern versorgt, bringt die Liebe Gottes zu den Menschen noch deutlicher zum Ausdruck. Dass beides nötig ist, der Tierschutz und die Pflege der alten Menschen, die Tierliebe aber oft leichter fällt als die Altenpflege, das wissen wir auch in unserer Zeit. Niemand muss ängstlich befürchten, dass er mit einer Gebotsverletzung der Zuwendung Gottes völlig entgleiten kann. Auch der „Kleinste" bleibt im „Himmelreich", besagt der Spruch, wobei das Himmelreich nicht als Jenseits, sondern als hiesiger Wirkungsbereich Gottes gedacht ist.

Nach diesen grundsätzlichen Erwägungen über die Notwendigkeit des Gesetzes geht Jesus im weiteren Verlauf der Berglehre dazu über, einige Modelle und Kriterien für das Verhalten der „Gotteskinder" im Alltag zu entwickeln. Bislang hat er dargestellt, wie sich Gott den „Mühseligen und Beladenen" zuwendet: Gott ist anders, einfühlsamer, gerechter, als wir denken. Nun wird entfaltet, wie auch die Menschen anders miteinander umgehen können. Nachdem Gott sie anders „angesehen" hat, können sie sich auch gegenseitig anders anschauen. Die Berglehre geht in ihrem vierten großen Themenblock zu den sogenannten „Antithesen" über. Auf die vertikale folgt die horizontale Perspektive. Zuvor stellt Jesus noch einen zweiten Grundsatz für den Umgang mit der Tradition heraus, der wieder mit dem vorangestellten Gütesiegel „denn ich sage euch" beginnt.

„Wenn eure Gerechtigkeit nicht besser ist als die der Schriftgelehrten und Pharisäer …" (V. 20). Jesus hat die Gerechtigkeit in den Seligpreisungen schon zweimal erwähnt.[203] Nun sind sie das Generalthema der weiteren Unterrichtung des Volkes. Die Gerechtigkeit der „Salzträger" und „Lichtleute" soll die Gerechtigkeit der Theologen und frommen Laien übertreffen und sich als „besser" erweisen. Dabei stellt sich die Frage, ob der Komparativ „besser" qualitativ oder quantitativ zu verstehen ist. Aber die Alternative erübrigt sich. Das griechische „pleion" ist am ehesten mit „reichlicher" wiederzugeben und umfasst beide Kategorien: die Zunahme und die Wertung, das „mehr" und das „besser". Es ist von vornherein klar festzuhalten, dass die Gerechtigkeit der „Schriftgelehrten und Pharisäer" nicht verworfen, sondern nur im Komparativ überstiegen wird. Was sich die Frommen ausdenken und was sie

---

203 Mt 5,6.10.

glauben, ist in vielen Punkten die Grundlage des Religiösen und Sittlichen überhaupt. Aber die traditionelle Frömmigkeit scheut nicht selten das Risiko. Sie bringt das Leben nicht voran. Sie unternimmt keine neuen Schritte. Die „Salzträger" und „Lichtleute" Gottes dürfen jedoch mehr wagen für die „Herrschaft Gottes". Sie dürfen kreativer, offener, riskanter glauben und leben, ohne dass sie den Glauben der Väter dabei auflösen müssten. Es ist das A und O der Auslegung der Berglehre, dass die Vätertradition und die Reform Jesu, das Judentum und das Christentum, die Bürgermoral und der Jüngermut nicht in Gegensatz, sondern in Ergänzung zueinander gesehen werden. Die ethischen Modelle, mit denen Jesus im weiteren Verlauf der Bergpredigt ein neues Vertrauen in den Beistand Gottes veranschaulichen will, sollten gradualistisch, d.h. auf eine nächste Stufe führend, und nicht antithetisch, nicht gegensätzlich, ausgelegt werden. Es geht um die „bessere", nicht um die „beste" Gerechtigkeit! Die Menschen, die auf Jesus hören, befinden sich zwar bereits im „Reich Gottes", aber sie sind noch nicht im Paradies, wo „die Wölfe bei den Lämmern wohnen" werden.[204] Wenn nicht von vornherein festgehalten wird, dass die Bergpredigt nur den Komparativ, nicht den Superlativ des Tuns verlangt, können die nachfolgenden Vorschläge Jesu leicht als weltfern verworfen werden. Es geht um Schritte zu mehr Frieden und Gerechtigkeit, um Anfänge, um Versuche, – nicht um unerfüllbare, superlativische Träume. Wer das nicht einräumt, verurteilt von vornherein jede Friedensbemühung und jede mutige Rechtsreform zum Scheitern.

Sitte und Anstand sind an sich „gut". Straftäter müssen bestraft, Ehebrecher ermahnt und Feinde abgewehrt werden. Noch „besser" ist es, die Übeltäter in ihrem Gewordensein zu verstehen, statt sie nur abzustrafen, – und ihnen Versöhnung anzubieten, ohne sie deshalb zu entschuldigen oder freizusprechen. Die Selbstliebe empfiehlt uns die Natur, die Nächstenliebe lehrt uns die Ethik. Die Feindesliebe schließlich reicht als Evangelium noch weiter. Sie riskiert unter Umständen sogar das Leben. Alle drei Formen der Liebe schließen sich gegenseitig ein und nicht aus. Sie sind Stufen zueinander, Phasen der Reifung. Der christliche Glaube ist in der Nachfolge Jesu ein Weg. Er lässt sich auf Änderungen ein und folgt den Lockungen der Gerechtigkeit und des Friedens. Er ist nicht gegen den Verstand gerichtet, wohl aber „höher" als das, was wir gemeinhin als Vernunft bezeichnen. Er sucht die „Herzen und Sinne" aus ihren Denkzwängen zu befreien.[205]

---

204 Jes 11,5–8.
205 Phil 4,7.

Die sanfte Gewalt – *Die so genannten Antithesen*

Mt 5,21–48 (Lk 6,27–36)

21 „Ihr habt gehört, dass zu den Alten gesagt ist … Ich aber sage euch …“[206]

Die persönliche Anrede zeugt von einem lebendigen Dialog. Jesus hat Hörer um sich, die ihre Probleme, Zuneigungen und Abneigungen haben. Man darf zu keinem Zeitpunkt das Publikum „am Berg“ aus den Augen verlieren und aus der Bergpredigt ein trockenes Lehrbuch machen. Matthäus jedenfalls hat die Berglehre als eine wirkliche Rede verstanden, als Volksunterricht mit Thesen, Beispielen, Zwischenrufen, Steigerungen. Eine öffentliche Rede hat einen roten Faden. Sie muss spannend und erfahrungsbezogen sein, wenn sie bei ihren Hörern ankommen soll. Hätte Jesus nicht in unerhörter Weise Alltagsereignisse angesprochen, hätte das Volk nicht so lange bei ihm ausgeharrt und am Ende sich auch nicht „über seine Lehre entsetzt“[207]. Wir dürfen den konkreten Lebenshintergrund der Berglehre nicht übersehen, wenn es jetzt in den Antithesen um die Besprechung von Konfliktfällen geht. Nach der Gottesliebe, der Liebe Gottes zu seinen Geschöpfen, die Jesus in den Seligpreisungen und Salz- und Lichtworten vortrug, und nach der Darstellung seiner Liebe und Treue zu Gottes Wort im Gesetz, geht er nun auf die Nächstenliebe, die zwischenmenschliche Moral ein. Von Gott anders angesehen als vermutet, können sich die Zuhörer nun auch anders zueinander verhalten, als sie es bislang gewohnt waren.
Es ist in der theologischen Wissenschaft viel darüber gerätselt worden, welche der sechs „Antithesen“ wohl ursprünglich auf Jesus selbst zurückgehen und welche ihm von Matthäus in den Mund gelegt wurden.[208] Wir wollen uns mit diesem Streit um primäres und sekundäres Jesusgut nicht auseinandersetzen, weil sich auch der Evangelist als direkt von Jesus getragen und inspiriert empfunden hat.[209] Entscheidend ist vielmehr, dass jede der ersten fünf „Antithesen“ auf die sechste und letzte zuläuft[210], die sie mit ihrem intensiven Gottesglauben auffängt und trägt. Ohne seine tiefe Gottgläubigkeit hätte Jesus

---

206 Mt 5,22.28.32.34.39.44.
207 Mt 7,28.
208 Zur literarkritischen Untersuchung der Antithesen vgl. Ulrich Luz, Das Evangelium nach Matthäus, in: Evangelisch-Katholischer Kommentar zum Neuen Testament, Band I/1, ^{2}1989, S. 244–247.
209 Vgl. oben S. 25f.
210 Mt 5,43–48.

seine Zuhörer nicht auf die mühsamen Wege der Selbstkritik, der Vergebung und Versöhnung hingewiesen. Die Kraft zu einem alternativen Verhalten in schwierigen Konfliktsituationen kommt nach seiner Überzeugung nicht aus unserer angeborenen oder anerzogenen Humanität, sondern aus der Energie, mit der Gott an uns arbeitet und die er uns in seinem „Reich", in seiner Zuwendung schenkt. Jesu Ethik ist getragen von seinem eigentümlichen Gottesbild. Gott ist Abba, der uns zum Guten hin motiviert.[211]
Die ersten drei „Zumutungen" sprechen Missstimmungen in privaten Verhältnissen an. Sie gehen auf Streitfälle und Treulosigkeiten unter Angehörigen, Freunden oder Ehepartnern ein. Die nachfolgenden drei Modelle der Verhaltensänderung spielen im öffentlichen Raum. Sie handeln vom Offenbarungseid bei Gericht, von der Wut gegen Ausbeuter, aber auch vom Mut, selbst noch im Gegner oder Feind den Menschen zu sehen. In allen sechs Fällen geht es darum, die „bessere" Gerechtigkeit und die einfühlsamere Liebe zu lernen. Das Motiv der Reform ist dabei die Kraft, die der „Vater im Himmel" seinen „Kindern" verleiht.[212] Die sechs Antithesen müssten eigentlich von der sechsten und letzten Antithese her ausgelegt werden. Was Jesus lehrt, steht ganz im Licht seiner Abba-Vision.[213] Auf die gleiche Weise wie er mit den Seligpreisungen und den Salz- und Lichtworten von Gott her auf die Menschen zuging, geht er nun von den Sorgen und Nöten der Menschen aus auf Gott zu. Wer die religiöse Kraft, die aus dem Gottesbild Jesu strömt, übersieht, denkt umsonst darüber nach, ob die „Antithesen" jemals privat und politisch zu verwirklichen wären.
„Ich *aber* sage euch ..." (V. 22). Geht es hier wirklich um „Antithesen"? Dieser gebräuchliche Fachbegriff hängt ganz und gar von dem kleinen griechischen Wort *„de"* ab, das in fast allen Bibelausgaben mit *„aber"* übersetzt wird, jedoch bei näherem Zusehen nicht eindeutig definierbar ist. *„de"* kann entgegenstellend *„aber"* bedeuten, aber auch anreihend mit „und" übersetzt werden im Sinne von *„dazuhin, darüber hinaus"*. Bei „ich *aber* sage euch" würde ein zweiter Gedanke einem ersten widersprechen. Bei „*und* ich meine" führt er jedoch diesen fort, indem er ihn überhöht oder ergänzt. Die Konzentration der Auslegung auf dieses winzige *„de"* sieht wie eine philologische Kleinkrämerei aus. Es geht aber dabei, christologisch gesehen, um eine sehr verschiedene Sicht von Person und Werk Jesu. Wenn Jesus dem, was zu den „Alten" gesagt ist, eine eigene, völlig neue Offenbarung entgegenhält, stellt er sich außerhalb der jüdischen Religionsgemeinschaft. Wobei es nicht ent-

---

211 M. Köhnlein, Ecce homo 1, S. 44–50.
212 Mt 5,45.
213 Mk 1,10f.; Mt 5,45.

scheidend ist, ob es sich bei den „Alten“ um die Sinaigeneration handelt, die dereinst mit dem Dekalog in der Wüste eine Verfassung erhielt, oder um die späteren Schriftgelehrten, die sich um ehrwürdige Schulhäupter scharen. Ein jüdischer Rabbi versteht sich zu allen Zeiten in der Nachfolge Moses. Er hat seine Weisheit allein abgeleitet von der Autorität der Thora. Wenn Jesus sich über Mose stellt, verlässt er gewissermaßen das Judentum und eröffnet eine neue Religion. Er versteht sich dann als einzigartigen Gottessohn – nicht nur so, wie jeder zu einem „Kind Gottes“ werden kann, sondern in exklusiv privilegierter Weise. Er verkündet ein anderes „Gesetz“. Wie würde sich aber eine solche Entgegenstellung mit der vorangehenden Erklärung Jesu vertragen, er sei nicht gekommen, „das Gesetz aufzulösen, sondern zu erfüllen“[214]? Welchen Sinn hätte es, wenn Jesus einerseits feststellte: „Ihr habt gehört, dass zu den Alten gesagt ist: ‚Du sollst nicht töten!‘“ und andererseits fortführe: „Ich *aber* sage euch: ..., vertrage dich mit deinem Gegner ...“?[215] Der zweite Satz müsste dann logischerweise lauten: „Ich aber sage euch: Bringt jeden um, der euch im Wege steht!“[216], wenn es sich wirklich um eine Antithese handelte. Wir vertreten die Position, dass *„de“* mit *„und“* und nicht mit *„aber“* zu übersetzen ist. Wir ziehen es vor, eher von „Verhaltensänderungen, Denkfortschritten, Reformthesen, Zumutungen“ zu reden als von „Antithesen“. Jesus verstand sich als Rabbi, der eine persönliche Gottesvision hatte. Zum Christus wurde er erst durch die Auferstehung. Solange er predigte, lehrte, heilte, umherzog, war und blieb er Jude. Jesus hob die Tradition nicht auf, sondern er reformierte sie nur gründlich. Er gab der Thora eine neue Tiefe und Weite, indem er sie radikal von den Propheten und seiner persönlichen Gotteserfahrung her interpretierte.[217]

Vom Töten – *Die erste Zumutung*

Mt 5,21–26

21 Ihr habt gehört, dass zu den Alten gesagt ist[218]*: „Du sollst nicht töten; wer aber tötet, der soll des Gerichts schuldig sein.“ 22 Und ich sage euch (darüber hinaus): Wer mit seinem Bruder zürnt, der ist des Gerichts schuldig; wer aber zu seinem Bruder sagt: Du Nichtsnutz! der ist des Hohen Rats schuldig; wer aber sagt: Du (gottloser) Narr!, der ist des höllischen Feuers schuldig.*

---

214 Mt 5,17–20; vgl. oben S. 78ff.
215 Mt 5,21.25.
216 Vgl. Pinchas Lapide, a.a.O., S. 49.
217 Vgl. oben S. 81ff.
218 Ex 20,13; 21,12.

Worte können wie Messer sein und zwischenmenschliche Verhältnisse töten – vor allem wenn sie zu Vorwürfen und Beschimpfungen eskalieren. Jesus spürt die vielen teils offenen, teils versteckten Spannungen unter seinen Zuhörern aus so verschiedenen Schichten, Regionen und Kulturen und beginnt seine ethischen Mahnungen mit dem äußersten Tabu, dem jeder zustimmen kann, der noch in der Lage ist, seine Emotionen zu kontrollieren: „Du sollst nicht töten!" Das Tötungsverbot ist mündlich „seit alters", seit den Anfängen der Menschheit, die elementarste sittliche Forderung Mensch zu bleiben. Es wurde von den „Alten", von Mose und seinen Nachfolgern in der Thora schriftlich bestätigt.[219] Wer diese Grenze willkürlich überschreitet, fällt ins Tierische zurück, obwohl selbst die Tierwelt die Beißhemmung gegenüber Artgenossen kennt. Nur: Die Tiere sind instinktiv zur Arterhaltung programmiert, während sich der Mensch in seinem Gewissen entscheiden muss, wann er das Leben von Mitmenschen beenden darf und wann nicht. Denn obwohl das fünfte Gebot apodiktisch, d.h. nicht hinterfragbar formuliert ist, kann es jedoch nur kasuistisch, fallbezogen angewandt werden, weil nun einmal in vielen Konfliktsituationen Leben gegen Leben steht – so im Krieg, in der äußersten Notwehr, bei der Frage der Abtreibung, der staatlichen Todesstrafe, der Euthanasie, dem Suizid. Streng genommen spricht sich das fünfte Gebot des Dekalogs nicht gegen das Töten überhaupt aus, sondern nur gegen das eigenmächtige, heimtückische, habgierige Umbringen. „Morde nicht!" lautet seine Urfassung im Hebräischen. Die Rechtsgemeinschaft durfte in Israel wie auch in den anderen damaligen Völkern durchaus Verbrecher in ordentlichen Verfahren aus ihrer Mitte ausstoßen und töten.[220] An der Einhaltung bzw. Übertretung der Gesetze zeigte sich, wer rechtschaffen und wer verworfen war.

„Wer aber tötet" (V. 21). Wenn Jesus mit der Besprechung des bekanntesten der Zehn Gebote beginnt, so will er damit nicht in erster Linie demonstrieren, dass er der neue und höhere Mose wäre, der fundamental mit der Tradition aufräumt. Er will vielmehr eine wirkliche Not ansprechen, welche die Menschen quält. Es ist die Frage nach dem Umgang mit versteckten Aggressionen, nach der friedlichen Lösung von aufgestauten Konflikten, nach Vergebung, Versöhnung und Neuanfängen in zerstrittenen Verhältnissen. Gewiss, Jesus hatte „am Berg" keine Verbrecher vor sich, die mit der Faust zuschlugen – abgesehen vielleicht von einigen antirömischen Freiheitskämpfern, die sich unter die Hörer gemischt hatten. Seine Zuhörer waren Bauern und Bürger, Schriftgelehrte und Tagelöhner verschiedenster Herkunft, von denen

---

219 Ex 20,13; Dtn 5,17; Gen 9,6.
220 Ex 21,12–17; Lev 24,17; Num 35,16ff.

schon viele ihre Erfahrungen mit Rechtsstreitigkeiten gemacht hatten, aber wohl insgesamt unbescholten waren. Sie hatten vielleicht schon Schlimmes gedacht, aber nichts Böses getan – im Moment wenigstens nicht. Und doch hatte jeder seine Abneigungen gegen irgendwelche andere, denen er gern etwas heimgezahlt hätte, wenn er nur die Macht dazu gehabt hätte. Ressentiments und Überheblichkeiten gab und gibt es jedenfalls auch unter den ehrbarsten Zeitgenossen zur Genüge. Im Blick auf sie alle hebt nun der „Berglehrer" den Unterschied zwischen den scheinbar weißen und den offensichtlich fleckigen Westen auf. Ungerecht und aggressiv sind die Menschen irgendwann alle. Eigentlich müsste es eine tiefe Solidarität zwischen den bloßen Gedankensündern und den erwischten Tatsündern geben. Den einen ist die Hand bereits ausgeglitten, die anderen sind erst auf dem Weg dazu. Es gibt vor Gott keine qualitativen, sondern nur quantitative Unterschiede des Sünderseins. Entscheidend ist, aufkeimende Gewalttätigkeiten rechtzeitig zu entdecken und ihnen früh zu wehren. Mit grotesken Vorschlägen, die er selber nicht verwirklicht haben will, mit denen er aber seine Hörer bewusst verblüfft, regt und leitet Jesus sie an zu einem tieferen Nachdenken und zu einem alternativen Verhalten im „Reich Gottes", was heißt: unter der „Zuwendung Gottes". Dabei ist seine Redekunst unübertrefflich. Er steigert seine Beispiele bewusst zu Höhepunkten und benützt abwechselnd Reizwörter der aramäischen wie der griechischen Sprache, woraus abermals zu schließen ist, dass er eine multikulturelle Hörerschaft vor sich hatte.[221] Im Grunde genommen müsste man bei mehreren Bildern, die er benützt, ein „eigentlich" hinzufügen.

„Wer aber tötet, der soll des Gerichts schuldig sein" (V. 21b). Die Hörer werden zustimmend genickt haben. Eine Untat bedarf einer Verhandlung und der Sühne durch eine Strafe. Das war allgemein anerkannt. Aber nun steigt Jesus gewissermaßen eine rhetorische Leiter hinauf: „Und ich sage euch (darüber hinaus): „(Eigentlich müsste schon) jeder, der mit seinem Bruder zürnt, vor das Amtsgericht; wer aber zu seinem Bruder sagt: (raka), du Hohlkopf! der soll(te) vor den Hohen Rat; wer aber sagt: (more), du gottloser Narr, der soll(te) zur Hölle gehen!" (V. 22). Die Strafe steigert sich mit dem Ausmaß der Beleidigung. Dem schlimmeren Affekt entspricht jeweils das höhere Gericht. Dabei setzt Jesus schon bei den Gedanken an. Das „Töten" beginnt schon mit dem bloßen „Zürnen". Es gibt den geistigen Totschlag: wenn etwas „wurmt" und nachgetragen wird, wenn Vorurteile weitergegeben und psychische Verletzungen nicht aufgearbeitet werden, dann bleiben unterdrückte Wut und heimliche Rachsucht zurück. „raka" (Blödling) ist ein aramäisches

221 Siehe oben S. 37f.

Schimpfwort. Es setzt die Fähigkeiten eines anderen herab. Die verbalen Klischees gehen den fliegenden Fäusten voraus. Der „Jud“, der „Wirtschaftsasylant“, der „Sozialschmarotzer“, die „Achse des Bösen“ waren in der jüngeren Zeitgeschichte solche verbalen Ansätze wachsender Aggressionen. Der eine bezweifelt am anderen den ordentlichen Charakter, und dann ist es nicht mehr weit bis zum „moros“, dem „gottlosen Narren“. „Moros“ ist ein griechisches Schimpfwort, das dem anderen die Rechtgläubigkeit bestreitet. Auch in der Hebräischen Bibel wird die Gottlosigkeit die größte Dummheit genannt. „Die Toren sagen in ihrem Herzen: ‚Es gibt keinen Gott.‘“[222] Interessanterweise hält Jesus gerade den Vorwurf der Gottlosigkeit für die Spitze der Aggressionen. Diese Beobachtung deckt sich mit der ersten Seligpreisung, in der Jesus sich sogleich an alle wendet, die an der Gottesferne leiden und nicht mehr „rechtgläubig“ sein können.[223] Die „heiligen Kriege“, die Glaubenskämpfe, die ideologischen Verdammungen sind demnach die schlimmsten Gräuel überhaupt. „Ohne Religionsfrieden keinen Weltfrieden!“ formulierte der bekannte Theologe Hans Küng. Wer den anderen für „gottlos“ hält, bestreitet im Grunde genommen, dass über dem Gescholtenen sein Schöpfer steht. Er nimmt ihm die Existenzberechtigung. Diese Zuspitzung der Gewalttätigkeit auf den „Religionskrieg“ war angesichts der vielen damaligen religiösen Abgrenzungen äußerst brisant. Es ist deshalb auch fraglich, ob der spätere Ausspruch Jesu im Matthäusevangelium, die Schriftgelehrten und Pharisäer seien „gottlose Narren“[224], von Jesus selber stammt oder nicht eher einen Rückfall des Evangelisten in bekannte Religionsstreitereien darstellt. Zumindest heute sollten besonders Christen die Vorwürfe „Atheisten“, „Fundamentalisten“, „heilige Krieger“ gegenüber den Anhängern und Vertretern anderer Glaubenssysteme gründlich prüfen, wie auch innerchristlich die Bestreitung der Rechtgläubigkeit anderer Konfessionen und Denominationen als „Bruderkrieg“ unterbleiben sollte. Jesus hat sich gewiss nicht vorgestellt, dass auf die Verleumder eine „Hölle“ wartet. Das hätte sich mit seiner Liebesethik nicht vereinbaren lassen. Aber er entlarvt radikal, wann und wo es bei Kommunikationsstörungen am meisten „brennt“ – wenn nämlich dem anderen der Glaube abgesprochen wird.

Auf die negative Diagnose folgt die positive Therapie. Jesus beschreibt zwei Modelle der praktischen Versöhnung von Mensch zu Mensch. Das erste Modell betraf den religiösen Raum und sprach vor allem jüdische Hörer an, das zweite stammte aus dem säkularen Bereich und richtete sich an die Hörer je-

222 Ps 14,1; vgl. auch Lk 24,25.

223 Siehe oben S. 44f.

224 Mt 23,17.

der ethnischen Herkunft. Dabei geht bezeichnenderweise die allgemeine Anrede „ihr, euch“ in den sehr persönlichen „du, dein“-Stil über, denn Versöhnungsbereitschaft ist vom eigenen, individuellen Gewissen zu verantworten.

23 Darum: Wenn du deine Gabe auf dem Altar opferst und dort kommt dir in den Sinn, dass dein Bruder etwas gegen dich hat, 24 so lass dort vor dem Altar deine Gabe und geh zuerst hin und versöhne dich mit deinem Bruder und dann komm und opfere deine Gabe.

Der Mensch soll seine Ressentiments nicht mühsam mit sich herumtragen, sondern sie wie einen Ballast abwerfen. Das wird jedem am deutlichsten, wenn er vor Gott steht, vor dem sich nichts verbergen lässt. Aus eigener Güte kann sich der Verbitterte nicht selbst befreien, aber im Angesicht des erhabenen Gottes wird alles Kleinliche klein, auch der Zorn. Der heiligste Augenblick im Leben eines jüdischen Gläubigen war zur Zeit Jesu die Darbringung des Opfers im Jerusalemer Tempel. Die Voraussetzung dafür war ein „reines Herz“, äußerlich symbolisiert durch ein reines Gewand, in das sich der Opfernde nach rituellen Waschungen zu kleiden hatte. Diese äußere und innere Reinheit war heiliger Ernst. Sie ließ sich nicht spielen und galt als Bedingung, dass das Opfer Segen bewirkte, zumal die Erlangung des Segens Hauptgrund für die Pilgerfahrt zum Gotteshaus war. Wenn nun dem Gläubigen vor dem Altar in den „Sinn“ kam, dass er mit seinem Nachbarn oder sonst jemand in Unfrieden lebte, riet ihm Jesus, nicht so zu tun, als wäre er rein, sondern er soll sein Tier-, Getreide-, Wein- oder Ölopfer vor dem Altar stehen lassen und zuerst den Konflikt ins Reine bringen. „Und dann komm und opfere deine Gabe“ (V. 24). Zumindest für die galiläischen Hörer oder die Besucher aus der Dekapolis war dies eine ungeheuere Zumutung, denn das hieße, den wochenlangen beschwerlichen Pilgerweg nach Jerusalem viermal zu gehen – zweimal hin und zweimal zurück. So war es wohl ratsamer, erst gar nicht unbefriedet zum Tempel aufzubrechen. Der Einstieg in die Versöhnung setzt nach Jesu Meinung einen Wechsel der Sichtweise voraus. Der Verbitterte muss sich erinnern, dass der Gegner der „Bruder“ ist und nicht der Feind: ein Geschöpf Gottes wie er selbst. Er ist auch als Kontrahent liebenswert, nicht weil er von seinem Verhalten her liebenswürdig wäre – sonst hätte es wohl gar nicht zur Entzweiung geführt –, sondern weil Gott ihn liebt. Die Liebe Gottes zu uns inspiriert unsere Nächstenliebe, wobei Jesus den Hörern rät, selber auf den „Bruder“ zuzugehen und nicht zu warten, bis der andere mit der Aufarbeitung des Konflikts anfängt. Der „Bruder“ kann dabei der leibliche Bruder, der Glaubensbruder oder der Menschenbruder überhaupt sein. Jedenfalls kommt die Wende nicht allein dadurch, dass ich

ausspreche, was ich gegen meinen Gegner habe – wobei ich wahrscheinlich nur wieder ins Schimpfen abgleiten würde –, sondern ich soll mir nach Jesu Rat zuerst überlegen, „was der Bruder gegen mich hat". Vielleicht hat er berechtigte Gründe für seinen Groll. An einem gestörten Verhältnis sind immer beide Seiten beteiligt. Die gegenseitigen Vorwürfe beginnen sich aufzulösen, wenn ich damit anfange, mich selbst vom anderen her zu sehen. Es gibt kein dingliches Opfer, keine Geldspende und keine Liturgie, die mich automatisch aus meinem Konflikt mit dem anderen befreien könnte, wenn ich nicht selbst im Angesicht des Höchsten die Erniedrigung des anderen in meinem Herzen aufgebe.
Das zweite Beispiel der praktischen Nächstenliebe in Konflikten wählt Jesus aus der Rechtsprechung.

25 Vertrag dich mit deinem Gegner sogleich, solange du noch mit ihm auf dem Weg bist, damit dich der Gegner nicht dem Richter überantworte und der Richter dem Gefängnisdiener und du ins Gefängnis geworfen werdest. 26 Wahrlich ich sage dir: Du wirst von dort nicht herauskommen, bis du auch den letzten Cent bezahlt hast.

Auch bei diesem Modell ist der Rollenbegriff bedeutsam. Der Kontrahent ist mein „Gegner", nicht mein „Feind". Die Verhandlungen über ein Sichvertragen sollten früh ansetzen, solange die Situation noch nicht abgeschlossen ist und der Prozesspartner vielleicht noch ein offenes Ohr hat. Womöglich ist er noch gar nicht so verhärtet, wie ich es ihm unterstelle. Das „sogleich" schließt aus, den Ausgleich hinauszuzögern (V. 25a), weil der eine insgeheim noch auf einen Triumph über den anderen hofft. Jesus verweist auf zwei Kontrahenten, die sich auf dem Weg zum Gericht treffen. Er schlägt ihnen vor, sich lieber persönlich draußen vor der Tür zu verständigen, als drinnen im Gerichtssaal objektiv gegeneinander gestellt zu werden. Die Spekulation mit dem Triumph kann auch zur Niederlage führen. Der Kompromiss ist meist besser als die Konfrontation. Jesus schildert ihn als klug und durchaus zum eigenen Nutzen führend. Der Zorn darf die Augen nicht so stark blenden, dass man darüber vergisst, seine Haut zu retten. Wenn die Tür einmal ins Schloß gefallen ist, ist es zu spät. Die entscheidende Mahnung dieses Beispiels aus der Rechtspraxis ist der Hinweis: „solange du noch mit ihm auf dem Weg bist" (V. 25a). Diese örtliche Angabe kann auch existentiell verstanden werden. Keiner von uns ist am Ziel. Wir sind alle in derselben Vergänglichkeit miteinander unterwegs und müssen lernen, auf Ansprüche zu verzichten, weil wir nichts endgültig festhalten können, sondern eines Tages sogar unser Leben hergeben müssen. Wenn wir auf die Gefahren achten, die uns gemeinsam drohen, sehen wir uns gegenseitig nicht mehr so eng als *die*

Gefahr. Angehörige Nachbarn, Zeitgenossen, aber auch Völker, die sich scheinbar unversöhnlich entgegenstehen, sind doch in Wahrheit mit den gleichen Problemen miteinander unterwegs. Das Gemeinsame darf über dem Trennenden nicht verdrängt werden. Jesus setzt im zweiten Beispiel ohne Scheu die Argumentation mit der Vernunft (V. 25f.) dem Blick auf den Glauben hinzu (V. 23f.). Die Nächstenliebe hat in der Gottesliebe ihre Kraft und in der Vernunft ihr Maß.
Die sechs „Antithesen" stehen durchaus in einer inneren Beziehung zueinander. Sie sind keine quaderförmigen Bausteine, die unverbunden nebeneinander liegen, so dass die eine „Zumutung" ganz ohne die andere besprochen werden könnte. Sie bilden eher ein gemeinsames „Haus der Nächstenliebe". So ist auch jetzt im weiteren Verlauf der Auslegung zu fragen, von welcher alltäglichen Erfahrung her das Thema „Ehe und Partnerschaft" der zweiten und dritten „Reformthese" thematisch der ersten Zumutung „Vom Töten" folgt.

Vom Ehebrechen – *Die zweite Zumutung*
Mt 5,27–30 (Mk 9,43–48; Mt 18,8f.)

27 Ihr habt gehört, dass gesagt ist:[225] *„Du sollst nicht ehebrechen." 28 Und ich sage euch (darüber hinaus): Wer eine Frau ansieht, sie zu begehren, der hat schon mit ihr die Ehe gebrochen in seinem Herzen. 29 Wenn dich aber dein rechtes Auge zum Abfall verführt, so reiß es aus und wirf's von dir. Es ist besser für dich, dass eins deiner Glieder verderbe und nicht der ganze Leib in die Hölle geworfen werde. 30 Wenn dich deine rechte Hand zum Abfall verführt, so hau sie ab und wirf sie von dir. Es ist besser für dich, dass eins deiner Glieder verderbe und nicht der ganze Leib in die Hölle fahre.*

Jesus mag sich nach seinen Hinweisen zum Thema Töten dem Ehebruch zugewandt haben, um in aller Öffentlichkeit zu bezeugen, dass er zu seinem hingerichteten Lehrer Johannes, dem Täufer, stand. So gesehen wäre diese zweite „Reformthese" von ungeheurer politischer Brisanz gewesen. Sie hätte dazu geführt, dass Jesus ebenfalls unter den Verdacht der Majestätsbeleidigung gesetzt und noch schärfer bespitzelt worden wäre. Johannes, der Täufer, hatte nämlich mutig kritisiert, dass der galiläische Landesherr Herodes Antipas, ein Sohn Herodes' des Großen, seinem Halbbruder Philippus die Frau Herodias ausgespannt und sich mit ihr nach Verstoßung seiner ersten Frau,

---

[225] Ex 20,14.

einer Tochter des Nabatäerfürsten Aretas, gegen das jüdische Gesetz verheiratet hatte. Herodes Antipas hatte Johannes für diese Kritik an seinem Ehebruch verhaften und auf der Festung Machärus im Ostjordanland hinrichten lassen.[226] Eine andere Begründung der These gegen den Ehebruch könnte sein, dass die Bürger in Versuchung gerieten, die Unsitten ihrer Oberen nachzuahmen und ebenfalls locker mit ihren familiären Bindungen umzugehen, zumal gesellschaftliche Bedrückungen, die man hinnehmen muss, sich gern in privaten Abreaktionen äußern. Wie aber ließen sich gesellschaftliche Ungerechtigkeiten auf die Dauer verbessern, wenn die privaten Verhältnisse als ihr Unterbau nicht stabil blieben? Ein dritter Grund für den Anschluss der Thematik des Ehebruchs und später auch der Ehescheidung an die Sprüche vom Töten könnte die allgemeine menschliche Erfahrung sein, dass nicht erst Fäuste und Worte töten können (V. 21f.), sondern bereits Blicke (V. 28f.). Demnach würde Jesus auch in dieser zweiten und dritten Reformthese darauf hinweisen, dass wir uns in unseren Fehlhaltungen nur graduell, aber nicht generell unterscheiden. Er würde abermals die Gedankensünder und die Tatsünder auf einer Ebene der Unmoral sehen.

„Ihr habt gehört, dass gesagt ist" (V. 27). Wiederum verbindet Jesus Tradition und Reform. Er vertieft das 6. Gebot „Du sollst nicht ehebrechen!", indem er es mit dem 5. Gebot „Du sollst nicht töten!" und mit dem 10. Gebot „Du sollst nicht begehren die Frau deines Nächsten!" verknüpft.[227] Es ging Jesus dabei gewiss nicht um die Vermeidung erotischer Gefühle überhaupt. Es wäre für die Erziehung fatal, wenn man aus dieser zweiten Reformthese die Prüderie ableiten wollte, ein Junge dürfe nicht nach einem Mädchen schauen. Jesus war die Abwertung der Geschlechtlichkeit fremd. Er wandte sich aber entschlossen gegen jede Form von Egoismus und Brutalität in den geschlechtlichen Beziehungen. Seine Verschärfung des Ehebruchverbots gilt den Erwachsenen, die leichtfertig und eigensüchtig die Verlässlichkeit der zwischenmenschlichen Kommunikation aufs Spiel setzen. Die „Frau", die weder mit dem „Auge", noch mit der „Hand" begehrt werden sollte, ist im griechischen Urtext die „gyne", die verheiratete Ehefrau und nicht etwa generell das weibliche Geschlecht. Ehebruch ist Einbruch in die Ehe eines anderen; bei Verheirateten auch Bruch des eigenen Ehebundes. Ehebruch tut weh – wenn nicht dem Ehebrecher oder der Ehebrecherin selber, dann doch den mitbetroffenen Partnern oder Kindern. Ehebruch geht nicht lautlos über die Bühne. Zumindest die Gewissen werden belastet, Hass kommt auf, Verletzungen bleiben zurück. Eine Ehe ist von ihrem Grundsinn her kein vorüber-

---

[226] Mk 6,17–29.

[227] Ex 20,14.13.17b; Dtn 5,18.17.21a.

gehendes Provisorium, sondern eine lebenslängliche leibseelische Gemeinschaft. „Und sie werden sein ein Fleisch", vermeldet schon die Schöpfungsgeschichte[228], wobei das altmodisch klingende „Fleisch" symbolisch für „gemeinsames Leben, geteiltes Schicksal" steht. Wer in die Ehe des anderen eindringt, sie stört, schneidet ihm gewissermaßen ins Fleisch. Niemand, es sei denn ein Psychopath, wird sich selber ein Auge ausreißen oder gar die Hand abhacken wollen. Wie kann er dann einem anderen ein Glied amputieren, das dieser zum Ganzsein seines Lebens zählt? fragt Jesus in grotesken Sprachbildern. Natürlich war Jesus kein Scharfrichter, der etwa gemäß der späteren islamischen Scharia einem Übeltäter das Auge ausstechen oder die Hand abhacken ließe. Er übertreibt mit seinen Bildern, um das Ausmaß der Untat eines Ehebruchs auf die Spitze zu bringen. Dem anderen die Frau wegnehmen heißt, ihn zum Krüppel zu machen. Darum möge jeder, der die Ehefrau eines anderen begehrt, sich zuvor in deren Ehemann einfühlen, wie er ihm damit wehtäte. Der Sitz des Denkens ist nach altjüdischer Auffassung im Herzen, nicht im Hirn. Das Begehren darf sich deshalb auch nicht kaltschnäuzig rational damit entschuldigen, es habe nun einmal eine bessere Liebe gefunden, sondern es sollte sich warmherzig in die Gefühle der anderen versetzen. Lieber verletze ich mich selber, bevor ich einen Anderen verwunde. Ich reiße mir die verlockende Begier aus, bevor ich das Lebensfundament eines anderen einreiße. Ich tue es um meiner eigenen seelischen Gesundheit willen. „Wenn dich dein rechtes Auge zum Abfall verführt, so reiß es aus" (V. 29). „Wenn dich deine rechte Hand verführt, so hau sie ab" (V. 30). Das „rechte Auge", die „rechte Hand", die rechte Seite überhaupt sind im antiken Sprachgebrauch generell die gute Seite, die Seite der Verantwortung und des Glücks. Ich habe kein Recht auf Glück zu Lasten des Unglücks eines anderen. „Wehret den Anfängen!" meint Jesus. Die anfänglichen Spielereien sind nicht harmloser als ihr bitteres Ende. Es fängt mit dem Auge, der Verlockung, an und setzt sich über die Hand, die Berührung, fort. Es ist damit nicht gemeint, dass es keinen Charme mehr geben dürfe und kein fröhliches Gespräch mit anderen Eheleuten. Es liegt immer an den Motiven. Ich nehme keinem anderen einen Teil seines Lebens weg, nur damit ich mich selbst verwirkliche. Selbstsucht und Raub machen nicht glücklich. Der Ehebruch ist als Diebstahl kein Kavaliersdelikt – auch dann nicht, wenn man nach heutiger Vorstellung die Ehepartnerin, den Ehepartner eines Anderen nicht mehr als dessen Eigentum, sondern als selbstverantwortliche Wesen versteht. Es geht bei zwischenmenschlichen Beziehungen nicht primär um das Recht auf Selbstverwirklichung, sondern um Heilbleiben oder Wehtun.

228 Gen 2,24.

Es bleibt bei jeder aufgelösten Ehe – und sei ihre Beendigung noch so notwendig gewesen – ein „Zwischentod“, ein Schmerz, eine Narbe, eine Art von Selbstverstümmelung zurück. Die Rede vom „beiderseitigen Einvernehmen“ ist meist nur die Teilwahrheit, und die einseitige Erzählung über die „Hölle“, welche die Ehe des fremdgehenden Ehemannes bzw. der Ehefrau sei, ist nicht selten äußerst subjektiv.
Mit seinem souveränen „Und ich sage euch (darüber hinaus) …“, mit dem Jesus diese Reformthese einleitet, kann er mal die Thora verschärfen, mal aufweichen. Im Falle des Ehebruchs verschärft er die Zehn Gebote konsequent, weil er nie nur nach der Freiheit, sondern auch nach den Opfern scheinbarer Befreiung fragt. Kaum einer lebt im luftleeren Raum. Es gibt fast immer Dritte und Vierte, die mitleiden, wenn ein Erster einem Zweiten Leiden zufügt. Aber was geschieht, wenn es in einer Ehe gar nicht mehr „klappt“? Ist generell jeder Partnerwechsel vom Glauben her verboten? Sind Eheleute, die sich gegenseitig überhaupt nicht mehr ertragen, dazu verurteilt, in der Hölle ihrer Beziehung beieinander auszuhalten? Ist es nicht ratsamer, sich rechtzeitig zu trennen und sich scheiden zu lassen, bevor nur noch die verharmlosten Seitensprünge, das kalte Schweigen oder der verbale Totschlag bleiben? Darauf antwortet die dritte Reformthese, die zunächst gar nicht reformerisch, sondern eher restaurativ klingt, aber dann doch ihre seelsorgerliche Weisheit aufweist.

Von der Ehescheidung – *Die dritte Zumutung*

Mt 5,31f. (19,9; Mk 10,9–12f.; Lk 16,18; 1 Kor 7,10–16)

31 Es ist auch gesagt[229]*: „Wer sich von seiner Frau scheidet, der soll ihr einen Scheidebrief geben.“ 32 Und ich sage euch (darüber hinaus): Wer sich von seiner Frau scheidet, es sei denn wegen Ehebruchs, der macht, dass sie die Ehe bricht; und wer eine Geschiedene heiratet, der bricht die Ehe.*

Im Grundsatz „nein!“, im Ausnahmefall „ja!“, so lautet die Antwort Jesu auf die Frage, ob sich ein Mann von seiner Frau scheiden lassen dürfe. Dabei ist allerdings nicht gesichert, ob die Ausnahme „es sei denn wegen Ehebruchs“ (V. 32) bereits so von Jesus geäußert oder erst von Matthäus eingefügt wurde. Bei Markus jedenfalls, als dem älteren Evangelisten, vertritt Jesus das Scheidungsverbot kategorisch ohne jede Ausnahme. In diesem zeitlich ersten Evangelium verurteilt Jesus alle Scheidungen, ob sie nun vom Ehemann oder

[229] Dtn 24,1.

von der Ehefrau ausgehen, als Ehebruch.[230] Möglicherweise hat Matthäus, der ja das Evangelium des Markus kannte, inzwischen in seiner Gemeinde die Erfahrung machen müssen, dass dieses totale Ehescheidungsverbot in einzelnen Fällen „tödlich" sein konnte, weil es zerstrittene Eheleute in den Kerker des lebenslänglichen aneinander Leidens einsperrte. Im Grunde genommen hat schon Paulus noch vor Matthäus eine erste Ausnahme vorgeschlagen, wenn er einer „gläubigen" Frau, deren „ungläubiger" Mann sich von ihr scheiden lassen wollte, empfahl, ihn „um des Friedens willen" nicht aufzuhalten.[231] Wahrscheinlich traten in der damaligen Gründungssituation des Christentums meist zuerst die Frauen zu dem neuen Glauben über und gerieten dann in einzelnen Fällen bei ihren Ehemännern unter den Verdacht, zu einer schwärmerischen Sekte übergelaufen zu sein. Wieweit der Begriff der „Ungläubigkeit" heutzutage säkularisiert und auf die „Geistlosigkeit" bzw. den „Ungeist" eines Ehepartners übertragen werden kann, wäre zu diskutieren. Jedenfalls hat Matthäus im weiteren Verlauf seines Evangeliums Jesus sogar noch eine zweite Erlaubnis zur Scheidung einräumen lassen, nämlich dann, wenn sich bei Ehemännern „Herzensverhärtung", griechisch „Kardiosklerose", zeigt.[232]

Gesichert ist, dass Jesus sich mit der dritten „Reformthese" eindeutig an die Männer wandte. Sie waren damals die patriarchalischen Oberhäupter der Familien, und auch heute noch meinen sie mehrheitlich, in Partnerschaftsfragen den Ton angeben zu müssen. Nur in ganz eindeutigen Fällen konnte die Scheidungsinitiative zur Zeit Jesu von der Ehefrau ausgehen, wenn sie eindeutig beweisen konnte, dass ihr Ehemann mit der Ehefrau eines anderen Mannes „Hurerei" getrieben hatte. Das war nicht leicht nachzuweisen, da die Aussagen einer Frau vor Gericht nichts galten und damit keine ihrer Schwestern und Freundinnen, sondern nur die männlichen Verwandten ihre Klage als Zeugen unterstützen konnten. Eine Scheidung fiel gewissermaßen unter das Sachenrecht, weil die Ehefrau als Eigentum ihres Mannes galt. Er hatte für sie bei der Heirat einen Brautpreis bezahlt, der unter dem Hochzeitsbaldachin in einem Vertrag niedergelegt und unterschrieben wurde. Diesen Preis erhielt dann der Mann bei der Scheidung wieder zurück, so dass die verstoßene Ehefrau abgesehen von der Mitgift, die sie von ihrem Vater bekommen hatte, finanziell meist ungesichert dastand. Mit der Heirat war die Frau rechtlich aus ihrer eigenen Verwandtschaft ausgeschieden. Durch die Scheidung wurde sie aus dem „Haus" ihres Ehemannes, also ihrer neuen Verwandtschaft, versto-

230 Mk 10,9.11f.
231 1 Kor 7,15.
232 Mt 19,8.

ßen. Wenn sie nicht wieder in ihre elterliche Familie aufgenommen wurde, war sie als Alleinstehende gewissermaßen vogelfrei. Moralisch als „Ehebrecherin" geächtet und wirtschaftlich ohnmächtig, blieben ihr nur noch die Prostitution oder die Bettelei, zumal der Ehemann ihr auch noch die Kinder als seinen „Besitz" wegnehmen durfte. Eine geschiedene Frau stand in der damaligen Gesellschaft wie eine Ehebrecherin da. „… der macht, dass sie die Ehe bricht …" (V. 32).

Es mag für die heutige Diskussion über die „Normalität" der Scheidung von Bedeutung sein, dass Matthäus seiner zweiten Erörterung der Scheidungsfrage in Kapitel 19 unmittelbar die Szene von der Kindersegnung anfügt. Jesus bricht dort die theoretische Diskussion mit den Pharisäern über die Ehescheidung ab und nimmt die Kinder schützend in seine Arme.[233] Damit wird unterstrichen, dass die Scheidung im Falle einer Familie mit Kindern nie nur eine Frage der Persönlichkeitsrechte des Mannes oder der Frau darstellt, sondern immer auch unter dem Gesichtspunkt des Rechts der Kinder auf Unversehrtheit zu sehen ist. Wer Kinder hat, ist bereits in die zweite Generation eingerückt und muss eigentlich gelernt haben, dass das Leben auch der Selbstbeschränkung und Verzichtleistung seinen Wert hat und dass die Träume vom perfekten Glück einen Erwachsenen nicht weiterbringen. Selbst wenn die materiellen Unterhaltsfragen beim Scheidungsprozess zufriedenstellend gelöst werden und faire Besuchsregelungen zustande kommen, ist damit die emotionale Versorgung der zurückgelassenen Kinder noch nicht ausreichend verlässlich verbürgt. Nachdem in der Bundesrepublik heute mehr als ein Drittel aller feierlich geschlossenen Ehen bereits wieder geschieden sind und die Kinder durch die neuen Ehen ihrer Eltern oft nur noch Teilväter, Teilmütter, Halb- und Stiefgeschwister haben, müsste die Ernsthaftigkeit des Eheversprechens nicht zuletzt um der Kinder willen wieder stärker betont werden. Die Ehe ist zwar nach evangelischer Auffassung kein unauflösbares Sakrament, sondern ein „weltlich Ding", wie Martin Luther sagte, das auf dem Standesamt geschlossen und in der Kirche nur noch unter ein Verheißungswort gestellt und gesegnet wird. Dennoch kann beim Eingehen des Eheversprechens nicht „nichts gewesen" sein, wie später oft beim Auseinandergehen behauptet wird. Kein ernsthafter Mensch geht am Tag seiner Heirat eine Ehe mit dem Gedanken ein, sie nach Belieben wieder scheiden zu lassen. Warum sollte dann bei Streitigkeiten die ursprüngliche Verbundenheit nicht wiederbelebt werden können – unter der Voraussetzung, dass einer einräumt,

---

233 Mt 19,1–12.13–15; vgl. „Die Frage der Ehescheidung" (Mk 10,1–12), in: M. Köhnlein, Ecce homo 2, Das Risiko der Liebe, 2000, S. 317–336.

wie scheingerecht er urteilt und wie viel ihm selber vergeben werden sollte? „Auferstehungen“ können schon zu Lebzeiten geschehen.
Die dritte Reformthese hat wohl besonders die Hörerinnen Jesu aufhorchen lassen, denn der „Berglehrer“ wertete mit dem grundsätzlichen Scheidungsverbot offensichtlich die Stellung der Frau auf. Ein Ehemann konnte damals die „Entlassung“ seiner Frau verhältnismäßig willkürlich ansetzen. Er musste ihr nur eine ordentliche Scheidungsurkunde ausstellen, damit sie für einen anderen Mann „frei und ihrer selbst mächtig“ war, wie es in dem Formular hieß.[234] Diese angebliche Freiheit war aber in Wahrheit ein gesellschaftlicher Absturz, denn eine geschiedene Frau verlor wesentlich an Achtung und Ansehen und fand oft nur dann wieder einen zweiten Mann, wenn sie sich mit einem armen oder kranken Bürger begnügte oder sich als Zweit- oder Drittfrau in einen anderen Haushalt aufnehmen ließ. Für die Scheidungsurkunde genügte es, die Namen der Ehepartner, den Ort und den Tag der Scheidung festzuhalten und die Urkunde von zwei Zeugen, die meist die Freunde des Ehemannes waren, mit unterschreiben zu lassen. Die meisten Rabbinen stimmten darin überein, dass der Scheidungsgrund nicht genannt werden musste. Andere Schriftgelehrte beharrten darauf, dass der Ehemann der Ehefrau eine „Schandtat“, längere Kinderlosigkeit, einen „Leibesfehler“, einen üblen Geruch, eine unordentliche Haushaltsführung, einen schlechten Leumund und dergleichen nachweisen sollte.[235] Was allerdings eine „Schandtat“ der Frau oder, wie Matthäus sagt, ihre „Unzucht“ war, darüber bestand kein Konsens. Die einen Rechtsgelehrten sprachen bereits vom öffentlich unverhüllten Gesicht, die anderen erst vom ertappten „Buhlen“ mit einem anderen Mann. Übereinstimmung herrschte nur darin, dass alle Fixierungen von Scheidungsgründen Männersache waren. Hingegen zeigt sich, dass die Argumente, die vielleicht auch eine Frau als Scheidungsgrund vorbringen konnte, sehr eingeschränkt waren. Sie bestanden eigentlich nur in dem Nachweis, dass ihr Mann sie nicht mehr, wie mit der Heiratsurkunde beeidigt, hinreichend wirtschaftlich unterhalten konnte, wobei sie zuvor beweisen musste, dass sie selber alles unternommen hatte, ihren Mann in seinem Beruf und Einkommen zu unterstützen.[236] Unter solchen Gesichtspunkten der minder berechtigten Frauenschicksale erscheint das Scheidungsverbot Jesu nicht mehr als unzumutbar hart, sondern als Damm gegen die Leichtfertigkeit, mit

234 Vgl. H. Strack / P. Billerbeck, Kommentar zum Neuen Testament aus Talmud und Midrasch, Band 1: Das Evangelium nach Matthäus, ^{4}1965, S. 303–321.
235 a.a.O., S. 315–318.
236 a.a.O., S. 318.

der Männer ihre Frauen im Stich ließen, und als eine wirkliche Reform der Stellung der Frau.
Für die evangelische Ethik ergibt sich deshalb von der Bergpredigt her die Grundregel: Ehen können im begründeten Einzelfall, sollen aber im Regelfall nicht geschieden werden. Es gibt bei einzelnen unglücklichen Ehen Ausnahmen vom Scheidungsverbot als Zugeständnis an die Menschlichkeit. Die Seelsorge muss dem Kirchenrecht begründet in den Arm fallen dürfen. Darum lässt die evangelische Kirche auch die Trauung Geschiedener nach einfühlsamem Vorgespräch zu. Wenn Ehepartner ihr Herz so verhärtet haben, dass sie unfähig geworden sind, einander zu achten und zu lieben, können sie sich voneinander lösen, immer unter dem Aspekt, dass sie die Wirkung auf ihre Kinder mitbedenken. Es gibt tatsächlich zerrüttete Ehen, in denen man faktisch nur noch sterben kann. In solchen Fällen steht die erste Reformthese über der dritten, das heißt, das Tötungsverbot ist stärker als das Scheidungsverbot. Nur können sich die Eheleute selbst dann nicht mit dem Gefühl trennen, im guten Recht zu sein. Sie können sich nur gegenseitig ihr Versagen, um nicht zu sagen, ihre Schuld eingestehen. Die Ehescheidung ist immer eine letzte Nothilfe gegen das Ersticken in einer verfahrenen Beziehung. Sie kann nie zur schöpferischen, positiven Regel des menschlichen Zusammenlebens erklärt werden. Dies mag vielleicht hart klingen, sollte aber in einer Zeit, in der mit Scheidungsgründen nicht weniger oberflächlich umgegangen wird als zur Zeit Jesu, wieder ins Gespräch gebracht werden, sonst ist das Versprechen am Altar „… bis der Tod euch scheidet“ ein Meineid, sofern ein solches lebenslängliches Versprechen überhaupt noch von der jüngeren, oft selber von Scheidungen betroffenen Pfarrersgeneration ehrlicherweise abgenommen werden kann. Damit leiten die Thesen „Vom Ehebruch“ und „Von der Ehescheidung“ nahtlos über zur vierten Reformthese „Vom Schwören“.

Vom Schwören – *Die vierte Zumutung*

Mt 5,33 (23,16–22; Jak 5,12)

33 Ihr habt weiter gehört, dass zu den Alten gesagt ist[237]*: „Du sollst keinen falschen Eid schwören und sollst dem Herrn deinen Eid halten.“ 34 Und ich sage euch (darüber hinaus), dass ihr überhaupt nicht schwören sollt, weder bei dem Himmel, denn er ist Gottes Thron; 35 noch bei der Erde, denn sie ist der Schemel seiner Füße; noch bei Jerusalem, denn sie ist die Stadt des großen Königs. 36 Auch sollst du nicht bei deinem Haupt schwören; denn du vermagst nicht ein einziges Haar*

---

237 Lev 19,12; Num 30,3.

weiß oder schwarz zu machen. 37 Eure Rede sei aber: ja, ja; nein, nein. Was darüber ist, das ist vom Übel.

„Es ist zu den Alten gesagt ...“ (V. 33). Immer schon waren der Eid und der Schwur, die im Grunde genommen das Gleiche sind, den Machthabern heilig, weil sie die Untertanen zum verinnerlichten Gehorsam zwangen. Aber auch in den antiken Völkern entstand schon früh die Eideskritik, weil die Philosophen im Eid eine Schmälerung der menschlichen Würde sahen und die Theologen ihn als eine Entwürdigung der Heiligkeit Gottes betrachteten. Tatsächlich setzt der Eid ein grundsätzliches Misstrauen gegenüber der Wahrheitsliebe der Menschen voraus. Er klingt zwar wie eine positive Tat, bezweifelt aber in Wahrheit die Aufrichtigkeit der zwischenmenschlichen Kommunikation. Er setzt, wenn „bei Gott“ geschworen wird, ein Phänomen zum Pfand, über das der Mensch keinesfalls verfügen kann. Insofern kann der Eid als „Gotteslästerung“ schwerwiegender sein als der Meineid oder die Eidesverweigerung. Jesus von Nazareth jedenfalls dürfte der erste Mensch der Antike gewesen sein, der den Eid nicht nur bezweifelte, sondern kategorisch verbot. Wenn man bedenkt, wie viele Gefälligkeitsdienste damals hinter dem Zeugeneid bei Ehescheidungen standen oder in welcher schwierigen Lage sich ein Schuldner befand, der vor Gericht nur noch den Offenbarungseid leisten konnte, dann folgt die vierte „Antithese“ organisch den vorausgegangenen „Zumutungen“. Sie radikalisiert das zweite Gebot des Dekalogs „Du sollst den Namen des HERRN, deines Gottes, nicht missbrauchen!“ aufs Äußerste[238], bringt das zweite Gebot mit dem achten „Du sollst kein falsch Zeugnis reden wider deinen Nächsten!“[239] in Zusammenhang und vertraut auf nichts anderes als auf die schlichte Wahrheit selbst.

Die Israeliten schätzten in ihrer über 1200jährigen Kulturgeschichte bis hin zu Jesu Auftreten den Eid hoch ein. Sie entwickelten ein ganzes Eidessystem, das nach Form und Inhalt breit ausdifferenziert war. Grundsätzlich verstanden sie unter dem Schwur eine gewichtige Aussage, die durch eine Zusatzanrufung und eine Zusatzhandlung in ihrer Verbindlichkeit gesteigert wurde. Man schwor beim Namen Gottes, beim Namen der Eltern, beim eigenen Leben. Man berührte dabei heilige Schriften, heilige Steine oder das eigene Haupt. Man erhob die Hand oder einzelne Finger, die man bei einer Falschaussage einzusetzen wagte. Der Eidesbruch wie der Meineid[240] waren Freveltaten, auf

---

238 Ex 20,7; Dtn 5,11.

239 Ex 20,16; Dtn 5,20.

240 Der merkwürdige Ausdruck „Meineid“ leitet sich sprachlich vom althochdeutschen „mein = falsch“ ab.

welchen die Todesstrafe stand. Noch heute wird der Meineid nach dem deutschen Strafgesetzbuch mit Gefängnis nicht unter sechs Monaten geahndet.[241] Um den Missbrauch des Eides noch unwahrscheinlicher zu machen, wurden in der Antike der Anrufung und der Zusatzhandlung noch eine Selbstverfluchung angefügt: „Ich will nicht mehr leben, wenn ...“ Inhaltlich unterschieden die Israeliten, die Griechen, die Römer und später auch die Germanen bis hin zu den heutigen Prozessordnungen zwei Klassen der Eidesleistung: den Versprechenseid und den Bekräftigungsschwur, promissorischer und assertorischer Eid genannt. Die erste Schwurart blickt in die Zukunft und verspricht beim Eingehen von Dienstverhältnissen Gehorsam und Treue, zum Beispiel der Soldaten- und der Beamteneid, wie auch der Freundschaftsschwur und das Traugelübde. Die zweite Schwurart bezieht sich auf die Vergangenheit oder Gegenwart und bekräftigt bei Darstellungen und besonders bei Gerichtsverhandlungen die Tatsächlichkeit der behaupteten Wahrheit. Der Bekräftigungsschwur wurde früher auch Reinigungseid genannt, weil sich ein Angeklagter mit dessen Hilfe von einem Tatverdacht befreien konnte, falls er über keine Zeugen verfügte. In gewisser Weise war der Schwur beim allwissenden Gott die letzte Chance eines Habenichts, um den Gerichtssaal als freier Mann zu verlassen; allerdings nur um den gefährlichen Preis, dass er sein Leben als nichtswürdiger Frevler verlor, wenn sich seine Aussage als unwahr erwies. Nun galt der Name Gottes jedoch als so heilig, dass es niemand wagte, den HERRN direkt anzurufen, sondern sich ihm nur mit Ersatzformeln zu nähern. So kam es zu einer wahren Inflation von Eidesformeln. Man unterschied zwischen kleinen und großen, leichten und schweren Schwüren. Es gab Beteuerungen und Versprechen, aber auch besonders heilige Gelöbnisse und ewige Schwüre. Wer sich seiner Aussagen nicht absolut sicher war, schwor lieber nicht beim Namen Adonajs, des HERRN, sondern nur beim „Himmel“ (V. 34), bei „Jerusalem“ (V. 35) oder beim eigenen „Haupt“ (V. 36). Er kam dann mit Bußleistungen davon, deren Grad sich nach dem „Pfand“ richtete, das er anzurufen gewagt hatte. Die Folgen waren verhängnisvoll. Aus der Inflation der Eidesformeln entstand der Konkurs der Wahrheit. Das menschliche Wort wurde als doppelte Währung gehandelt. Es gab das normale Umgangswort, das genauso wahr wie unwahr sein konnte, und das beschworene Sonderwort, das je nach der Gewichtigkeit des Eides die halbe oder die volle Wahrheit war, ähnlich der Meinung eines bekannten Politikers der Bundesrepublik, der vor Jahren zwischen der ganzen, der reinen und der lauteren Wahrheit unterscheiden wollte.

---

241 Vgl. Strafgesetzbuch, §§ 153–163.

Gegen diese inflationäre Differenzierung der Wahrheit ging Jesus entschieden vor. Der „Berglehrer" sah, dass bei seinen Zuhörern, denen oft nur noch ihre Beteuerungen blieben, die vielen Eide die Unsicherheit und Selbstentwürdigung nur noch steigerten. Nach Mt 23,16 klagt Jesus: „Weh euch, die ihr sagt, wenn einer schwört beim Tempel, das gilt nicht; wenn aber einer schwört beim Gold am Tempel, das bindet!" Die vielen verschiedenen Eide setzten Misstrauen voraus und züchteten Misstrauen. Sie bewirkten, dass die Wahrheit in Gefahr geriet, nur noch die große Ausnahme zu sein. Die Eide sollten die Verbindlichkeit der Aussagen herbeiführen, aber sie machten gerade dadurch die Umgangssprache unverbindlich. Jesus versuchte, Worte und Personen wieder in Übereinstimmung zu bringen, indem er aufzeigte, dass derjenige, der seinem Nächsten die Wahrheit vorenthielt, sich ihm selbst entzog. „Eure Rede aber sei: ja, ja; nein, nein" (V. 37), ohne irgendeine feierliche Beschwörung. Nun vermuten einige Ausleger, das „ja, ja" und „nein, nein" klinge doch selber wieder wie eine feierliche Redeform und darum seien für Christen zwar keine feierlichen Eide und Schwüre, wohl aber einfache Gelöbnisse und Versprechen erlaubt. Soldaten, Beamte, Zeugen, Schuldner dürften zumindest nichtreligiöse Wahrheitsbeteuerungen aussprechen oder unterschreiben. Dies aber würde das kategorische Wahrheitsvertrauen, das Jesus in das Umgangswort setzte, nur wieder aufweichen, zumal im Jakobusbrief die vierte „Zumutung" Jesu noch einmal scharf wiederholt wird: „Vor allen Dingen aber, meine Brüder, schwört nicht, weder bei dem Himmel, noch bei der Erde, noch mit einem anderen Eid. Es sei aber euer Ja ein Ja und euer Nein ein Nein, damit ihr nicht dem Gericht verfällt."[242] Jesus hat nicht einmal den Eidesersatz erlaubt, weil er das Klima des Misstrauens zwischen den Menschen verbessern wollte. Die Wahrheit gibt es weder im Plural, noch in Stufen. Wie eindeutig wahr unser Ja ohne jede Zusatzbeteuerung sein soll, hat Jesus selber bei seiner Passion bekundet. Als ihn der Hohepriester Kaiphas beim „lebendigen Gott beschwören" wollte zu bekennen, ob er Gottes Sohn sei oder nicht[243], ließ Jesus sich nicht von ihm vereidigen, sondern antwortete nur schlicht: „Du sagst es!", wobei es an dieser Stelle unerheblich ist, ob er „*du* sagst es" oder „du *sagst* es" gesagt hat. Der Mensch soll selber für seine Wahrhaftigkeit einstehen und nicht andere für sich haftbar machen.
Jesus hat nicht nur aus ethischen Gründen die Menschen zur Wahrhaftigkeit ermahnt. Das haben schon andere Weisheitslehrer seiner Zeit unternommen. Die Stoßkraft der vierten „Zumutung" ist theologisch. Jesus sprach sich vor allem gegen das Schwören aus, weil er es für gottlos hielt – so feierlich oder

242 Jak 5,12.
243 Mt 26,63.

vorsichtig der Name Gottes auch angerufen wurde. Das Schwören bei Gott setzt eine magische Gottesvorstellung voraus. Und das Wesen der Magie ist die Mechanik, die abläuft, ohne dass Vertrauen aufgebracht werden muss, wenn man nur die richtigen Worte weiß. Magisch von Gott reden heißt, dass Gott helfen muss, wenn man ihn korrekt anruft. Gott hat gegenwärtig zu sein, wenn man ihn zitiert. Gott lässt sich aber nicht manipulieren, wenn er der Allmächtige bleiben soll. Ersatzweise können wir auch nicht beim Himmel schwören, denn wir haben ihn nicht geschaffen. Genauso wenig können wir bei unserem Leben schwören, denn wer wäre schon gewillt, sich im Falle seines Irrtums „den Kopf abschlagen" zu lassen? Konsequent zu Ende gedacht müsste man eigentlich sagen: Nicht erst der Meineid, schon der Eid ist unwahr, weil er das als Pfand nicht setzen kann, was er als Pfand benennt. Wie verzweifelt sich der Schwörende verrennen kann, belegt die Geschichte von der Verleugnung des Petrus.[244] Der Jünger, der mutig sein wollte, folgte dem verhafteten Jesus bis in den Hof des hohenpriesterlichen Palastes nach. Als er dort von den Dienstboten als Anhänger Jesu identifiziert wurde, geriet er in Panik und schwor Jesus in einer Spirale der Lüge immer mehr ab. Zur ersten Dienstmagd sagte er noch in allgemeiner Verweigerung: „Ich weiß nicht, was du sagst."[245] Bei der zweiten Magd leugnete er Jesus schon persönlich: „Ich kenne den Menschen nicht."[246] Bei den dritten Bedrängern „verfluchte" er sich sogar „selbst", falls er die Unwahrheit sage.[247] Daraufhin zog er sich erschüttert ins Dunkel zurück und fiel in eine tiefe Depression.[248] Auch die Beteuerung „So wahr mir Gott helfe!" kann das kategorische Schwurverbot Jesu nicht umgehen. Wir können über Gottes Hilfsbereitschaft nicht verfügen. Wer aber dennoch „bei Gott" geschworen hat und meineidig geworden ist, dürfte demzufolge dann auch nicht von der Justiz bestraft werden, sondern müsste vom Donner und Blitz des Gottesurteils getroffen werden, weil er sich mit seinem religiösen Schwur in den „Fluchbereich" Gottes begeben hatte. Diese Konsequenz will aber mit Recht niemand tragen. Und selbst wenn einer das „So wahr mir Gott helfe!" als seine Gebetsbitte verstehen wollte, wäre sie nicht im Sinne Jesu; denn wer betet, betet und schwört nicht. Das Gebet glaubt, der Eid ist Aberglaube – der religiöse wie der säkulare Schwur.[249] Notfalls müsste die eidlose Verweigerung der Apostel vor

244 Mt 26,69–75.
245 a.a.O., V. 70.
246 a.a.O., V. 72.
247 a.a.O., V. 74.
248 a.a.O., V. 75.
249 Walter Fürst, Der Eid – eine metaphysische Daumenschraube?, in: Marianne Müssle, Die Humanität Jesu im Spiegel der Bergpredigt, 1971, S. 128–140, bes. S. 139.

dem Hohen Rat genügen: „Man muss Gott mehr gehorchen als den Menschen.“[250]
Die Frage bleibt: Brauchen wir dennoch nicht feierliche Verpflichtungen? Muss nicht der Staat dem Beamten, dem Soldaten bindende Zusicherungen abverlangen, dass sie loyal zu ihm stehen, bevor er ihnen die Verwaltungsbefugnis anvertraut oder die Waffe in die Hand gibt? Wenn der Staat sich mit dem bloßen Handschlag „Ich verspreche es!“ begnügt: Ja! Und wie steht es mit dem Amtsgeheimnis der Pfarrer, dem hippokratischen Eid der Ärzte und der Berufsverschwiegenheit der Anwälte und Journalisten? Bei ihnen allen müsste eine förmliche Belehrung über ihre Rechte und Pflichten und ihr unterschriftlich bekundetes Einverständnis mit ihren Aufgaben genügen. Ihr Dienstverhältnis käme damit einem einklagbaren Vertrag gleich und hätte keinen unverfügbaren metaphysischen Hintergrund mehr. „Was darüber ist, das ist vom Übel“ (V. 37). Die frühen Demokraten des 19. Jahrhunderts haben darum gekämpft, dass die Armee wenigstens nur auf die Verfassung und ja nicht auf den Monarchen eingeschworen wurde. Doch die Regierenden wichen dieser Versachlichung aus und ließen die Truppen den Fahneneid leisten. So blieb die Unterwerfung unter eine Überperson in der Form der Bindung an ein Symbol erhalten. Adolf Hitler machte sich dann die lange Tradition der Vasallentreue zunutze, indem er ab 1934 die Einschwörung der Wehrmacht auf ihn als den „Führer“ verlangte. Von da an war er sakrosankt. Er stand mythisch über der Verfassung, was sich in der schwur-ähnlich erhobenen Hand mit dem Treuegruß „Heil Hitler!“ ausdrückte. Der Führereid band die Gewissen so stark, dass sie selbst der Ausführung verbrecherischer Akte zustimmten. Es entstand ein formaler Gehorsam um des Gehorsams willen, der nach der moralischen Legitimität der Befehle nicht mehr zu fragen wagte. So bekannte Adolf Eichmann 1963 vor dem Obersten Gerichtshof in Jerusalem, er habe die von ihm vom Schreibtisch aus organisierte „Endlösung der Judenfrage“ als nicht zu Recht bestehend betrachtet. Nach mehrmaligem, aber vergeblichem Bemühen um Versetzung habe er sich jedoch dem eisernen Muss gebeugt, das ihm der geleistete Eid auferlegt hatte. Auch die Gruppen der Widerstandskämpfer im Dritten Reich verbrachten zu viel Zeit damit, sich in ihren konspirativen Diskussionen auf das Recht der Gewissen zum Eidesbruch zu einigen. Das lag nicht zuletzt an der eidesfreudigen Theologie der Kirchen, die jahrhundertelang die vierte „Zumutung“ der Bergpredigt verdeckte. Eideskritik galt im Christentum seit der konstantinischen Wende als Ketzerei, auch wenn die Gemeinden der Katharer, Waldenser, Wiedertäufer, Mennoniten, Quäker, Zeugen Jehovas für die Eidesverweigerung ihr Le-

[250] Apg 5,29.

ben aufs Spiel setzten. Die Großkirchen verdächtigten sie der Sektiererei und behaupteten, Jesus habe mit der vierten Antithese nur die Wahrhaftigkeit verlangt, aber kein kategorisches Eidesverbot erteilt. So schrieb Luther im Großen Katechismus: „Zum Guten und des Nächsten Besserung soll man schwören. Denn es ist ein recht gut Werk, dadurch Gott gepreiset, die Wahrheit und Recht bestätigt, die Lügen zurückgeschlagen, die Leute zu Frieden gebracht, Gehorsam geleistet und Hader vertragen wird."[251] Auch im Katholischen Katechismus stand zu lesen, wer in einer wichtigen Sache der Wahrheit gemäß schwöre, ehre Gott; denn er erkenne dadurch Gottes Allwissenheit, Gerechtigkeit und Allmacht an und unterstelle sich Gottes Gericht. In keinen liturgischen Kalender ist jemals die vierte Antithese als Lesung oder Predigttext aufgenommen worden. Damit gelangte das Eidesverbot Jesu auch nicht in die Gemeindediskussion. Die einzige Versachlichung des Schwörens bestand nach 1945 darin, dass man nicht mehr vom Treueid, sondern vom Diensteid oder Gelöbnis auf die Verfassung sprach. Der Staat besteht nach § 40 BRRG[252] nach wie vor darauf, dass das Versprechen des Beamten bei seinem Dienstantritt mit den Worten „Ich schwöre" oder „Ich gelobe" beginnt. Allerdings dürfen die Anwärter den Zusatz „So wahr mir Gott helfe!" weglassen, weil nach § 140 des Grundgesetzes niemand zur Benutzung einer religiösen Eidesformel gezwungen werden darf. Die Ableistung des Beamteneides gilt als erste Diensterledigung beim Eintritt in den Beamtenstatus. Verweigert ein Anwärter den gesetzlich vorgeschriebenen Diensteid und will er auch kein Ersatzgelöbnis aussprechen, so ist er nach § 23 BRRG wegen Nichterfüllung seiner ersten Dienstpflicht zu entlassen – es sei denn, er stünde unter dem Schutz der Mitgliedschaft in einer anerkannten Freikirche, wie der Mennoniten u. a. Das Beamtenverhältnis beginnt also streng gesehen mit dem Misstrauen des Staates gegenüber der Aufrichtigkeit seiner Diener, das durch eine magische Handlung behoben werden soll. Ein Staat wie die Bundesrepublik, der sich als weltanschaulich neutral versteht, verlangt Aberglauben. Man spürt, wie die Provokationen der Bergpredigt zu ethischen und theologischen Reflexionen führen, die davor warnen, dass sich Kirche, Staat und Gesellschaft behäbig in Traditionen einnisten, in denen Gefahren lauern können. Oder gehören der Eid und der Schwur doch zur vorsorglichen Notwehr des Staates, wie auch zum persönlichen Schutz des einzelnen Bürgers, der vor Gericht Anschuldigungen abwehren muss? Der Eidesfrage schließen sich in der „Berglehre" Jesu seine Vorschläge zum Um-

---

251 Die Bekenntnisschriften der evangelisch-lutherischen Kirche, 1956, S. 577.
252 Beamtenrechtsrahmengesetz.

gang mit handgreiflicher Gewalt an. Sie werden die Hörer noch stärker als die vorausgegangenen Zumutungen aufgerüttelt haben.

Vom Vergelten – *Die fünfte Zumutung*

Mt 5,38–42 (Lk 6,29f.)

38 Ihr habt gehört, dass gesagt ist: „Auge um Auge, Zahn um Zahn."[253] *39 Und ich sage euch (darüber hinaus), dass ihr nicht widerstreben sollt dem Übel (auf dieselbe Art), sondern: wenn dich jemand auf deine rechte Backe schlägt, dem biete die andere auch dar. 40 Und wenn jemand mit dir rechten will und dir deinen Rock nehmen, dem lass auch den Mantel. 41 Und wenn dich jemand nötigt, eine Meile mitzugehen, so geh mit ihm zwei. 42 Gib dem, der dich bittet, und wende dich nicht ab von dem, der etwas von dir borgen will.*

Auf den ersten Blick scheint diese fünfte Zumutung der „Berglehre" aus dem Christentum nun völlig eine Narretei zu machen. Denn jeder, der anfängt, bei Gewalt auf Gegengewalt zu verzichten, ist aller Erfahrung nach seiner Haut und Habe nicht mehr sicher, und zwar der Staat wie der einzelne Bürger. Der Eindruck von Weltferne dieser fünften „Antithese" entsteht aber nur, wenn man deren Beispiele nicht konkret anschaut, sondern nur allgemeine Prinzipien des absoluten Gewaltverzichts daraus ablesen will.[254] Es ist falsch, Pazifismus grundsätzlich mit Passivismus gleichzusetzen. Es geht nicht darum, jede Abwehr, jede Selbstverteidigung zu unterlassen, sondern nicht „auf dieselbe Art" der Aggressivität zu verfallen. Dieser Einschub steht zwar wörtlich so nicht im Text. Er ergibt sich aber aus den nachfolgenden ethischen Beispielen, mit denen Jesus seinen Grundsatz der Gewaltlosigkeit veranschaulicht. Es gibt in der Wirklichkeit der Lebenserfahrung keinen gewaltfreien Raum, auch nicht in der Friedenspolitik. Wohl aber empfehlen sich ein Austausch der Gewaltmittel und eine Humanisierung des Umgangs miteinander im Streit. Selbst die Empathie und die Liebe sind Gewaltformen, wenn auch der sublimsten und edelsten Art. So setzt Jesus in dieser fünften Zumutung dem Faustrecht des Stärkeren die aktive Kreativität des Schwächeren entgegen. Er schlägt statt der körperlichen Notwehr die geistige Überwältigung des Gegners vor, und gerade nicht die passive „Seligkeit" des Ertragens, wie

---

253 Ex 21,24; Lev 24,19–21.

254 Vgl. oben S. 28.

es einmal Karl Marx dem Christentum vorwarf[255], als wären die Christen feige Masochisten.

„Auge um Auge, Zahn um Zahn“ (V. 38) war im gesamten antiken Mittelmeerraum ein fortschrittlicher Grundsatz der Rechtsprechung. Er vertrat anstelle der unkontrollierbaren Rachepraxis die vernünftige Vergeltungs- oder Ausgleichstheorie. Nach einer uralten Überlieferung hatten die Nachkommen Kains noch gejubelt: „Einen Mann erschlug ich für meine Wunde und einen Jüngling für meine Beule“[256], wobei die Strafe in keiner Weise der Untat entsprach. Die Kette der Racheakte führte zu einem endlosen Blutbad: „Kain soll siebenmal gerächt werden, aber Lamech siebenundsiebzigmal.“[257] Mit der Vergeltungstheorie wurde dann die scheinbar klare Begrenzung der Strafe eingeführt, so dass jeder Übeltäter im Voraus wusste, was auf ihn zukam, wenn er zuschlug: für ein Auge ein Auge und für einen Zahn einen Zahn. „Wer einen Menschen schlägt, dass er stirbt, der soll des Todes sterben.“[258] Es kam zu den Regeln: „Wie beschaffen eine Tat, so beschaffen die Strafe; woran einer gesündigt hat, daran wird er bestraft.“ Im Lateinischen wurde das mit „qualis – talis“ ausgedrückt, woraus die Ausgleichstheorie ihren Fachausdruck „ius talionis“ ableitete. „Brandmal um Brandmal, Beule um Beule, Wunde um Wunde“ – und dann, hoffte man, war es genug.[259] Aber mit der anscheinend gleichwertigen Entsprechung war noch keine Versöhnung geschaffen. Der sachliche Ausgleich hob nicht automatisch auch die persönlichen Rachegefühle auf. Die Tat schien gesühnt, aber die Kontrahenten waren nicht versöhnt. Häufig erwuchs aus der Sühneleistung eine neue Eskalation der Wut: erst das Auge, dann der Zahn, dann die Nase, schließlich der ganze Kopf, bis hin zum neuen Totschlag oder Mord. Schwierig war der Ausgleich vor allem, wenn ein Leben nicht vorsätzlich, sondern nur durch Unachtsamkeit – zum Beispiel beim gemeinsamen Baumfällen – ausgelöscht wurde. Wie war der Unfall zu „vergüten“? In der Thora wurde schon früh die Geldstrafe als Ersatzleistung für einen verursachten Schaden eingeführt.[260] Der Wert eines Menschenlebens konnte je nach Lebensalter „abgelöst“ werden. So waren ein Zwanzig- bis Sechzigjähriger fünfzig Lot Silber, ein über Sechzigjähriger nur noch fünfzehn Lot Silber wert.[261] Die Lebensstrafe konn-

---

255 Leitartikel der „Rheinischen Zeitung Nr. 193 vom 14. Juli 1842; in: MEGA, Bd. 1, 1964, S. 101.

256 Gen 4,23.

257 Gen 4,24.

258 Ex 21,12; Num 35,30.

259 Ex 21,25.

260 Ex 21,23f.

261 Lev 27,3–7.

te auch durch die Leibesstrafe ersetzt werden, indem der Straftäter die entsprechenden Hiebe erhielt. Die Freiheitsstrafe als Einsperrung kam erst im Mönchtum auf, als die Äbte begannen, ungehorsame Mönche zur Buße in ihre Zellen zu verweisen. Insgesamt ist festzuhalten, dass in der Geschichte der Strafformen nach der Gleichsetzung „Leben für Leben" schon früh die Suche nach einem anderen Ausgleich einsetzte: Leiden für Leben, Geld für Leben, Freiheitsentzug für Leben. Jesus setzt diese Linie der Ersatzsuche fort, indem er vorschlägt, bei der Reaktion auf eine Aggression auf eine andere Verhaltensschiene überzuwechseln, um zwischen Tat und Gegentat eine Atempause für einen Gesinnungswandel zu schaffen.

„Und ich sage euch (darüber hinaus), dass ihr dem Bösen nicht (auf dieselbe Art) widerstreben sollt …" (V. 39a). Es besteht beim Übersetzen eines Textes aus einer vergangenen Zeit in die Gegenwart die Gefahr, dass durch eine wortwörtliche Übertragung der Sinnzusammenhang der Wörter wie auch die Zwischentöne verloren gehen. Das Hinhalten der anderen Wange ist von Jesus durchaus als aktive Gegenhandlung und keinesfalls nur als passive Hinnahme eines Angriffs gemeint. Es geht nicht um einen totalen Gewaltverzicht, sondern um die Sublimierung der Gewalt, um den Umstieg von der physischen Gewalt auf den psychischen Widerstand. Es kostet mehr Mut, mit offenen Augen in die Aggression des anderen hineinzugehen, als sie einfach nur mit geschlossenen Lidern an sich austoben zu lassen. Auch sollte auf den Ort des Geschehens geachtet werden. Es ist nicht jede im Alltag mögliche Auseinandersetzung gemeint, sondern spezifisch die Gerichtspraxis, auf die Jesus mit seinem Beispiel anspielt. „Wenn dich jemand auf deine rechte Backe schlägt, dem biete die andere auch dar" (V. 39b). Wenn einer dem anderen in das Gesicht schlägt, muss er ihm gegenüberstehen. Er kann ihm nicht in den Rücken fallen. Es kann sich also nicht um einen Raubüberfall handeln. Zudem schlägt einer dem anderen, unter der Voraussetzung, dass er kein Linkshänder ist, im Streit von Angesicht zu Angesicht auf die linke und nicht auf die rechte Wange. Wenn Jesus trotzdem betont, dass einer zuerst auf die rechte Wange geschlagen wird, kann keine Ohrfeige mit der offenen Hand, sondern nur ein symbolischer Handstreich mit dem Handrücken gemeint sein. Im Vordergrund steht der Schimpf und nicht der Schmerz. Symbolische Schläge gab es bei Religionsprozessen, um einen Frevler oder Ketzer zu entehren. Vor allem aber wurden sie bei zivilrechtlichen Gerichtsverhandlungen praktiziert. Wenn ein Schuldner als zahlungsunfähig festgestellt wurde, gab ihm der Gläubiger, gelegentlich auch der Richter selbst, einen Backenstreich, um die Nichtswürdigkeit des Habenichts öffentlich zu demonstrieren. Die Hörer Jesu werden diesen Vorgang wohl schon öfter bei Gerichtsstreitigkeiten erlebt haben. Die „Antithesen" stehen eben nicht isoliert in der Bergpredigt, sondern sind rückgekoppelt an die „Armen“ der Seligpreisungen, die „nach Gerechtigkeit hungern und dürsten“. Man kann nicht oft genug betonen, dass die Bergpredigt kein diffuser Sprüchesteinbruch ist, sondern von einem sie durchlaufenden roten Faden zusammengehalten wird: dem Verlangen nach Gerechtigkeit und Menschenwürde für das geschundene Volk.[262] Es ist bekannt, welch hohen Stellenwert die Ehre eines Menschen im Orient hat und wie schlimm und bitter eine Entehrung angesehen und erfahren wird. Wenn der Geschmähte sein Gesicht zur Seite drehte und dem Gläubiger freiwillig noch die andere Wange entgegenhielt, so drückte er aus: „Du würdest mich ja noch mehr schlagen, wenn du nur dürftest." Der andere wird dann unwillkürlich einen Schritt zurückgetreten und darüber erschrocken sein, wie sehr er sein Gegenüber verletzte. Nur: eine Garantie für das Zurückweichen des Angreifers gab es nicht. Die Seelenstärke arbeitet nicht ohne Risiko. Aber sie ist den Versuch wert, nicht nur um der eigenen Würde, sondern auch um der Selbstbesinnung des anderen willen. Dass er bewusst die Wangen hingehalten habe, wird in der Hebräischen Bibel schon vom Gottesknecht erzählt.[263] Entscheidend ist, dass sich einer seine Selbstachtung nicht nehmen lässt. Von dieser Konkretion her ergibt sich auch, dass der Satz „Ihr sollt dem Bösen nicht widerstehen“ (V. 39a) nicht als allgemeines ethisches Prinzip verstanden sein will, sondern nur als Impuls zur „Entfeindung“ zweier Gegner in ganz bestimmten Konfliktsituationen, wie es schon der jüdische Exeget Pinchas Lapide festgestellt hat.[264] Die „Hand“ und die „Backe“ weisen auf die konkrete Person und nicht allgemein auf das Böse hin. Darum ist der Dativ „dem Bösen“ hier nicht als Neutrum, sondern als Maskulinum auszulegen. Es geht nicht um „*das* Böse“ in der Welt schlechthin, das es zu meiden gilt, sondern um den „bösen“ Mitmenschen, bei dem ein Lernprozess des Erschreckens über sich selbst ausgelöst werden soll. Der Angreifer schlägt physisch zu, der Verteidiger reagiert mit einer mentalen Waffe.[265] Friedensstiftung ist eine mühevolle Arbeit und keine nur passive Zurückhaltung.[266] Die Mitarbeiter Jesu dürfen durchaus „das Böse“ bekämpfen, aber nicht „den Bösen“. Der griechische Begriff „mä antistänai“, der in der Lutherbibel mit „nicht widerstreben“ wiedergegeben wird, meint nicht den allgemeinen Gewaltverzicht (V. 39a), sondern den juristischen Verzicht auf Rechtsmittel: „nicht dagegen klagen“. Dass der „Sitz im Leben“ des ersten Beispiels der

---

262 Mt 3,15; 4,16; 5,2–10.

263 Jes 50,6.

264 Pinchas Lapide, Die Bergpredigt – Utopie oder Programm?, [3]1983, S. 100ff.

265 Für diese Position stand Mahatma Gandhi mit seiner Lehre von der „ahimsa“, der Nichtschädigung“, und „satyagraha“, der Seelenstärke“.

266 Vgl. oben S. 28.

fünften „Zumutung" die damalige Gerichtspraxis war, belegt auch ihr zweites Beispiel.
„Und dem, der mit dir prozessieren und dein Untergewand nehmen will, lass ihm auch den Mantel!" (V. 40). Es geht um einen Pfändungsprozess, wie er bei den damaligen Alltagsereignissen üblich war. Ein Gläubiger will seinen Schuldner „ausziehen bis auf die Haut", um wenigstens einigermaßen eine Rückerstattung zu erhalten. Nur: Wie konnte er das tun? Logischerweise kann niemand dem anderen zuerst das Hemd und dann erst den Mantel ausziehen. Auch war das Obergewand als das größere Kleidungsstück wertvoller als das Untergewand. Lukas hat deshalb in seiner Parallele zu diesem Kleiderbeispiel den Text geglättet und den Gegner zuerst den Mantel abverlangen lassen (6,29). Es müssen also bei Matthäus besondere, uns heute unbekannte Bestimmungen vorliegen, wenn er das Beispiel so scheinbar unlogisch referiert. In der Tat war der Mantel damals durch einen Restbestand von Armenrecht vor der Pfändung geschützt. Das Obergewand durfte von einem Gläubiger nur ein paar Stunden lang beschlagnahmt werden und musste dann dem Schuldner noch vor Sonnenuntergang zurückgeben werden, weil der Mantel zugleich dessen Bett war.[267] Der Mantel bestand aus einer zwei bis drei Meter langen Stoffbahn, die man tagsüber sich um den Leib schlang und die nachts als Unterlage, Kissen und Zudecke diente. Das Untergewand hingegen durfte von dem Gläubiger für immer einbehalten werden. Der Schuldner hatte sich dann in seinen Mantel zu hüllen, um nicht nackt vor Gericht zu stehen. Eine solche Kleiderpfändung galt als große Schande, sie war aber nicht selten.
Jesus empfahl nun dem vielleicht durch eine Missernte oder Krankheit unschuldig Verarmten, dem Gläubiger freiwillig auch noch den Mantel vor die Füße zu werfen und dann durchaus nackt vor aller Augen dazustehen, damit so die Unbarmherzigkeit des Gläubigers ans Licht kam: Er hätte ihn am liebsten bis auf die Haut ausgeplündert, wenn es ihm das Gesetz nur erlaubt hätte. Das Beispiel erzählt also ein weiteres Mal das Ringen um eine „bessere Gerechtigkeit"[268]. Man kann sich vorstellen, wie die Hörer von diesem zweiten Vorschlag überrascht waren, die Köpfe zusammensteckten und kontrovers darüber diskutierten. Irgendwann musste Jesus ihnen noch einmal die psychische Kraft zusprechen, die sie für so viel Zivilcourage brauchten. Die Seligpreisungen waren inzwischen verklungen und sollten noch einmal wiederholt werden. Zunächst aber brachte Jesus einen weiteren Vorschlag des zivilen Ungehorsams als Macht der Ohnmächtigen vor. Denn das Volk, das „in Ga-

267 Ex 22,25f.; Hebr 1,12.
268 Mt 5,20.

liläa“ und sonstwo „im Finstern saß“[269], litt nicht nur unter dem Druck der eigenen Oberen, der Herodessöhne und der Grundherren, sondern auch unter dem Besatzungsrecht der römischen Legionen, worauf das dritte Beispiel der fünften „Zumutung“ eingeht.
„Und wenn dich jemand nötigt, eine Meile mitzugehen, so geh mit ihm zwei“ (V. 41). Durchziehende Besatzungstruppen nahmen sich das Recht, die Bauern mit ihren Zugtieren von der Feldarbeit weg abzukommandieren und zu Spanndiensten für ihren Tross zu zwingen. Das wird weder ohne höhnische Beleidigungen von Seiten der Söldner, noch ohne Zähneknirschen der „Eingeborenen“ geschehen sein. Üblich war eine Zwangsarbeit von mindestens einer Meile, welche der Länge von etwa 1,5 km entsprach. Wenn nun der Frondienstleistende aus eigenem Entschluss heraus demonstrativ eine weitere Meile hinzusetzte, war das wohl das Letzte, was die Besatzer von einem Einheimischen erwarteten. Aber es war seine eigene, souveräne Tat, die ihm angesichts der Dringlichkeit der Feldarbeit weder als Schmeichelei, noch als Unterwürfigkeit ausgelegt werden konnte, sondern die den Soldaten zeigte, wer der eigentliche Herr des Gespanns war. Wenn Jesus mit diesen Beispielen der fünften „Antithese“ auf den phantasievollen zivilen Ungehorsam gegenüber den jüdischen wie den römischen Machthabern abhob, wird er große Bewunderung im Volk gefunden, aber bereits auch die Aufmerksamkeit der „Geheimdienste“ seiner Zeit erweckt und seine spätere Verurteilung zum Kreuzestod als Unruhestifter mit ausgelöst haben. Aber es ging Jesus grundsätzlich darum, den Regelkreis unreflektierter Gewalt zu brechen und gegen die Resignation zu protestieren, es gebe Verhältnisse, gegen die man einfach nichts machen könne. Die Bergpredigt muss unbedingt aus ihrer kühlen dogmatischen Auslegung herausgelöst und auf dem Hintergrund der konkreten Erfahrungswelt der damaligen wie der heutigen Hörer verstanden werden.
Eine andere Möglichkeit der Interpretation des Meilenbeispiels bietet sich an, wenn man an die damaligen Gepflogenheiten des Gastrechts denkt. Um die Mauern einer Stadt war traditionell eine fiktive Bannmeile gezogen, innerhalb derer ein wegziehender Wanderer noch unter dem Schutz des Stadtrechts stand. Etwa eine Meile weit konnte der Wächter noch von den Zinnen der Stadt aus das freie Feld überschauen. Eine Meile weit sollte ein Gastgeber seinem Gast noch das Weggeleit geben, bevor er umkehrte und den Besucher allein ins ungeschützte Feld der Vogelfreiheit weiterziehen ließ. Die Gefahr eines Überfalls ist aus dem Gleichnis vom barmherzigen Samariter bekannt.[270] Wenn nun der Gastgeber dem Gast eine weitere Meile Begleitung

---

269 Mt 4,15f.24f.
270 Lk 10,29f.

freiwillig dazuschenkte, entsicherte er sich selbst ein Stück weit und bekundete so auf besondere Weise seine Freundschaft. Diese Deutung des Meilenbeispiels vom Gastrecht her ist bei den Auslegern beliebt, weil sie nun doch ein wenig harmloser klingt, lag aber wohl weniger im Interesse Jesu als die Erklärung vom Besatzungsrecht her, denn Jesus ging es in seiner Berglehre eben doch vorwiegend um mehr öffentliche Gerechtigkeit und nicht nur um vertiefte Freundschaften. Das vierte und letzte Beispiel der fünften Antithese ist auffallend bilderlos. Es klingt zunächst wie eine allgemeine, spannungslose Weisheit, die als Spruch vermutlich vom Evangelisten selber hinzugefügt wurde, weil er dies damals in seiner Gemeinde für erforderlich hielt.

„Gib dem, der dich bittet, und wende dich nicht ab von dem, der etwas von dir borgen will" (V. 42). Die Mehrheit des Volkes, das Jesus bei seiner Berglehre um sich versammelt sah, hatte tatsächlich kaum etwas zu nagen und zu beißen, und so lag doch eine gewisse Provokation in der Aufforderung, auch noch das Letzte, das sie besaßen, zu teilen. Der Spruch wäre dann, so verstanden, eine Mahnung zur Solidarität der Schwachen untereinander. Er könnte natürlich auch an die wenigen Reichen unter den Hörern gerichtet worden sein, die mit zurückhaltender Skepsis dabeistanden, aber doch neugierig blieben, ob Jesus sich auch realistisch genug äußerte – wie die Reichen immer meinen, für die Vernunft und den Realitätssinn zuständig zu sein. Das mittelalterliche Kirchenrecht hat aus dieser Stelle der Bergpredigt das Zinsverbot für Christen abgeleitet. Das Kreditgeschäft wurde daraufhin den Juden zugemutet, die auf das Zinsnehmen angewiesen waren, weil ihnen die Handwerkerordnung in den Städten einen „ehrbaren" Beruf verbot. Zum Undank für das Zinsgeschäft wurden die Juden dann auch noch mit dem Stereotyp „Wucherer" beschimpft und das „Wuchern" ihrem angeblich schlechten Charakter zugeschrieben. Jedenfalls kann aus diesem vierten Handlungsbeispiel kein allgemeines Zinsverbot für eine moderne Geldwirtschaft herausgelesen werden. Das Problem des Zinses besteht nicht darin, dass es ihn gibt, sondern wie hoch er angesetzt wird. Verlangt der Gläubiger einen Kreditzins, der die Existenz des Schuldners ruiniert, so ist er für dessen Schicksal verantwortlich. Er kann dem, der vor ihm in seiner Not auf den „Knien liegt", nicht einfach den „Rücken zuwenden", wie die Verben des Spruches im Griechischen lauten, sondern er ist als Nächster mitverantwortlich dafür, dass der andere wieder auf die Füße kommt. Der Spruch ist nicht so naiv zu empfehlen: Gib jedem, der dich anbettelt, bedenkenlos, was er von dir fordert. Wohl aber weist er darauf hin, dass man einem Mitmenschen, dem man die Not glaubhaft ansieht, auch ohne Pfand und Zins etwas ausleihen oder gar schenken sollte – ohne einengende Bedingungen, ohne garantierte Aussicht, dass es zurückgegeben und vergolten werden kann. Der Geber kann dem Bittenden nur dann aufbauend helfen, wenn er sich selber ein Stück mitgibt und auf die Absicherungen verzichtet, die ihn hindern, die Notlage des anderen auch mitzufühlen und ihn in seiner Daseinsangst zu verstehen. Insofern schließt sich das Beispiel vom zinslosen Kreditgeben organisch an den Vorschlag des um eine zweite Meile erweiterten Gastgeleites an. Geld ist keine neutrale Materie. Geld haben oder nicht haben, Geld schulden oder eintreiben kann verfeinden. Zu den schlimmsten gesellschaftlichen Problemen zur Zeit Jesu zählte die Schuldknechtschaft. Mancher verarmte Schuldner wurde in Ketten gelegt und mancher Reiche als Vergeltung erstochen. Wenn Jesus in der letzten „Zumutung" auf die Feindesliebe zu sprechen kommt, so geht es dabei nicht nur um den Hass gegenüber den ausländischen Truppen, sondern auch um die Spannungen zwischen den Reichen und den Verarmten im eigenen Volk.

Von der Feindesliebe – *Die sechste Zumutung*

Mt 5,43–48 (Lk 6,27f.32–36; Röm 12,14.17–21; 1 Petr 3,9)

43 Ihr habt gehört, dass gesagt ist[271]*: „Du sollst deinen Nächsten lieben" und deinen Feind hassen. 44 Und ich sage euch (darüber hinaus): Liebt eure Feinde und bittet für die, die euch verfolgen, 45 damit ihr Kinder seid eures Vaters im Himmel. Denn er lässt seine Sonne aufgehen über Böse und Gute und lässt regnen über Gerechte und Ungerechte.*

An dieser Stelle haben die Provokationen der Bergpredigt ihren Höhepunkt erreicht. Die Natur lehrt die Selbstliebe, die Moral die Nächstenliebe, die Religion die Feindesliebe – sofern sie mit diesem Vorschlag nicht naiv, wenn nicht gar widernatürlich auftritt. Die Rolle des Gepfändeten, Beleidigten, Geohrfeigten und Überfallenen in Kauf zu nehmen, wie es die fünfte Zumutung empfahl, lässt sich vielleicht einige Zeit mit starker Selbstbeherrschung ertragen, aber den Feind warmherzig zu lieben, scheint nun doch die härteste Zumutung zu sein, die einem „normal veranlagten" Menschen überhaupt abverlangt werden kann. „Ihr habt gehört, dass gesagt ist …" (V. 43). Jesus spielt mit der sechsten Zumutung nicht wie bei den vorausgegangenen „Antithesen" auf die Zehn Gebote an, sondern auf die Lebenserfahrung, die jedermann von Kindesbeinen an gelehrt wird: nämlich die Liebe zu den Angehörigen und die Warnung vor dem Feind. Bei der Feindesliebe steht das Evangelium offensichtlich im Gegensatz zur Vernunft. Es ist ja nicht nur so, dass dieser Hochschwung der Gefühle kaum zu erreichen ist, sondern die Erfahrung lehrt ja

---

[271] Lev 19,18.

auch, dass die Feindesliebe schädlich sein kann, weil sie unter Umständen eine zersetzende, desintegrierende Wirkung hat. Die Nächstenliebe hält eine Gruppe zusammen. Die Feindesliebe hingegen isoliert diejenigen, die sie aufbringen. Sie sitzen damit zwischen allen Stühlen. Die eigene Gruppe wird solche Idealisten ablehnen, weil sie die innere Solidarität gefährden und, wie man meint, vermeintlichen Verrat an der klaren Unterscheidung zwischen Freund und Feind üben. Denn wenn sie das Feindbild ihrer Genossen abbauen, rollen sie auch die Projektionsleinwand ein, auf welche die Gruppe ihre internen Aggressionen werfen konnte, um durch die Abwehr der anderen ihre innere Einheit scheinbar zu garantieren. Die gegnerische Gruppe wiederum wird ihnen ihre unerwartete Sympathie nicht abnehmen, sie des Scheinmanövers verdächtigen und sie weiterhin bekämpfen, so glaubwürdig sie auch sein wollen. Andererseits ist in einer Zeit der atomaren Hochrüstung die Feindesliebe als Selbstverpflichtung zum Nichtangriff das einzige „intelligente“ Mittel, nicht ständig in der Grenzsituation der gegenseitigen Bedrohung leben zu müssen. Was der Dualismus hervorbringt, der ideologisch zwischen „Guten“ und Bösen“ unterscheiden will, haben die Kriege der jüngeren Geschichte gezeigt, die im Endeffekt nutzlos waren und deren Begründungen weitgehend als Halbwahrheiten enttarnt wurden. Verloren haben immer beide Seiten – und zwar sowohl Menschenleben wie auch Grundwerte. Die Frage ist nur, wie sich die Feindesliebe motivieren und durchhalten lässt. Muss sie unbedingt grenzenlos sein oder gibt es Kriterien für ihre Intensität und Reichweite?

„Und ich sage euch (darüber hinaus) …“ (V. 44). Die jüdischen und die christlichen Theologen sind sich heute darin einig, dass Jesus von Nazareth der erste religiöse Lehrer der Menschheit war, der expressis verbis die Anweisung gab: „Liebet eure Feinde!“[272] Jesus erzählt den Ablauf der Feindesliebe anschaulich im Gleichnis vom barmherzigen Samariter, wie ein „Volksfeind“ beim Risiko, entdeckt und bestraft zu werden, einem Opfer der Gegenseite hilft.[273] Der „Sohn Gottes“ übt die Feindesliebe selbst bei seiner Gefangennahme in Getsemani aus, indem er den „Verräter“ mit „Mein Freund!“ und nicht mit „Du Schuft!“ anredet[274], und er bekennt die Feindesliebe auch noch in seinen letzten Atemzügen am Kreuz, indem er für seine Henker bittet: „Vater, vergib ihnen; denn sie wissen nicht, was sie tun!“[275] Das Gebot der Feindesliebe war für Jesus keine bloße Theorie für andere, sondern eige-

272 Pinchas Lapide, a.a.O., S. 95; Ulrich Luz, a.a.O., S. 308.
273 Lk 10,33–35.
274 Mt 26,50; vgl. Ecce homo 1, 1999, S. 30f.
275 Lk 23,34.

ne, persönliche Praxis. Die jüdische Religion hatte durchaus schon vor Jesus dem Hass und der Rache deutliche Grenzen gesetzt. Es gibt zwar in den Psalmen emotionale Ausbrüche von geschmähten und verletzten Betern gegenüber Feinden wie: „Deine Rechte wird finden, die dich hassen", „ER wird unsere Feinde niedertreten", „Tochter Babel, du Verwüsterin … Wohl dem, der deine jungen Kinder nimmt und sie am Felsen zerschmettert!"[276] Aber nirgendwo in der Hebräischen Bibel oder im Talmud als ihrem maßgeblichen jüdischen Kommentar wird der Hass gegenüber Übeltätern und Feinden ausdrücklich zum Gebot erklärt. Die von Jesus erwähnte Formel „… und deinen Feind hassen!" könnte vielleicht aus der Ordensregel der Qumransekte stammen, in der vom „Hass gegen alle Söhne der Finsternis" die Rede ist.[277] Es lässt sich jedoch nicht nachweisen, dass diese Randgemeinde am Toten Meer der Zuhörerschaft der Berglehre überhaupt bekannt war. „Ihr habt gehört, dass gesagt ist" oder „ihr wisst vom Hörensagen" meint den Volksmund aller Zeiten, der Fremde zu Feinden macht und hassen statt beherbergen predigt. Es gehörte zur schlimmen Propaganda der Nazis, mit Hilfe dieser Bergpredigtstelle die Juden generell als heimtückisch und rachsüchtig abzuqualifizieren, wobei sie leider auf eine alte abendländische Tradition zurückgreifen konnten. Schon im Mittelalter wurde den Juden seitens der kirchlichen Polemik Hass gegen die Christen unterstellt, und noch weiter zurück finden wir bereits im Neuen Testament in dem wohl ältesten Brief des Paulus von einer unbekannten Hand eingetragen: „Die Juden … sind allen Menschen feind."[278] Vergleichbares geschah mit dem Johannesevangelium, in das jemand hineinschrieb, Jesus habe den „Abrahamssöhnen" vorgeworfen: „Ihr habt den Teufel zum Vater, und nach eures Vaters Gelüste wollt ihr tun. Der ist ein Mörder von Anfang an …"[279] Dieser Ausspruch kann in der ursprünglichen Fassung des Johannesevangeliums so nicht enthalten gewesen sein, weil der Autor wenige Kapitel zuvor Jesus sein Volk loben lässt: „Das Heil kommt von den Juden."[280]

Der Hauptstrom der jüdischen Religion kommt in der Hebräischen Bibel wie in den Kommentaren seiner Schriftgelehrten nahe an das Gebot der Feindesliebe heran. So heißt es schon früh im Gesetzeswerk des Mose: „Du sollst deinen Bruder nicht hassen in deinem Herzen"[281], wobei verstärkend hinzugefügt wurde: „Du sollst dich nicht rächen, noch Zorn bewahren gegen die

276 Ps 21,9; 60,14; 137,9.
277 Pinchas Lapide, a.a.O., S. 89.
278 1 Thess 2,15.
279 Joh 8,44.
280 Joh 4,22.
281 Lev 19,17.

Kinder deines Volks."[282] Man könnte nun einwenden, diese altjüdischen Gebote seien nur negativ gefasst als Warnung: „Hände weg von deinem Feind!", nicht aber auch positiv als Aufforderung: „Umarme deinen Feind!" Man könnte auch sagen, hier werde nur der Volksgenosse vor der eigenen Aggressivität geschont, nicht aber auch der Fremde und der Feind. Aber es gibt die Belege, nach denen Abraham ausdrücklich für seinen Konkurrenten Abimelech betet, der ihm seine Frau Sara wegnahm. Es wird auch erzählt, Mose habe mehrfach Gott um die Verschonung der Ägypter und die Sinnesänderung des Pharaos gebeten[283] und damit das Gebot: „Bittet für die, die euch verfolgen", vorweg erfüllt (V. 44b). Man nähert sich auch schon dicht der persönlichen Feindesliebe, wenn im 2. Mosebuch die Nächstenliebe bis hin zur Hilfe für den Gegner ausgeweitet wird: „Wenn du dem Rind oder Esel deines Feindes begegnest, die sich verirrt haben, so sollst du sie ihm wieder zuführen. Wenn du den Esel deines Widersachers unter seiner Last liegen siehst, so lass ihn ja nicht im Stich, sondern hilf mit ihm zusammen dem Tiere auf."[284] Bei dieser gegenseitigen Unfallhilfe arbeiten bereits Freund und Feind Hand in Hand. Die ausdrückliche sittliche Formulierung „Liebet eure Feinde!" geht jedoch auf Jesus zurück.

Es ist unbestritten, dass das Gebot der Feindesliebe sehr persönlich im Du- bzw. im Ihr-Stil abgefasst ist. Doch daraus zu schließen, es handle sich bei der Aufforderung zur Feindesliebe nur um eine Jüngerregel[285] und nicht um ein Gebot für jedermann, wäre eine Engführung. Weil die sechs „Zumutungen" der Berglehre die Gewissen stark herausfordern, wandte sich Jesus direkt an den einzelnen Mann und die einzelne Frau unter seinen Zuhörern, aber darum nicht minder zugleich an alle, die herbeigeströmt waren, denn alle fanden sich irgendwie in der gleichen Situation vor, dass sie nach einer „besseren Gerechtigkeit hungerten und dürsteten"[286]. Der griechische Begriff für Feind, „echthros", darf nicht privatisiert und nur auf den persönlichen Gegner beschränkt werden. Wie sich bereits unter den zwölf Jüngern Jesu kriegerisch gesinnte Freiheitskämpfer, so genannte Zeloten, befanden[287], so standen unter dem Volk um Jesus herum noch mehr verdeckte Untergrundkämpfer, die Jesu Anweisung zur Feindesliebe auf die Römer beziehen mussten – so sehr sie

282 Lev 19,18.
283 Gen 20,17; Ex 8,24–27.
284 Ex 23,4f.
285 So F. Bovon zur Parallele Lk 6,27, in: Das Evangelium nach Lukas, EKK III/1, 1989, S. 314.
286 Mt 5,6.20; vgl. oben S. 50ff.
287 Vgl. M. Köhnlein, Das Team der unverträglichen Gesellen, in: Ecce homo 1, 1999, S. 89–95; P. Lapide, a.a.O., S. 105.

darüber auch den Kopf geschüttelt haben mögen. „Echthros“ schließt den politischen Feind nicht aus, sondern ein. Das Wort bezeichnet sowohl die feindlichen Völker als auch die Unterdrücker im eigenen Volk oder den Gegner im Schuldenprozess. Die Tür zur Berglehre steht weit offen, weil auch ihre Begründung einen weiten Horizont hat. Es ist nicht die Philanthropie, nicht die allgemeine Menschenliebe der griechischen Philosophie, auch nicht die charakterliche Güte, die einigen Tugendhelden die Erfüllung der Feindesliebe ermöglicht. Zwei Feinde, die sich hasserfüllt anstarren, entspannen ihre Mienen nicht plötzlich wie von selbst. Es ist der bewusste „Blick nach oben“, der im Streit mit dem Gegner den Kopf klärt, das Herz weitet und die verkrampfte Faust zur offenen Hand werden lässt.

„... damit ihr Kinder seid eures Vaters im Himmel“ (V. 45). Jesus begründet seine Ermunterung zur Feindesliebe ausschließlich mit seinem Gottesglauben. Wer dieses religiöse Motiv übersieht, spekuliert umsonst über die ethische Kraft oder die politische Klugheit, mit deren Hilfe diese äußerste Zumutung erfüllt werden könnte. Es ist mehr als bezeichnend, dass an dieser Stelle der Berglehre – wie schon zuvor bei der Aufforderung, „Salz“ und „Licht“ zu sein[288] – der allgemeine Begriff „Gott“ in die persönliche Anrede „Vater“ übergeht. An Gottes Väterlichkeit wird die Brüderlichkeit zwischen den Menschen gelernt. Auf dem Umweg über Gott ändert sich die Einstellung zum Nächsten. Wir schauen auf, um den anderen anders anschauen zu können. „Denn er lässt seine Sonne aufgehen über Böse und Gute und lässt regnen über Gerechte und Ungerechte“ (V. 45). Die Sonne steht für die Wärme, die alles Leben braucht, und der Regen für das Wasser, das den Durst löscht. Gott Vater räumt allen seinen Geschöpfen unterschiedslos und ohne Berücksichtigung ihres Charakters die Vorgabe ein, dass er ihre elementaren Rechte und Bedürfnisse anerkennt. Bevor einer den anderen verurteilt oder gar auf ihn einschlägt, möge er fragen, was dem anderen fehlt, dass er ihm so unsympathisch zu sein scheint und so feindlich begegnet. Nicht welche böse Hitze steckt in dem anderen, sondern welche menschliche Wärme braucht er, wenn es ihn so friert. Was hat den andern so erschauern lassen, dass er so „böse“ geworden ist, wie es mir scheint. Wer hat ihm das „Wasser des Lebens“ entzogen, so dass er mir mit einem solchen Lebensdurst begegnen und mich in meinem Lebensraum verdrängen, hassen, angreifen muss? Über den gemeinsamen spirituellen „Vater“ versetze ich mich in die Lebensnot des „Feindes“ hinein. Weil Gott als der einfühlsame und fürsorgliche Schöpfer dazwischentritt, habe ich kein Recht, irgendeinen Mitmenschen oder ein anderes Volk als unausstehlich und unverbesserlich zu verwerfen, als wäre ich selber der ande-

288 Mt 5,16.

ren Gott und Herr. Bevor ich definiere, wie böse mein Gegner ist, frage ich mich, warum er nicht gut sein kann, obwohl er doch eigentlich von einem Höheren als gut geschaffen ins Leben gerufen wurde.[289] Die religiöse Motivation durch den Gottesgedanken ist die Kraft der Feindesliebe. Alle sechs Antithesen erreichen in diesem Gott-Vater-Bild ihren Höhepunkt und müssten eigentlich von hinten, das heißt, von ihm her aufgerollt werden. Der weite, offene Himmel, aus dem Gott Vater auf seine erwachsenen Söhne und Töchter herabschaut und ihnen über seinen Geist die Kraft zu einem Leben in Frieden geben möchte, ist der Horizont, von dem aus sich die vermeintlichen Utopien der Bergpredigt als Realitäten erschließen. So greifen die „Antithesen" auf die Gottesvision Jesu zurück, die er bei der Erfahrung des „offenen Himmels" in seiner Taufe empfand.[290] Zugleich erinnert Jesus mit seiner Einladung, „Kinder Gottes" zu werden, noch einmal an die siebte Seligpreisung, in der er die Friedensarbeiter bereits „Kinder Gottes" genannt hatte – griechisch „hyoi theou", mündig gewordene „Söhne und Töchter"[291].
Jesus schildert in dieser letzten Zumutung nicht mehr ausführlich, wie sich die religiös begründete Feindesliebe praktisch verwirklicht. Er hat ihre Modelle in den vorausgegangenen fünf Zumutungen schon hinreichend entfaltet. Er schlägt nur noch vor: „... bittet für die, die euch verfolgen" (V. 44). Bittet für sie, dass sie sich von ihrer „Erkältung" erholen und umkehren mögen. Im Gebet für meine „Feinde" sehe ich diese deutlicher und entspannter, als wenn ich ihnen in die Augen schaue. Lukas ergänzt in der Feldrede: „Tut wohl denen, die euch hassen" (6,27), wobei er mit dem „Wohltun" nicht das unehrliche Schöntun, sondern das „lindern, heilen" meint. Und er fügt hinzu: „Segnet, die euch fluchen" (6,28). Versiegelt sie mit dem Kreuzeszeichen! Schaut vorwärts auf die Auferstehung und haltet fest, dass das Tote aus seinem Grab auferweckt und selbst zum Feind eine neue Lebensbeziehung eingegangen werden kann. Paulus schreibt in einem ähnlichen Zusammenhang: „Wenn deinen Feind hungert, gib ihm zu essen, dürstet ihn, so gib ihm zu trinken"[292], sofern er dies überhaupt annehmen will. Paulus denkt wohl an den bereits besiegten Feind, der wieder auf die Füße kommen soll. Jeder Triumph über den anderen ist ein „nachkarren", das ihn nur verbittert. Wenn ich ihn überraschenderweise zum Essen und Trinken einlade, biete ich ihm die elementarsten Versöhnungszeichen an. „Wenn du das tust, so wirst du feurige Kohlen auf sein Haupt sammeln", fährt Paulus fort unter Hinweis auf kluge Ein-

289 Gen 1,31.
290 Mt 9,16; Mk 1,10.
291 Mt 5,9; vgl. oben S. 59f.
292 Röm 12,20.

sichten Salomos.[293] Damit ist nicht gemeint, dem Feind noch mehr körperliche Schmerzen zuzufügen, sondern das Wort drückt aus, dass ihm dann das Gewissen brennen und er sich selbst seiner Aggressionen schämen wird. Dies alles kann jedoch nur unter Risiko geschehen. Erfolgsgarantien für die Feindesliebe gibt es nicht. Sie ist, wo und wann immer sie versucht wird, das Neue, das sich erst in seinem Vollzug beweisen und bewähren kann.

46 Denn wenn ihr liebt, die euch lieben, was werdet ihr für Lohn haben? Tun nicht dasselbe auch die Zöllner? 47 Und wenn ihr nur zu euren Brüdern freundlich seid, was tut ihr Besonderes? Tun nicht dasselbe auch die Heiden? 48 Darum sollt ihr vollkommen sein, wie euer Vater im Himmel vollkommen ist.

Die Feindesliebe ist die entgrenzte Nächstenliebe. Sie geht über die Vorliebe für die Gleichartigen hinaus bis hin zum unangenehmen, ja selbst zum gefährlichen Mitmenschen. Geliebt werden meist nur die Angehörigen, die Freunde, die Gleichgesinnten. Denen, die mir etwas bringen, gebe ich gern etwas. Diese Vorzugsliebe wird von Jesus nicht in Frage gestellt oder gar verurteilt. Sie ist gewissermaßen die notwendige Grundstufe der Sittlichkeit. Aber dazu muss einer kein Christ sein, wenn er nur denen hilft, die ihm helfen, und nur die ehrt, die ihn ehren. Vermutlich gab Matthäus das Wort Jesu „Wenn ihr nur zu euren Brüdern freundlich seid ...“ (V. 47) besonders gern an seine Gemeinde weiter, weil sie aufgrund des Außendrucks der Verfolgung in Gefahr war, sich nach innen abzukapseln und nur noch für die „Geschwister“, die Mitchristen zu sorgen, wie es kirchliche oder freikirchliche Gruppierungen teilweise heute noch zu tun pflegen. Die Bevorzugung der Eigenen war typisch für die unbeliebten „Zöllner“ der damaligen Zeit, die angefeindet von ihren Mitbürgern notgedrungen zusammenhielten und sich gegenseitig schützten. Die Vorzugsliebe ist aber auch eine Sitte aller Kulturen, zu denen Jesus die „Heiden“, die ausländischen Völker zählt. Zöllner und Heiden werden „am Berg“ unter den Hörern Jesu gewesen sein. Beide Gruppen wurden damals pauschal unter den Begriff der „Sünder“ gerechnet, wie ihn Lukas in der parallelen Feldrede anführt.[294] Jesus wollte sie gewiss nicht vor aller Ohren diskriminieren, aber doch andeuten, dass sich seine jüdischen Mitbürger, wenn sie ihre Moral nicht änderten, keinen Deut „besser“ fühlen sollten. Er fordert mit der Feindesliebe seine Hörer auf, in ihrem Alltagsverhalten einen großen Schritt weiter zu gehen, als sie es seither gewohnt waren. Das „Besondere“, wozu er aufruft, ist von dem griechischen „perisson“ her

293 a.a.O. (Sprüche 25,21f.).
294 Lk 6,32–34.

das „Überfließende“, das „über die Grenze Schreitende“, das Außerordentliche und Ungewohnte, keinesfalls das von vornherein Unmögliche.[295] Christen sind keine Sondermenschen. Sie müssen sich in ihren Werken, ihrem Mienenspiel, ihrer Wortwahl nicht als die Besonderen ausweisen, aber man erwartet von ihnen das Vorbildliche, den Anreiz zur Nachahmung. Sie stehen für die Erfahrung von Gerechtigkeit, Liebe und Frieden. Wenn Christen nur die Wiederholung braver Bürger sind, die innerhalb des allgemein Gewohnten verbleiben, erübrigen sie sich als „Salz der Erde“ und „Licht der Welt“ und helfen nicht mit, das „Reich Gottes“ bereits jetzt anzubahnen.[296] Dietrich Bonhoeffer hat auf dieses „perisson“ größten Wert gelegt und für die Verwirklichung des „Außerordentlichen“ selbst sein Leben drangesetzt. Er bekannte in seiner Auslegung der Bergpredigt: „Das Christliche ist das ‚Sonderliche‘ ..., das Nichtreguläre, Nichtselbstverständliche ..., das Mehr, das Darüberhinaus.“[297] Die Bergpredigt fordert keine superlative Ethik, wohl aber plädiert sie für den komparativen Mut, bei der Sichtbarmachung der Herrschaft Gottes Schritt für Schritt voranzugehen.

„Darum soll ihr vollkommen sein, wie euer Vater im Himmel vollkommen ist“ (V. 48). Mit diesem Spitzensatz endet bei Matthäus das erste Kapitel der großen Unterweisung Jesu. Der Satz scheint unerfüllbar zu sein, wenn man ihn als isolierten Spruch nur aus sich selber heraus verstehen will. Sterbliche, fehlerhafte Menschen können niemals „sein wie Gott“, zumal bereits im Mythos vom Sündenfall die vermeintliche Gottgleichheit die schlimmste Versuchung ist, die sich an die Menschheit heran „schlängelt“.[298] Auch hier hängt alles von der verbesserten Übersetzung ab. Das griechische „teleios“ meint nicht die Perfektion, sondern das Ganzsein, das Vollständigsein. „Vollkommen“ wäre besser mit „ungeteilt, ohne Einschränkung, ohne Ausgrenzung“ wiederzugeben. Der Spruch erinnert noch einmal an das Gottesbild der sechsten Zumutung. Gott lässt die Sonne ungeteilt über allen aufgehen und öffnet ohne Ansehen der Person den Himmel zum erfrischenden Regen für alle, die unter ihm wohnen. So sollte unsere tätige, versöhnende Liebe allen gelten, die uns begegnen, ob sie nun Freunde oder Feinde, Nächste oder Übernächste, Einheimische oder Fremde, Besitzende oder Verarmte sind. Das mag als psychische Überanstrengung abgelehnt werden und hat auch die Kräfte Jesu auf seinem weiteren Lebensweg erschöpft. Aber ohne diese Zuwendung „lohnt“ sich das Christsein nicht (V. 46a). Billiger als um den Preis

---

295 Mt 5,20.

296 Mt 5,13–16; vgl. oben S. 70ff.

297 Dietrich Bonhoeffer, Nachfolge, ^{6}1958, S. 94f.

298 Gen 3,5.

des Kreuzes ist die Gnade nicht zu haben – falls man sie überhaupt „besitzen" kann. Darum „habt acht auf eure Frömmigkeit" beginnt nun das zweite Kapitel der Bergpredigt nach der Lutherübersetzung (6,1). Es schildert, wie man die ungeteilte Hinwendung zu Gott glaubwürdig leben kann, ohne ein doppelgesichtiges Theater zu spielen.
Im ersten Kapitel der „Berglehre" sprach Jesus die große Einladung Gottes an alle aus, die sich selbst nicht für berufen halten. Es war gewissermaßen der vertikale Blick von oben nach unten. Gott ist den „Mühseligen und Beladenen" gegenüber gerechter, als wir denken, verkündete er in den Seligpreisungen und in den Salz- und Lichtworten (Mt 5,1–16). Zugleich schlug Jesus seinen Hörern im horizontalen Blick von Mensch zu Mitmensch eine „besseren Gerechtigkeit" im täglichen Leben vor (Mt 5,21–48). Im zweiten Kapitel der „Berglehre" richtet er nun den Blick von unten nach oben und ermahnt uns zu einer „besseren Gerechtigkeit" Gott gegenüber.[299] Wir müssen Gott mit unserer Frömmigkeit nichts vormachen. Der „Vater im Himmel" lässt sich nicht täuschen. „Ein Mensch sieht, was vor Augen ist; der Herr aber sieht das Herz an"[300], meinte schon Samuel, der erste „Seher" Israels.

---

299 Vgl. oben S. 39f.
300 1 Sam 16,7.

Glaubwürdiger Glaube – *Die so genannten Frömmigkeitsregeln*

Mt 6,1.5–8

6,1 Habt acht auf eure Frömmigkeit, dass ihr die nicht übt vor den Leuten, um von ihnen gesehen zu werden; ihr habt sonst keinen Lohn bei eurem Vater im Himmel ... 5 Und wenn ihr betet, sollt ihr nicht sein wie die Heuchler, die gern in den Synagogen und an den Straßenecken stehen und beten, damit sie von den Leuten gesehen werden. Wahrlich, ich sage euch: Sie haben ihren Lohn schon gehabt. 6 Wenn du aber betest, so geh in dein Kämmerlein und schließ die Tür zu und bete zu deinem Vater, der im Verborgenen ist; und dein Vater, der in das Verborgene sieht, wird dir's vergelten. 7 Und wenn ihr betet, sollt ihr nicht viel plappern wie die Heiden; denn sie meinen, sie werden erhört, wenn sie viele Worte machen. 8 Darum sollt ihr ihnen nicht gleichen. Denn euer Vater weiß, was ihr bedürft, bevor ihr ihn bittet.

Wie werden wir Gott mit unseren religiösen Gewohnheiten gerecht? Wie reden wir mit ihm? Wie erweisen wir ihm Respekt? Das damalige Judentum und auch die Religionen der umliegenden Völker schlugen außer Wallfahrten, Opfergaben und Zeremonien vor allem das Beten, Almosengeben und Fasten vor. Diese drei so genannten Übungen der Frömmigkeit bespricht der „Berglehrer" Jesus nun mit seinen Zuhörern[301], wobei er sowohl das Grundsätzliche unterstreicht, wie auch hilfreiche Beispiele gibt. Die meisten Kommentatoren behaupten, spätestens jetzt gehe die Berglehre aus der Volksansprache in den reinen Jüngerunterricht über. Sie vergessen dabei das weit geöffnete Eingangstor zum „gerechteren" Glauben, das Jesus mit den „Seligpreisungen" für seine Zuhörer aus aller Herren Länder aufstieß[302], und verengen es zur schmalen Kirchenpforte der Kerngemeinde. Sie meinen, Jesus wende sich jetzt, wenn er vom Klingelbeutel, dem Händefalten und der Askese rede, an den inneren Kreis der wirklichen „Christen". Die offene Anrede in der dritten Person „sie" werde endgültig abgelöst von der persönlichen Ansprache „ihr". Warum aber wird dann noch am Ende der „Berglehre" ausdrücklich die Verwunderung der „Menge" erwähnt?[303] Es sind ja nicht die Frommen, die Gebetsunterricht nötig haben, sondern die Fernstehenden. Sie wären gern

301 Mt 6,1–18.
302 Mt 4,24f.
303 Mt 7,28.

fromm, wenn ihnen die „kirchlichen" Gewohnheiten nicht abhanden gekommen wären. Niemand ist grundlos agnostisch oder gar atheistisch, wenn bestimmte Lebenserfahrungen nicht dazu geführt hätten. Das „am-ha-arez", das platte Volk, wie die Frommen damals verächtlich sagten, galt als religiös zweitklassig, weil es die Gebote der Thora zu wenig beachtete, zu unwillig opferte, zu selten betete und nur unregelmäßig in die Synagoge ging. Wie sollten auch die Armen noch Almosen geben, die Verstummten noch beten und die Hungernden noch fasten können, wenn diese frommen Übungen Bildung, Zeit und Geld voraussetzten? „Sünder" zeigen sich nicht gern unter Frommen, auch wenn ihre „Gottlosigkeit" mehr Schicksal als Schuld ist. Das Almosengeben hatte sich in den engeren religiösen Kreisen zu einer Demonstration des Reichtums, das Beten zu einer öffentlichen Selbstdarstellung und das Fasten zu einer wahren Wissenschaft entwickelt. Die Religion wurde zum Beruf, zur Kunst, zum Stress der Eingeweihten. Jesus stellt nun im zweiten Teil seiner „Berglehre" die Religion gewissermaßen wieder vom Kopf auf die Füße. Er legt dar, dass wir Gott verehren dürfen, ohne ihn beeindrucken zu müssen. Er schwächt den Leistungsdruck des Frommseins ab und verlangt von der Religiosität nur *ein* Kriterium: die Aufrichtigkeit.
Jesus spricht sich nicht grundsätzlich gegen die Bräuche des Almosengebens, Betens oder Fastens aus. Er verwahrt sich nur gegen ihre Verfälschung.[304] Die „frommen" Werke sind dazu da, um mit ihnen Gott zu ehren und dem Nächsten zu dienen, aber nicht um die eigene religiöse Rechtschaffenheit selbstgefällig hervorzukehren. „Habt acht auf eure Frömmigkeit ..." (V. 1). Die Übersetzung „Frömmigkeit" ist zu eng. Im griechischen Text steht wieder „Gerechtigkeit", wie schon mehrfach in der „Berglehre". „Prüft eure Gerechtigkeit (Gott gegenüber)", sollten wir lesen. Achtet darauf, wie ehrlich ihr es mit euren religiösen Bräuchen meint! Religion ist kein Spiel, bei dem wir fromme Masken tragen und Sonntagsgesichter aufsetzen könnten. Jesus verurteilt das heilige Getue, das ölige Salbadern, das krampfhafte Frommsein-Wollen als „Heuchelei"[305], ein Begriff, der im deutschen Sprachgebrauch auf das Verlogene abzielt, im Griechischen aber zunächst nur das vordergründig Eitle, das Gesehen-werden-Wollen kritisiert. Die Spender, die in den Synagogen zu ihren Gaben ihre Namen ausrufen lassen[306], die Beter, die an den Straßenecken ihre zum Himmel gereckten Gebetshände demonstrieren[307], die Fastenden, die den Leuten ihre abgehärmten, „sauren" Gesich-

---

304 Das Fasten wird gemäß Mk 2,18–22 in M. Köhnlein, Ecce homo 2, 2000, S. 286–299, besprochen.

305 Mt 6,2.5.16.

306 Mt 6,2.

307 Mt 6,5.

ter zeigen[308], sie alle sind eher „Schauspieler“ als „Kinder Gottes“. Sie würden ihre Spenden besser so geben, dass „die linke Hand nicht weiß, was die rechte tut“[309]. Die linke Hand ist die Seite der Missgunst und des Kummers, die rechte Hand ist die Seite der Fröhlichkeit und des Glücks. Wenn also die linke Hand nicht wissen soll, was die rechte tut, dann meint dieser Spruch nicht nur, dass einer seine Spenden diskret geben sollte, sondern vor allem ohne inneres Räsonieren, ob er wohl zu viel oder zu wenig gibt. Und wenn einer hinter geschlossener Tür in seinem „Kämmerlein“ beten darf[310], bedeutet dies, dass er für das Gespräch mit seinem „Vater im Himmel“ nicht unbedingt einen heiligen Raum nötig hat, sondern Gott überall und jederzeit anrufen kann, wenn er tatsächlich beten und nicht nur Formeln „herunterleiern“ will.[311] Wenn er betet, soll er beten und nicht „posaunen“; wenn er Almosen geben will, soll er geben und nicht Lob nehmen; wenn er fastet, soll er fasten und sich nicht am Beifall sättigen. Der von Luther als „Kämmerlein“ übersetzte Ort meint dabei nicht die stille Herzenskammer, sondern die Speisekammer des jüdischen Wohnhauses, in der allerlei Geräte und Vorräte abgestellt sind. In der Vorratskammer gibt es kein Publikum. Hier kann keiner auf Mitbeter schielen, ob seine Worte bei ihnen ankommen. Hier ist er gehalten, das „Gerümpel“ seiner Gedanken und die Erlebnisse seiner Seele aufzuräumen, ohne dass es ihm ein Publikum belohnt. Ein feierlicher Kirchenraum mag die innere Sammlung für das Gebet stärker anregen als eine Rumpelkammer. Der heilige Raum ist jedoch für ein aufrichtiges Gebet nicht unbedingt angemessener als ein profaner Ort. Die „Kinder Gottes“ können zu jeder Zeit und in jedem Milieu die Verbindung zu ihrem „himmlischen Vater“ suchen. Man kann auch in einer Gaststätte vor der Einnahme der Mahlzeit beten, sollte es aber lieber unterlassen, wenn es nur als Demonstration der Gläubigkeit geschieht und von den anderen Gästen als indirekter Tadel ihres „Heidentums“ missverstanden wird. Jesus rät auch denen, die fasten wollen, dass sie „ihr Gesicht nicht verstellen“ und „sich nicht vor den Leuten zeigen“[312]. Er lehnt damit das asketische Fasten ab, das den Hungernden als einen Heiligen erscheinen lässt, wie auch das Kampffasten, das als politisches Zwangsmittel gegenüber anderen eingesetzt wird. Die einfachen Menschen aus dem Volk, die am „Berg“ vor Jesus stehen, sind religiös nicht minderwertiger, wenn sie keine großen Opfergaben vorweisen

308 Mt 6,16.
309 Mt 6,3.
310 Mt 6,6.
311 Mt 6,7.
312 Mt 6,16.

können oder nur unfreiwillig aus Armut fasten und nur noch gelegentliche Stoßgebete seufzen, anstatt lang und regelmäßig zu beten.
Beten ist keine Kunst, die man beherrschen könnte. Wir alle leiden unter der Unfähigkeit, wirklich konzentriert und befreiend zu beten. Beim freien Beten schweifen wir gern ab, beginnen zu „plappern“[313] oder kreisen nur noch um uns selbst. Die traditionellen, vorformulierten Gebete verfälschen wir leicht zu Gebetsmühlen. Manche Altargebete sind eine zweite Predigt, eine pädagogische Ermahnung der Gemeinde statt ein wirklicher Lobpreis Gottes. Die Gebetsverlegenheit ist so alt wie das Beten selbst. Unsere Gebete schwanken gern zwischen Demonstration und Monolog. Schon Paulus, der sich gewiss einen „Knecht Jesu Christi“ nennen durfte, klagt: „Wir wissen nicht, was wir beten sollen, wie sich's gebührt“[314], und bei Lukas bitten die Jünger Jesus ausdrücklich: „Herr, lehre uns beten“[315], als hätten sie es nie gekonnt.

---

313 Mt 6,7.
314 Röm 1,1; 8,21.
315 Lk 11,1.

Das Gebet für jedermann – *Das Vaterunser*

Mt 6,9–14 (Lk 11,2–4)

9 Darum sollt ihr so beten: Unser Vater im Himmel! Dein Name werde geheiligt. 10 Dein Reich komme. Dein Wille geschehe wie im Himmel so auf Erden. 11 Unser tägliches Brot gib uns heute. 12 Und vergib uns unsere Schuld, wie auch wir vergeben unseren Schuldigern. 13 Und führe uns nicht in Versuchung, sondern erlöse uns von dem Bösen. Denn dein ist das Reich und die Kraft und die Herrlichkeit in Ewigkeit. Amen

Das Vaterunser gilt als „das Gebet, das die Welt umspannt“[316]. Mit ihm lehrt Jesus das Volk sachliches Beten. Es ist heute noch der meist gesprochene christliche Text und oft die letzte religiöse Erinnerung, die ein aus der Kirche ausgetretener Zeitgenosse über die Lippen bringt, wenn er aus familiären Gründen eine Trauung, eine Beerdigung besuchen muss oder in einer persönlichen Notlage eine psychische Stütze braucht. Ob es einst in den Kriegsgefangenenlagern mit Soldaten aus vielen Nationen war, ob es sich heute bei internationalen ökumenischen Treffen ergibt, sobald auch nur einige das Vaterunser in ihrer Muttersprache zu beten beginnen, können die anderen in ihrer eigenen Sprache mitbeten. Sie verstehen sich, ohne den gleichen Wortlaut zu sprechen. Das Vaterunser ist in zweitausend Jahren in alle Kulturen und Sprachen eingedrungen und zum idealen Unterrichtsstoff geworden, an dem sich der christliche Glaube konzentriert erläutern lässt. Die meisten Ausleger nennen es sogar das Herzstück der Berglehre Jesu, das Gelenk zwischen glauben und tun. Entscheidend ist dabei, dass man das „Herrengebet“[317] von der Lebenserfahrung der damaligen wie der heutigen Hörer nicht ablöst und es nicht nur dogmatisch als Lehrstück interpretiert.
Die deutsche Bezeichnung „Vaterunser“ ist als direkte Übersetzung der lateinischen Wortabfolge „Pater noster“ bzw. der griechischen Fassung „Pater hämon“ sprachlich antiquiert. Niemand sagt im Deutschen „Haus unser“ oder „Essen mein“. Der frühere Gebetsanfang „Unser Vater“ klang natürlicher. Aber da der Wortlaut „Vater unser“ ökumenisch unter den Kirchen schließlich beschlossen wurde, wird man es dabei belassen müssen. Auch die Textlänge ist unklar. Das Vaterunser ist in drei Fassungen überliefert: bei Matthäus mit sieben Bitten, bei Lukas mit fünf Bitten und einer verkürzten Gottesanrede und in der außerkanonischen Didache mit der so genannten

316 Titel eines Buches von Helmut Thielicke, 1953ff.
317 So genannt, weil es Jesus als dem Herrn zugeschrieben wird.

Doxologie, den drei Schlussverherrlichungen.[318] Unser heutiges Vaterunser ist eine Kombination aus Matthäus und der Didache. Die Forschung ist sich weitgehend darin einig, dass das Vaterunser sich direkt auf Jesus selbst zurückführen lässt. Das wird inhaltlich aus der Souveränität der Formulierungen gefolgert, aber auch sprachlich aus der Möglichkeit der direkten Rückübersetzung in das Aramäische, in den Dialekt, den Jesus sprach. Außerdem lehnt sich das Vaterunser an das jüdische Qaddishgebet an, das ebenfalls aramäische Wurzeln hat und damals in der Synagoge am Ende der Predigt gebetet wurde. Heute wird es im Judentum vor allem bei Trauerfällen gesprochen.[319]

„Darum sollt ihr so beten" (V. 9). Das „darum" schließt sich der Warnung an, nicht viele Worte zu machen. Die Gebetserhörung hängt nicht von der Eleganz der Sprachkraft, wohl aber von der Ehrlichkeit der Worte ab. Die Aufforderung „ihr sollt" kann auch weniger befehlerisch mit „ihr dürft" oder „ihr möget" übersetzt werden (V.9). „So möget ihr beten" muss nicht meinen „genau so und nicht anders!", sondern „so etwa", „in diesem Sinne". Das Beten ist ein entspannendes Aus- und Einatmen der Seele und braucht deshalb Freiheit. Der Gebetszwang, der in Gebetskreisen ausgeübt wird, indem das „Jetzt bist du an der Reihe!" von Stuhl zu Stuhl auf einen zukriecht, verträgt sich nicht mit der „herrlichen Freiheit der Kinder Gottes"[320]. Das Vaterunser ist auch keine magische Zauberformel, mit der eine Gefahr vertrieben werden könnte. Es ist vielmehr ein waches Wahrnehmen unseres Gottesverhältnisses und ein Sich-Zusammenschließen der isolierten Ichs zum gemeinschaftlichen Wir. Es ist auffallend, dass das Vaterunser kein Ich-, sondern ein Wir-Gebet ist. Es vereinigt die Menschen vor Gott zu einem gleich würdigen Lebensrecht und zu einer gleich wichtigen Bedürftigkeit. Kein Glaubender hat dem anderen eine Nähe zu Gott voraus. Keiner steht mit Gott vertraulicher „auf du und du" als der andere. Wir stehen alle vor Gott in der Solidarität der „geistlich Armen". Die Seligpreisungen schwingen verborgen im Vaterunser mit.

Dem Aufbau nach gliedert sich das Vaterunser in drei Teile. Auf die vertrauensvolle Anrede folgen sieben Bitten, die in den Lobpreis münden. Die Anrede ist kurz (V. 9b). Längere Prädikationen Gottes wie im jüdischen Achtzehn-Bitten-Gebet fehlen. Die Bitten des Vaterunsers lassen sich nach den Pronomina „dein" bzw. „unser" untergliedern in drei Bitten um Gottes Macht (V. 9c–10) und in vier Fürbitten für unsere Ohnmacht (V. 11–12). Das Vater-

---

318 Die Didache, zu deutsch Apostellehre, ist ein kleines, innerkirchliches Glaubensbuch zu Beginn des zweiten christlichen Jahrhunderts.

319 Näheres über die traditionsgeschichtlichen Hintergründe des Vaterunsers bei Ulrich Luz, EKK I/1, S. 336; David Flusser, Das Christentum – Eine jüdische Religion, 1990, S. 53–62; Pinchas Lapide, Er wandelte nicht auf dem Meer, ^{2}1986, S. 51–86.

320 Röm 8,21.

unser ist schon für Kinder lernbar und verständlich. Es schließt alle Bevölkerungsschichten, Jahrhunderte und Generationen zusammen. Es ist der wichtigste „demokratische Text" des „Volkes Gottes" unter den Völkern der Welt.

Der Blick zum Vater – *Die Anrede Gottes*

Mt 6,9a

„Unser Vater im Himmel!" Gleich zu Beginn werden die gesenkten Köpfe gewissermaßen nach oben gerichtet. Wir finden die Lösungen unserer Lebensprobleme nicht nur auf unserer horizontalen Ebene. Im Gebet nehmen wir eine „höhere" Übersicht ein. Das Vaterunser beginnt nicht mit „ich" oder „mein". Es ist kein Stoßgebet, sondern ein „Menschheitsgebet". Wir haben keinen Gott nur für uns und auch keinen Gott gegen andere, sondern nur einen gemeinsamen Gott mit allen Menschen zusammen. Darum ist das Segnen von Waffen nicht erlaubt, genauso wenig wie die Verachtung der Namen, die andere Kulturen ihren Gottheiten geben. „Im Himmel" deutet einen unendlichen Raum an, der sich über jeder lokalen Beschränktheit und Arroganz der Menschen weit ausdehnt. „In den Himmeln" heißt es im Griechischen genauer. Mit diesem Plural werden das „All" und die „Allmacht", das uns „Übersteigende", symbolisch ausgedrückt. Indem wir Gott Vater sagen, finden wir erst das den Menschen gesetzte Maß, den „Horizont", wie die Griechen es genannt haben. Sie haben damit die Begrenzung der Menschen gemeint. Gotteserkenntnis schafft Menschenkenntnis und nicht umgekehrt. Am Ewigen geht uns das Vergängliche auf. Der Plural „die Himmel" erinnert zugleich an das Ausgangserlebnis Jesu, seine Gottesvision in der Taufe am Jordan. Dort „sah" er entgegen aller Zeitstimmung, dass Gott sich nicht hinter „sieben Himmeln" verborgen hatte, sondern sich aus der Höhe väterlich herabneigte, indem er zu ihm sprach: „Du bist mein lieber Sohn!"[321] Gott ist zwar über uns, aber nicht unerreichbar fern. Die Beifügung „im Himmel" ist zugleich die gedankliche Sperre, den „himmlischen" Vater mit dem Gehabe „irdischer" Väter und Herren gleichzusetzen. Als der „himmlische" Vater ist Gott der ganz andere Vater und das Maß aller irdischen Vaterschaft. Der Zusatz „im Himmel" hat darum keinen irrationalen, sondern einen entmythologisierenden Sinn. Schon jedes Kind mag wissen und fühlen, dass die Väter keine heiligen Autoritäten, sondern „unter" einem anderen Vater sind. Der Zusatz „im Himmel", der oft als weltbildlich antik verketzert wird, ist in Wahrheit eine Befreiungsaktion gegenüber menschlicher Selbstvergötterung.

321 Mk 1,10f.; Mt 3,16f.; Lk 3,21f.; Ecce homo 1, 1999, S. 45–48.

Bei Lukas steht allerdings nur „Vater" ohne jede weitere Beifügung.[322] Ihm ist nicht so sehr die Entmythologisierung der irdischen Herren als vielmehr die familiäre Zuneigung Gottes zu uns wichtig. Das allein stehende „Vater" kann auf das aramäische „Abba" bezogen werden. Man stößt dabei auf den Urlabial der Familiensprache, den Lippenlaut „Papa", mit dem das Kleinkind seinen Vater anspricht. „Abba" kann aber auch das vertrauensvolle „Papa" sein, mit dem heute selbst erwachsene Töchter und Söhne ihren Vater noch anreden, im Unterschied zu dem Abstand schaffenden „Herr Vater" früherer Generationen, das mehr von Furcht als von Zuneigung bestimmt war. „Abba, lieber Vater" steht für das Gefühl der Nähe und der Geborgenheit. Schon Paulus hat noch vor den Evangelisten dieses Gottesprädikat gekannt.[323] „Abba" war wohl die originale Anrede Jesu im Blick auf seinen „himmlischen Vater". Sie hat den „Mann aus Nazareth" in Getsemani, in der schwersten Stunde seines Lebens, getragen und gestützt.[324] Jüdische Gebete vor und um Jesus bezeugen vielfach die Anrede Gottes als „Vater Israels"[325]. Die familiäre Bezeichnung Gottes als „Abba", die sich für das persönliche Gebet der Urchristen wie für das Gemeindegebet des ersten Jahrhunderts nachweisen lässt, war neu.[326] Das Gottesbekenntnis „Abba" ist der innerste Kern der „Berglehre" Jesu. Es ist der Brunnquell seines Glaubens und sein persönliches Vermächtnis an uns.

Die nötigsten Hilfen – *Die sieben Bitten*

Mt 6,9b – 13b

„*Dein* Name, *dein* Reich, *dein* Wille geschehe" (V. 9b–10b). Drei Glockenschläge läuten das Vaterunser nach der Anrede ein. „*Dein*" lautet der Ansatz beim Beten, nicht *unser*; nicht *unsere* Macht, nicht *unser* Reich, nicht *unser* Wille. So selbstherrlich wir uns auch aufführen mögen, Gottes Regiment entscheidet die Schicksale. Die ***ersten drei Bitten*** sind scheinbar unpolitisch formuliert, lassen aber doch ihre politische Auswirkung ahnen. Unter der Druckherrschaft der Römer, der Herodianer, des Hohen Rats war ihre revolutionäre Bedeutung sofort klar. Die Hörer der Berglehre konnten die ersten drei Bitten gar nicht anders als regimekritisch verstehen. Der Name,

322 Lk 11,2.
323 Röm 8,15; Gal 4,6.
324 Mk 14,36; vgl. Ecce homo 1, 1999, S. 39f.
325 Dtn 32,6; Jes 9,5; 63,9; Jer 3,19;31,9.
326 Vgl. Ulrich Luz, EKK I/1, a.a.O., S. 340f.

das Reich und der Wille waren die propagandistischen Schlagwörter der Mächtigen. Wenn man diese drei Begriffe nun auf Gott bezog, wurden sie zugleich von den Herrschenden abgezogen. „*Dein* Name werde geheiligt“ – und nicht der des Kaisers, der auf den Münzen mit göttlichen Insignien versehen war, auch nicht der des Prokurators, des Hohenpriesters oder des Grundherrn. Nur Gott Vater blieb die „Heiligung“, der Kniefall, die Anbetung, der Weihrauch vorbehalten. „Heiligen“ ist ein religiöser Begriff. Er meint das Hochhalten des Besonderen und Unvergleichlichen. Als „Ave, Nero!“ oder „Heil Hitler!“ wurde das „heiligen“ politisch pseudoreligiös missbraucht. Der Ruf „Dein Reich komme“ will sagen: Deine Zuwendung werde spürbar. Die Bitte „Dein Wille geschehe“ hofft: Deine Herrschaft möge sich durchsetzen. Mit den ersten drei Bitten wollte Jesus seinen Hörern die Untertanenfurcht nehmen und ihnen signalisieren: Weder die Fahnen des Imperiums, noch die Steuergesetze der Behörden sind die entscheidenden Normen des Wohlergehens, sondern Gott Vater allein lenkt als Herr der Herren die Welt. Nur auf ihn allein sind die Anbetung und der unbedingte Gehorsam gerichtet.

„Wie im Himmel so auf Erden“ (V. 10c). Die kritischen Anspielungen Jesu waren zumindest den jüdischen Zuhörern „am Berg“ nicht fremd. Die ersten drei Bitten des Vaterunsers erinnerten sie an die drei ersten Gebote des Dekalogs: „Ich bin der Herr, dein Gott. Du wirst keine anderen Götter haben neben mir.“[327] In Diktaturen war und ist die sprengende Sprache des Vaterunsers ohne Nennung der falschen Herren unmittelbar verständlich. In Demokratien hingegen müssen die „anderen Götter“ erst mühsam entlarvt werden, bis deutlich wird, dass ihr Name, ihr Reich, ihr Wille uns nicht beherrschen dürfen. So sollten wir nicht bedenkenlos die Trends unserer Zeit anbeten als „Kapital unser, Konsum unser, Technik unsere, Gesundheit unsere, Egoismus unser“. Indem wir nur den allein Ewigen verherrlichen, bekunden wir, dass alle anderen menschlichen Herrschaften vergänglich sind und eines Tages auslaufen werden. Die Anrufung des „himmlischen Vaters“ übersteigt den Status quo. Nur sie berechtigt zu der Hoffnung, dass sich Himmel und Erde eines Tages decken könnten und das wahre Heil sichtbar wird. Nicht der Himmel soll sich der Erde anpassen, sondern die Erde soll zu „himmlischen“ – das heißt geglückten – Verhältnissen finden. Die Angabe „wie im Himmel so auf Erden“ ist unumkehrbar. Die Pläne Gottes, nicht unsere Vorhaben setzen die letzten Maßstäbe.

Dieser Blick auf den „offenen Himmel“ verhindert die „Einkrümmung auf sich selbst“, wie Luther das „Ich-Ich-Sagen“ genannt hat. Der Lobpreis steht

---

[327] Ex 20,2–7.

vor der Bitte. Ebenso bewahrt der Blick nach oben vor der Verherrlichung der Gesellschaft und des Zeitgeistes. Das Aufschauen zum „Vater" führt zum Wegschauen von dem, was uns sonst fixieren will. Als Frage bleibt nur, wie die drei Optative „werde geheiligt, komme, geschehe" zu verstehen sind. Soll der „Vater" selber etwas für seinen Namen, sein Reich, seinen Willen tun? Oder ist gemeint: Lasst uns mit unserer Kraft seinen Namen verherrlichen, sein Reich herbeiführen, seinen Willen durchsetzen? Gedacht ist wohl an das Mittlere: Erwirke in uns deine Ehrung, mache über uns dein Reich glaubwürdig, verwirkliche deinen Willen durch uns hindurch! Das Vaterunser findet sich nicht ab mit den Verhältnissen, wie sie nun einmal sind, sondern ist bewusst träumerisch: Es wird irgendwann nur ein einziger Name gelten, ein Friedensreich kommen und ein höherer Wille sich durchsetzen. So treffen sich im Gebet die Unzufriedenheit mit dem Vorhandenen und die Hoffnung auf eine bessere Welt. Nachdem der Beter zuerst von sich weg sah und den „Vater im Himmel" pries, bittet er nun Gott, auf seine Not zu schauen und ihm das Auskommen zukommen zu lassen, das er täglich für seinen Leib und seine Seele braucht. Der Beter nennt seine Bedürftigkeit und befiehlt sie der väterlichen Sorge Gottes an. Trotzdem wird das Gebet auch in seinem zweiten Teil nicht egozentrisch. Auch die Bedürftigkeit haben wir nicht allein für uns, sondern nur mit unseren Mitmenschen zusammen.

„Unser tägliches Brot gib uns heute" (V. 11). Der Lobpreis Gottes begann mit Gottes Namen, die Bitten für uns beginnen mit unserem Brot. Gott lebt geistig. Der Mensch ist notgedrungen materiell orientiert. Für uns sind Brot und Wasser noch wichtiger als unser Name. Und so wie wir „unser Vater" beten, weil wir Gott nicht allein für uns haben können, so sollten wir auch „unser Brot" sagen, weil wir unsere Nahrung nur mit der Versorgung anderer zusammen haben. „Brich dem Hungrigen dein Brot!"[328] Geteiltes Brot schmeckt besser als vorenthaltenes Brot. Brot steht als Begriff für unseren Lebensunterhalt überhaupt. Es ist *das* Lebensmittel schlechthin. Darum ist auch die ***vierte Bitte*** die bekannteste Zeile des Vaterunsers. Sie wird auf Brotteller aufgemalt oder hängt eingerahmt als Zierspruch an der Wand. Dennoch ist die Brotbitte in ihrem eigentlichen Wortlaut kaum bekannt. Das Wort „täglich" – bzw. der griechische Begriff „epiousios", den die Lutherbibel mit „täglich" übersetzt – wird meist missverstanden. Gemeint ist nicht „immerfort", nicht „jeden Tag". Brot haben ist nicht selbstverständlich. Die vierte Bitte betont das Bescheidene und Genügsame. „Gib uns das zum Leben nötige Brot", „sichere uns heute das Brot für morgen zu", „gib uns heute das Brot für den nächsten Tag." Eine Nacht lang wenigstens sollten die Hörer der

---

328 Jes 58,7.

Berglehre ruhig schlafen können, weil das Mehl für den morgigen Brotfladen in der Schüssel garantiert ist. Wieder ist die Lebenserfahrung der „Scharen“, die um Jesus standen, entscheidend. Sie konnten sich das teure Fleisch nur selten leisten. Meist aßen sie Brot, vielleicht auch ein Stück Fisch.[329] Ihnen ging es nicht um Reichtümer, sondern um das Überleben. Die Überlebenssorge wird einige Zeilen später durch die ängstlichen Fragen charakterisiert: „Was essen wir (heute)? Was werden wir (morgen) trinken? Womit kleiden wir uns (überhaupt)?“[330] Damit wir wissen, dass Brot eine Gabe ist und kein Material, das wir beliebig anhäufen oder wegwerfen könnten, bitten wir „gib“ und drücken damit aus, dass wir von Saat und Ernte, Sonne und Regen abhängig sind. Den immer gedeckten Tisch gibt es nur im Märchen, und das Vernichten von Butter- oder Maisbergen ist angesichts des Hungers der Menschen in unterentwickelten Gebieten Raub. Schon bei der Mannaspeisung in der Wüste hieß es: „Ein jeder sammle, (nur) so viel er zum Essen braucht.“ Und wenn einzelne Gierige zuviel Manna horteten, „wurde es voll Würmer und stank“[331]. Der spätere Kirchenvater Cyprian übersetzte: „Gib uns das Brot, das über alle Substanzen hinausgeht“, und bezog damit das „tägliche Brot“ auf die sakramentelle Hostie, was zur täglichen Zelebrationspflicht der Priester und zum täglichen Gang der Gläubigen zur Kommunion führte. Er untermauerte dieses Verständnis mit dem Spruch Jesu aus dem Johannesevangelium: „Ich bin das Brot des Lebens.“[332] Andere Theologen der Frühzeit deuteten das „epiousios“ mit „zukünftig“ und bezogen die Bitte dann auf das zukünftige Freudenmahl im himmlischen Reich Gottes. Aber dem „Berglehrer“ ging es wohl nicht um eine solche ungewisse Vertröstung der „Menge“, die von ihrer „heutigen“ Sorge um das Dasein geplagt war.

„Und vergib uns unsere Schuld“ (V. 12). Die Vergebung ist so notwendig wie das tägliche Brot. Wir wissen aus den Gastmählern Jesu, wie bei ihm beides zusammenkam, das gemeinsame Essen und die Versöhnung.[333] Die Frage ist nur, was denn vergeben werden soll. Der Singular „Schuld“ in der deutschen Übersetzung verleitet uns, allgemein über unsere Unzulänglichkeit und Anfälligkeit für das Böse zu klagen und darüber unsere konkreten Untaten zu verdrängen. In den griechischen Texten wird jedoch der Plural gebraucht, wenn auch mit einem bezeichnenden Unterschied. Matthäus redet in der ***fünften Vaterunserbitte*** konkret von „Verschuldungen“ im Sinne von Geld-

[329] Vgl. unten S. 169 zu Mt 7,9f.
[330] Mt 6, 25; vgl. unten S. 152.
[331] Ex 16,16–20.
[332] Joh 6,35; vgl. Ulrich Luz, a.a.O., S. 345–347.
[333] Mt 9,9–13; Lk 19,5.

schulden, Lukas von „Sünden“[334]. Der erste Evangelist hebt mehr auf die soziale Belastung, der dritte Evangelist auf die moralische Dimension ab. Beide „Schulden“ sind bedrückend, und jedes Mal ist „vergeben“ und freiwerden nötig, das im Griechischen handgreiflicher als im Deutschen als „abnehmen, losbinden“ formuliert ist. Matthäus jedenfalls denkt daran, dass Jesus während seiner „Berglehre“ die Hörer „anschaut“[335] und ihre konkrete Not sieht. Sie bestand zuallererst aus dem „Hunger nach Gerechtigkeit“[336] aufgrund der ungerechten Eigentumsverhältnisse und Steuerbelastungen.[337] Demnach würde Jesus nach Matthäus die Vergebungsbitte als Hoffnung auf Befreiung aus der Schuldknechtschaft verstehen. Das „Reich Gottes“ als das Regiment Gottes möge sich so durchsetzen, dass die weltlichen Herren die „hinunter verarmten“ Schuldner aus der Schuldenfalle entlassen. Wenn wir auf den durchgehenden roten Faden der Berglehre achten, stünde die fünfte Vaterunserbitte somit in einem Zusammenhang mit der vierten Seligpreisung und den Gerichtsbeispielen der ersten und fünften Antithese.[338] Sie wäre ein Appell über die unteren Gerichtsinstanzen hinweg an den „Obersten Gerichtshof“. Aber auch wenn man wie Lukas den Begriff der „Schuld“ von den konkreten Steuer- oder Kreditschulden auf die moralischen Verfehlungen überträgt, bleibt die konkrete Vorstellung vom Streichen der Einträge im Schuldenbuch erhalten. „Vergeben“ ist, wie Luther es ausgedrückt hat, ein Nichtanrechnen der roten Einträge, die uns in den Tagebüchern unseres Lebens so bedrücken und uns nicht mehr frei sein lassen gegenüber unseren Nächsten und Gott. Wenn sich schon die weltlichen Richter nicht dazu bereit erklären, dann möge doch der „himmlische Vater“ eingreifen und uns aus der Versklavung unter welche Zwänge auch immer befreien. Allerdings ist die Vergebung der inneren wie der äußeren Belastungen nicht kostenlos. Sie ist an Bedingungen geknüpft.

Beide Evangelisten, Matthäus wie Lukas, fügen der Bitte um Vergebung einen Zusatz hinzu. Matthäus lässt Jesus fortfahren: „... wie auch wir vergeben unseren Schuldigern“, wobei bei ihm, genauer übersetzt, das Perfekt steht: „... wie auch wir unseren Schuldnern vergeben *haben*“ (V. 12b). Nach Lukas sagt Jesus: „... denn auch wir vergeben *allen*, die an uns schuldig werden“ (11,4b). Was ist der Unterschied? Bei Matthäus wird die Selbstverantwortung betont. So viel wir anderen vergeben haben – und das wird von Gott

---

[334] Lk 11,4.
[335] Mt 5,1.
[336] Mt 5,6.
[337] Vgl. oben S. 18.51.
[338] Mt 5,6.25.39f.

gewissermaßen nachgeprüft –, so viel wird auch uns von Gott erlassen werden. Wir sollten Gott nicht um etwas bitten, das wir anderen vorenthalten. Wir können nicht auf Schuldenerlass für uns plädieren und zugleich andere, die wesentlich kleinere Summen bei uns ausgeliehen haben, rücksichtslos in den Schuldenturm werfen lassen, wie es Jesus im „Gleichnis vom Schalksknecht erzählt“[339], ob man nun die „Schulden“ finanziell oder moralisch versteht. Lukas schaut nicht auf die Äquivalenz der Schuldenhöhe, sondern auf die Personen. Es wird versprochen, dass wir „allen“ unseren Schuldnern vergeben, und zwar „jedem“ ohne Ansehen der Person. Somit entsteht aber die Frage, wie sich beide Fassungen zu den Ansichten von Paulus und Luther verhalten, die doch von der voraussetzungslosen „Rechtfertigung“ der Sünder „aus Gnaden allein“ ausgehen. Kann Gottes Vergebung durch unser Tun erworben werden? Beide Evangelisten sind überzeugt, dass Jesus Gottesliebe und Nächstenliebe wie zwei miteinander kommunizierende Röhren verstand. Der Glaube ist kein müheloses Unternehmen. Er hat seine Voraussetzungen und Folgen. Mit bloßen Bekenntnissen und Vorsätzen ist es nicht getan. Die Liebe will praktiziert sein. Im Staunen über das Viele, das Gott uns vergibt, können wir unserem Nächsten das Wenige, das er uns schuldet, vergeben und müssen nicht wie der „Schalksknecht“ verfahren, der von seinem Herrn 10 000 Silbertaler Schulden gestrichen haben will, seinem Mitknecht aber nicht die Kleinigkeit von 100 Silbertaler erlassen möchte.[340] Auf der gleichen Linie liegt auch das Bildwort, das Jesus an anderer Stelle der Berglehre vorbringt: „Was siehst du aber den Splitter in deines Bruders Auge und nimmst nicht wahr den Balken in deinem Auge?“[341] Erst unser Gottesverhältnis bringt scharf ans Licht, wie ungerecht wir in aller Rechthaberei unser Verhältnis zu unseren Nächsten gestalten. Wie können wir dann in Bedrängnissen bestehen, die alle unsere Maßstäbe zusammenbrechen lassen?

„Und führe uns nicht in Versuchung ...“ (V. 13a). Das Wort „führen“ der ***sechsten Vaterunserbitte*** meint in seinem griechischen Grundsinn nicht ein Verschont- oder Bewahrtwerden vor schwierigen oder peinlichen Situationen. Es ist vielmehr anstelle von führen „hinein zwingen, drin stecken bleiben“ zu lesen. Die „Versuchung“ ist als Gefängnis, Fessel, Irrgarten gedacht. Sie ist mehr als nur eine Prüfung unseres Gewissens. Sie ist bereits Leiden. Gemeint ist also nicht: „bringe uns nie in Versuchung“, sondern: „gib, dass wir uns nicht darin verstricken“. Kein Mensch, auch nicht der glaubensstarke Christ, bleibt von Versuchungen und Anfechtungen verschont. Aber wir müssen aus

339 Mt 5,30–33.
340 Mt 18,24; vgl. unten S. 162.
341 Mt 7,3–5.

ihnen herausfinden. Wir dürfen sie meistern. Wenn nun aber schon die Übersetzung „führen" von der Tradition festgeschrieben worden ist, sollten wir wenigstens treffender bitten: „Und führe uns *in* der Versuchung", ohne dass wir uns leichtsinnig in sie hineinbegeben wollten. Führe uns so, dass wir uns in unseriösen wie schmerzlichen Situationen nicht verlieren, verkitschen, verleugnen. Dabei hat das griechische „peirasmos", in der Lutherbibel mit „Versuchung" übersetzt, noch weitere Schwingungen. Er kann durchaus die innere Anfechtung meinen, sich aber auch auf die äußere Drucksituation beziehen, in der zum Beispiel ein Pächter von seinem Grundherrn schikaniert wird oder ein Angeklagter sich vor dem Richter nicht mehr zu verteidigen weiß. Angesichts des Leitbegriffs „Gerechtigkeit", der die Berglehre Jesu bestimmt, ist dieser zweite Bedeutungsakzent naheliegend. „Hilf uns durch, wenn wir in unserer sozialen Not nicht mehr aus, noch ein wissen!" Einige Ausleger meinen aber auch, „peirasmos" auf die „Drangsal der letzten Tage" beziehen zu können, „wenn die Sonne sich verfinstern wird" und die kosmischen „Kräfte ins Wanken geraten werden", wie Markus in seiner so genannten „Kleinen Apokalypse" schreibt.[342] Die „Versuchung" kann also moralisch oder sozial verstanden, wie auch eschatologisch auf die Endzeit bezogen werden. Sie kann die Falle, die Ausbeutung oder die Katastrophe sein.
Wenn wir „*in* der Versuchung", statt „*nicht* in die Versuchung *hinein*" lesen, wird auch die Frage weniger quälend, warum es Gott selber sein soll, der uns in die Selbstverleugnung oder in äußere Bedrängnisse hinein stößt. Wir dürfen dann festhalten, dass Gott uns auch dann nicht verlässt, wenn wir im Dreck stecken. Er stößt uns nicht in Gefahren hinein, sondern begleitet uns in bedrohlichen Situationen, damit wir erkennen, dass sie keine fatalen Verstrickungen, sondern Chancen der Bewährung sind. Er führt uns durch Bedrängnisse hindurch, damit wir aus ihnen herausfinden. Wenn wir sagen Gott „führt" uns, ist unser Schicksal kein kaltes Es mehr, sondern ein warmherziges Du. Es gibt dann keine Ausweglosigkeit mehr. Die Verlockung zum verzweifelten Suizid wird abgebaut. Auch wenn uns in den Drucksituationen Gottes Plan verborgen bleibt, ist es trotzdem nicht der Teufel, der uns reitet, sondern Gott Abba, der uns führt. So wird die sechste Vaterunserbitte zugleich zum Trostwort. Der Glaube an den *einen* Gott schließt aus, dass der Teufel unser Vernichter ist. Warum aber folgt dann im Vaterunser überhaupt noch der Wunsch um Befreiung vom Satan?
„... sondern erlöse uns von *dem Bösen*" (V. 13b), fleht ***die siebte*** und letzte ***Vaterunserbitte***. Wieder ist der griechische Wortlaut mehrdeutig. Wie bereits oben bei der Auslegung der fünften „Zumutung" festgestellt, ist der Ausdruck

---

342 Mk 13,24f.

„dem Bösen“ grammatikalisch mehrdeutig. Es kann maskulin „der Böse“ oder neutrisch „das Böse“ gemeint sein.[343] Dogmatisch ist die Entscheidung klar. Der Monotheismus und ganz besonders der Glaube Jesu an den einen Gott Vater verträgt keinen Teufel als Gegengott. Existenziell zeigen sich jedoch in unserem Leben manche schlimmen Situationen so, als hätten sie eine Fratze. In depressiven Stunden meinen die Verzweifelten, die Wände flüstern zu hören. Die Bedrohungen scheinen zu Dämonen zu werden. Darum ist eine klare Entscheidung, was oder wen das Vaterunser an dieser Stelle meint, nicht so einfach zu treffen. Das besonders Schlimme „am Bösen“ ist gerade seine Maskierung, seine Undefinierbarkeit und Vagheit. Wahrhaft „teuflische“ Situationen lassen kaum Zeit und Kraft, rational zu definieren, ob es den Satan gibt oder nicht. In der Rahmenhandlung des Hiobbuches wird er als theatralische Figur eingeführt[344], zugleich aber auch als bloßer Handlanger der Prüfungen Gottes entmachtet. Er darf zwar im Schicksal Hiobs das Anspiel vornehmen, kommt aber bei seinem Ausgang nicht mehr vor.[345] Wenn wir die Existenz des Teufels bezweifeln, bewahren wir uns vor Aberglauben. Wenn wir das Böse personifizieren und so etwas wie „verführerische Stimmen“ in uns oder um uns festhalten, können wir ihnen quasi gegenreden und sie anschreien. Das ist als aggressive Notwehr psychohygienisch nicht ohne Sinn. Hilfreicher ist aber, nicht auf das Böse oder den Bösen zu starren, sondern sich auf die Rettung zu konzentrieren: „Erlöse uns!“ Dieser Ruf lautet in seinem griechischen Ursinn: „Rette uns, reiß uns heraus!“ Es ist an den Ertrinkenden gedacht, der in einem reißenden Fluss verzweifelt mit den Armen rudert, oder an den Flüchtenden, der vor dem Raubtier flieht. Im Grunde genommen erfleht die siebte Bitte nichts anderes als die sechste. Sie ruft nach Errettung aus Zwangslagen. Wenn zweimal das Gleiche in dem so kurz gefassten Gebetsmodell angeführt wird, lässt sich spüren, wie bedrückt das Leben der Hörer war und wie meisterhaft es Jesus gelang, ihre alltäglichen Erfahrungen in Gebetsworte zu fassen.

Das große Aufatmen – *Der Lobpreis*

Mt 6,13c

„Denn dein ist das Reich und die Kraft und die Herrlichkeit in Ewigkeit. Amen“ (V. 13c). Mit der Brotbitte, der Bitte um Befreiung von Schuld(en)

---

343 Vgl. oben S. 114.

344 Ijob 2,1–7.

345 Ijob 42,10–17.

und dem doppelten Flehen um Errettung aus drohenden Gefahren ist alles vor Gott gebracht, was ein Menschenleben an Hilfe braucht. Die Hörer können aufatmen und das Gebet in einen zweiten Lobpreis einmünden lassen. Mit drei Glockenschlägen wurde das Vaterunser eröffnet, mit drei Glockentönen klingt es aus. Noch bevor das Brot für den morgigen Tag auf dem Tisch steht, bevor die Schulden gestrichen und die Zwangslagen aufgehoben worden sind, dürfen die Beter gewiss sein, dass Gott Abba sie durch die Engen des Alltags hindurch führen wird, weil er es kann. Es ist den Christen des zweiten Jahrhunderts zu verdanken, dass das Vaterunser nicht mit der flehentlichen Bitte um Errettung endete, sondern dieser Lobpreis noch hinzugefügt wurde.[346] Die jungen Gemeinden hatten erfahren, dass sie bei aller Armut doch immer wieder ihr „tägliches Brot" hatten und dass „das Schiff, das sich Gemeinde nennt"[347], trotz aller Verfolgungen in den Stürmen der Zeit nicht unterging. Jahrhundertelang wurde dieser frühe Lobpreis, Doxologie genannt, in der Alten Kirche wie im Mittelalter weggelassen, dann aber von den Reformatoren wieder entdeckt und nach dem II. Vatikanischen Konzil auch von der katholischen Kirche in die Liturgie aufgenommen. Ohne diesen abschließenden zweiten Blick nach oben würde das Vaterunser unvollendet wirken und nicht seine ganze tröstliche Kraft aufweisen. So aber atmen die Seelen der Beter am Ende auf und bekennen: Unserem himmlischen Vater trauen wir unser Überleben zu. „Denn dein ist das Reich", das heißt die Herrschaft, die Übersicht, die Weite. „Und die Kraft", das griechische „dynamis" hat sich als Fremdwort „Dynamik" bis in die deutsche Sprache hinein durchgesetzt. Die „dynamis" hat einen großen Bedeutungsumfang. Sie ist die Stärke, die unaufhaltsam wirkt; die Wunderkraft, die zum Erstaunen führt, die Souveränität, die die Entwicklung vorantreibt. „Und die Herrlichkeit". Dahinter steht das griechische Wort „doxa". Es meint den Lichtglanz, der von der Gottheit ausgeht und eine unbeschreibbare Lichterfülle darstellt, die das Strahlen von Juwelen und Edelmetallen weit übertrifft. Zugleich ist die „doxa" die unvergleichliche Würde des allmächtigen Gottes. „In Ewigkeit". Mit diesem letzten Wort vor dem Amen kehrt das Vaterunser noch einmal zur Unendlichkeit Gottes zurück, mit der Jesus das Gebet begonnen hatte: „Unser Vater in den Himmeln" (V. 9). Als der Ewige überdauert Gott alles Vergängliche und verleiht ihm dadurch erst sein begrenztes Maß. Die Beter setzen dann nur noch das „Amen" gleichsam als den Stempel „Das soll gelten!" hinzu.

Der Gedankenkreis des großartigen Modellgebets ist damit geschlossen. Wenn wir versuchen, die Kraft des Vaterunsers durch eine freiere Überset-

---

346 Vgl. oben S. 133f.

347 EG Nr. 595, Evangelisches Gesangbuch, Ausgabe Württemberg, 1996, S. 1078.

zung, die auch die Vielschichtigkeit und die Zwischentöne des Gebets Jesu erfasst, neu zu hören, dürfen wir beten:

Unser Vater im Himmel.	*Abba, unser Vater, in der Weite der Welten.*
Geheiligt werde dein Name. Dein Reich komme. Dein Wille geschehe wie im Himmel so auf Erden.	*Dein Name allein sei das Heil der Menschen. Deine Herrschaft werde sichtbar. Dein höherer Wille sei unser Weg.*
Unser tägliches Brot gib uns heute.	*Gib uns so viel Mittel zum Leben, als wir sie notwendig brauchen.*
Und vergib uns unsere Schuld, wie auch wir vergeben unseren Schuldigern.	*Und befreie uns von unseren Verschuldungen, nach dem Maß, mit dem wir unseren Mitmenschen ihre Schuld verzeihen.*
Und führe uns nicht, in Versuchung, sondern erlöse uns von dem Bösen.	*Und führe uns heraus aus den Gefahren und Zwängen. Reiß uns weg von dem Bösen, das uns verlockt und bedroht.*
Denn dein ist das Reich und die Kraft und die Herrlichkeit in Ewigkeit. Amen.	*Denn du hast die Macht und die rettende Stärke. Dein sind die Räume und Zeiten und das ewige Licht. So soll es sein.*

Mit diesem Gebet Jesu wurden die Hörer ermuntert zu einer eigenen Religiosität unter freiem Himmel. Sie besaßen nun einen Leitfaden für ihr persönliches Beten: die Anrede, der Lobpreis, die Bitten, der Dank. Das Vaterunser ist das allgemeine Laiengebet außerhalb der Tempel, der Synagogen und Kirchen. Es verlangt keinen Priester, keine rituelle Waschung, keine normierte Geste, kein Opfer, keinen heiligen Raum, kein reines Gewand. Sein Ort ist der Berg, die Straße, das Bett, der Tisch, das Schiff, das Flugzeug, die Kammer. Es kann aber auch das Gemeindegebet vor dem Altar sein, das Sündergebet auf der Kniebank, die letzte Sprache für die Trauer am Grab. Fest formuliert und doch offen für alle Anlässe, Orte und Zeiten beendet das Vaterunser die Religion als geschlossenes Spiel der Eingeweihten und Auserwählten. Es betet für jedermann verständlich den profanen Alltag durch.

Lernen von den Vögeln – *Vom rechten und falschen Sorgen*

Mt 6,19–34 (Lk 12,22–24; 16,13)

Es ist denkbar, dass Jesus in seiner Berglehre sein Gebet nach orientalischer Weise gleich zweimal, dreimal wiederholte, bis die Hörerschaft zum Chor wurde, der sich das Vaterunser durch sofortiges Nachsprechen als neues religiöses Gut erwarb. Aber nicht alle Hörer werden sofort mit eingestimmt haben. Noch einmal drängten sich die Alltagssorgen dazwischen. Immer noch war die „Menge" nach Besitz, Herkunft und Ansehen in Gruppen geteilt. Nicht jeder am Berg ließ sich auf die spirituelle Ebene führen. Man könnte meinen, zwischen den Abschnitten der Berglehre noch einmal die Zwischenrufe zu hören: Was hilft uns das Beten, wenn die Ungerechtigkeit bleibt! Die Kluft zwischen den Besitzenden und den Habenichtsen verhinderte nach wie vor eine neue Brüderschaft im Volk. Jesus richtet deswegen noch einmal ein „Wort an die Reichen" und ein „Wort an die Armen", an die Profiteure und an die Opfer. Er deckt auf, wie sich beide selber an ihre Sorgen versklaven, und weist den materiell Reichen ihre geistige Armut und den Armen den seelischen Reichtum nach, den sie erwerben können. Nachdem er mit den Seligpreisungen (5,2–12) und den Salz- und Lichtworten (5,13–16) Gottes Liebe zu uns beschrieben, in den „Antithesen" (5,21–48) eine „bessere" Nächstenliebe vorgeschlagen und in den „Frömmigkeitsregeln" (6,1–18) unsere Liebe zu Gott gereinigt hat, kommt er nun in den Sprüchen „Vom Schätzesammeln und Sorgen" (6,19–34) auf unsere Selbstliebe zu sprechen. Wie lassen wir uns selber mit Gottes Hilfe eine „bessere Gerechtigkeit" widerfahren?[348]

Gejagt vom Wohlstand – *Das Wort an die Reichen*

Mt 6,19–21.24 (Lk 12,33f.)

19 Ihr sollt euch nicht Schätze sammeln auf Erden, wo sie die Motten und der Rost fressen und wo die Diebe einbrechen und stehlen. 20 Sammelt euch aber Schätze im Himmel, wo sie weder Motten noch Rost fressen und wo die Diebe nicht einbrechen und stehlen. 21 Denn wo dein Schatz ist, da ist auch dein Herz … 24 Niemand kann zwei Herren dienen; entweder er wird den einen hassen und den anderen lieben,

---

[348] Vgl. oben S. 40.

oder er wird an dem einen hängen und den andern verachten. Ihr könnt nicht Gott dienen und dem Mammon.

Was sind doch die Reichen für arme Kerle! Mit vergnügter Ironie treibt Jesus Besitz*kritik*, aber nicht so, dass er die Reichen verunglimpft, sondern indem er sie als bemitleidenswert darstellt. Niemand täuscht sich so sehr über den wahren Lebenssinn wie sie. Die Wohlhabenden meinen, ihren Besitz in Ruhe genießen zu können und durch ihre Schätze für den Rest ihres Lebens gesichert zu sein.[349] Aber was geschieht in Wirklichkeit? Sie müssen Tag und Nacht Wache stehen, dass die Diebe nicht in ihre Häuser einbrechen (V. 19). Wenn sie ihre Kästen mit Kleidern vollstopfen, schleichen sich bereits die Motten mit hinein, und wenn sie ihre Wertsachen in Kisten einschließen, nagt auch schon der Holzwurm heimlich an den Brettern und frisst der Rost die Beschläge (V. 20). Ist es also tatsächlich nur ein Glück, reich zu sein? Der Reichtum verleiht in Wahrheit nicht nur die Freiheit, das Leben ungeschmälert genießen zu können, wie die Ärmeren von den Reicheren oft neidvoll annehmen. Er bringt auch die Sorge ein, den Besitz nicht halten zu können. Er treibt in die Ruhelosigkeit, Gut und Geld absichern und nach Möglichkeit sogar noch vermehren zu müssen. Reichtümer sind nie nur neutrale Dinge. Sie können zum „Mammon“ werden, einem Fremdwort der hebräischen Sprache für eine dämonische Figur, die vor allem im syrischen Bereich gefürchtet war und der nachgesagt wurde, den Geist der Menschen zu versklaven. „Mammon“ wurde als Begriff zuerst nur für zu Unrecht erworbenes Gut verwendet, später überhaupt für überzogenen Reichtum. Die Besitztümer können sich als Götzen oder Tyrannen gebärden, die das Leben in Beschlag nehmen, das Ich besetzen und den Glauben an den lebendigen Gott, von dem doch alle Dinge stammen, vergessen lassen; kann doch keiner gleichzeitig „zwei Herren“ mit ganzem Herzen dienen (V. 24)! Die materiellen „Schätze“ werden leicht zum Religionsersatz, reißen ihre Eigentümer in den Strudel der Raffgier hinein und täuschen vor, „selig“ zu machen. Je mehr einer hat, desto noch mehr möchte er besitzen. Die Reichen geraten in Versuchung, die unbeseelten Dinge zu „lieben“ und ihre Mitmenschen als Konkurrenten zu „hassen“ (V. 24). Das sind starke Worte Jesu, welche die Gefahren des Reichtums bewusst überzeichnen, damit die Armen nicht immer nur sich selbst, sondern auch einmal die Reichen bemitleiden.
Die armen Schlucker unter den Hörern Jesu werden einen Anflug von Schadenfreude empfunden, die reich Gekleideten sich eher karikiert gefühlt und Jesus als einen weltfremden Asketen belächelt haben. Aber es ging dem

349 Vgl. die Erzählung vom reichen Kornbauern, Lk 14,16–21.

„Berglehrer“ nicht darum, die Habenden verächtlich zu machen, sondern sie zum Nachdenken zu bringen. Im Grunde sind sich Reiche und Arme darin gleich, dass sie an einer inneren Unruhe leiden, wenn auch in ganz verschiedener Hinsicht. Die Armen sorgen sich um das Überleben, die Reichen um noch mehr Luxus. Beide Gruppen sind unfrei, solange sie nicht auf Distanz zu den Dingen gehen, unabhängig davon, ob sie solche schon besitzen oder erst sehnsüchtig begehren. Vielleicht sollten diese lebensphilosophischen Überlegungen auch heute wieder in unseren westlichen Gesellschaften gehört werden, wo zum Beispiel in der Bundesrepublik ein Zehntel der Bevölkerung über neun Zehntel des gesamten Volksvermögens verfügt und wo Reformen der Einkommensverhältnisse vorgeschlagen werden, die in Wahrheit nur eine Restauration sind, von der die Reichen zusätzlich profitieren.

Der „Lehrer“ Jesus jedenfalls erklärt die Fragen von Eigentum und Vermögen zu Kernfragen der „besseren Gerechtigkeit“, fordert aber keinen völligen Besitzverzicht. Mit der Vaterunserbitte um das „tägliche Brot“ hat er bejaht, dass der Mensch ohne eine gewisse Grundversorgung nicht leben kann. Wovor er aber warnt, ist die Besitzanhäufung, das Wegschließen und nur für sich selber Gebrauchen der Güter. Der ironische Ton des Berglehrers gegenüber den Reichen geht in nachdenklichen, seelsorgerlichen Ernst über. „Wo dein Schatz ist, da ist auch dein Herz“ (V. 21). Das „Herz“ steht für die Personmitte, für den Pulsschlag des Daseins überhaupt. Unmäßiger Besitz macht aus dem Herzen einen Panzerschrank. Die „Schätze“ personifizieren sich, als wären sie Lebewesen. Sie werden zu unseren „Nächsten“ und isolieren uns von den eigentlichen Mitmenschen, die weniger oder beinahe nichts haben. Sie entfremden uns von der Nächstenliebe und schaffen eine egoistische Kühle, die uns selber vielleicht gar nicht bewusst wird. Das Anhäufen „toter“ Güter ist im Grunde genommen eine psychische Krankheit. Nicht umsonst wird die Raffgier auch Hab*sucht* genannt. Dabei macht doch andere daran teilhaben lassen der Seele mehr Freude als der Eigenverbrauch aller Güter.

Die große Weisheit Jesu tritt noch prägnanter zutage, wenn man seinen Spruch vom „Herzen“ umkehrt: „Wo dein Herz ist, da ist auch dein Schatz.“ Die Barmherzigkeit, die Einfühlung in das Schicksal anderer und die tätige Hilfe ihnen gegenüber, ist der eigentliche Reichtum, der glücklich macht. Wenn Jesus dem „reichen Jüngling“ empfiehlt: „Willst du vollkommen sein, so geh hin, verkaufe, was du hast, und gib's den Armen, so wirst du einen Schatz im Himmel haben“[350], so verlangt er von ihm nicht, ein „vollkommener“ Heiliger zu werden, wohl aber „ungeteilt“ zu leben, das heißt Eigentum und Glauben so zusammenzubringen, dass er mit dem bloßen „täglichen

[350] Mt 19,16–26; Mk 10,17–27; Lk 18,18–27.

Brot" zufrieden ist. Wenn schon „Schätze" gesammelt werden, dann „himmlische Schätze" (V. 20), wobei nicht an Garantiescheine für den Eintritt ins Paradies gedacht ist, wie es die mittelalterliche Lehre von den guten Werken annehmen wollte, aber auch nicht an „höhere" Werte wie Bildung, Tugenden, Kulturgenüsse. Die Metapher vom „Schatz im Himmel" will vielmehr ausdrücken, dass wir die Güter unseres Lebens als Gaben Gottes „von oben" empfangen. Wir haben ihren Gebrauch vor dem „Vater im Himmel" zu verantworten. Sie sind keine Besitztümer, die auf immer und ewig unser Eigen wären. Dabei haben die „Schätze des Glaubens" den Vorteil, dass wir sie nicht selber zählen, bewachen, wegschließen müssen, sondern dass sie hoch über unseren Köpfen ins „Buch des Lebens" eingetragen werden, wie es die Urchristen bildhaft ausdrückten.[351] Das schafft Freiheit für neue Liebesversuche. Die Reichen hingegen vergeuden ihre Lebenszeit mit der ständigen Buchhaltung ihrer Güter. Jedoch: Werden die verschuldeten und an der Ungerechtigkeit ihrer Herren und Gläubiger leidenden Zuhörer am „Berg" um Jesus einsehen, dass sie wenigstens in seelischer Hinsicht begüterter sein könnten als die Reichen?

Geplagt von der Entbehrung – *Das Wort an die Armen*
Mt 6,25–34 (Lk 12,22–32)

25 Darum sage ich euch: Sorgt nicht um euer Leben, was ihr essen und trinken werdet; auch nicht um euren Leib, was ihr anziehen werdet. Ist nicht das Leben mehr als die Nahrung und der Leib mehr als die Kleidung? 26 Seht die Vögel unter dem Himmel an: sie säen nicht, sie ernten nicht, sie sammeln nicht in die Scheunen; und euer himmlischer Vater ernährt sie doch. Seid ihr denn nicht viel mehr als sie? 27 Wer ist unter euch, der seines Lebens Länge eine Spanne zusetzen könnte, wie sehr er sich auch darum sorgt? 28 Und warum sorgt ihr euch um die Kleidung? Schaut die Lilien auf dem Feld an, wie sie wachsen; sie arbeiten nicht, auch spinnen sie nicht. 29 Ich sage euch, dass auch Salomo in aller seiner Herrlichkeit nicht gekleidet gewesen ist wie eine von ihnen.

30 Wenn nun Gott das Gras auf dem Feld so kleidet, das doch heute steht und morgen in den Ofen geworfen wird: sollte er das nicht viel mehr für euch tun, ihr Kleingläubigen? 31 Darum sollt ihr nicht sorgen und sagen: Was werden wir essen? Was werden wir trinken? Womit werden wir uns kleiden? 32 Nach dem allen trachten die Heiden. Denn euer himmlischer Vater weiß, dass ihr all dessen bedürft. 33 Trachtet zuerst nach dem Reich Gottes und nach seiner Gerechtigkeit, so wird euch das alles

[351] Phil 4,3; Offb 3,5; 5,1; 17,8.

zufallen. 34 Darum sorgt nicht für morgen, denn der morgige Tag wird für das Seine sorgen. Es ist genug, dass jeder Tag seine eigene Plage hat.

„Darum sage ich euch …" (V. 25). Die „Berglehre" mag spätestens an dieser Stelle fast in einem Tumult untergegangen sein. Man ahnt zwischen den Zeilen die Erregung der Zuhörer. Man hört die skeptischen Einwürfe der Ausgebeuteten: Du hast gut reden! Was versteht schon ein Rabbi von unseren täglichen Sorgen! Wir wissen nicht, wie wir das Brot auf den Tisch bringen und die Becher unserer Kinder mit Milch füllen sollen. Wir kommen in lumpigen Kleidern daher – und du rätst uns schlicht, uns nicht um das tägliche Überleben zu sorgen (V. 25.30)! In welcher Welt lebst du eigentlich? Wir eilen von Mühsal zu Mühsal, von Kummer zu Kummer. Wir plagen uns zu Tode, und du empfiehlst uns unentwegt: „Sorgt euch nicht!" (V. 25.31.34). Haben wir denn keine Verantwortung für unsere Familien, unsere Kinder, unsere Alten und Kranken, für uns selbst? Umherziehende Wanderprediger, die Haus, Stall und Acker verlassen haben, die an den Haustüren um milde Gaben betteln, mögen wohl von der Hand in den Mund leben …, wer aber eine Familie hat, muss wissen, wie er seine Angehörigen nicht nur heute, sondern auch morgen und übermorgen durchbringen kann! Wir dürfen nicht überhören, dass am Ende der Bergpredigt vermeldet wird, „das Volk entsetzte sich über seine Lehre"[352].

Nicht weniger heftig kann man sich die Empörung der Reichen unter den Zuhörern Jesu vorstellen, die sich nun schon zum zweiten Mal über die radikalen Äußerungen des Rabbi aus Nazareth ärgern müssen: Der erzieht die Massen zur Faulheit! Er missachtet, dass jeder mit Anstand und Fleiß für sein Auskommen sorgen muss. Wo kämen wir denn hin, wenn unsere Knechte und Taglöhner, unsere Schuldner und Handlanger nicht mehr zur Arbeit erschienen? Soll unser Volk zum Bettelpack verkommen!? Und beide Gruppen zusammen, die Armen wie die Reichen, werden wohl gehöhnt haben: Die Vögel säen nicht? Die Lilien spinnen nicht … und euer himmlischer Vater ernährt sie doch? Schön wär's! Der Vergleich der Menschen mit Vögeln und Blumen ist närrisch. Die Tiere und Pflanzen müssen von der Gnade des Wetters und des Bodens leben. Sie sind dem Zufall ausgeliefert. Sie haben keinen Verstand. Wie viele tote Spatzen sind nicht schon am Weg gelegen! Wie viele Haustiere nach der Verarmung ihrer Besitzer verhungert! Wie viele Menschen bei Erdbeben, Kriegen, Seuchen umgekommen! Ist das die Güte Gottes? Wir haben die Erfahrung gemacht: Wer nicht für sich selber sorgt, ist auch selber schuld, wenn er nicht überleben kann!

---

352 Mt 7,28; ähnlich Mk 1,22.

Aber Jesus ist kein Schwärmer. Die Bemerkung über die Lilien, „sie arbeiten nicht“ (V. 28), darf nicht zum Lobpreis der Faulheit und des Müßiggangs verkehrt werden. Jesus spricht sich nicht gegen das Arbeiten, Produzieren, Sorgen, Planen überhaupt aus, sondern nur gegen das Übermaß und die Rastlosigkeit des Sorgens, die das Vertrauen in das Dasein zerstört. Selbstverständlich müssen verantwortungsvolle Erwachsene fragen, ob und was sie und ihre Familien zu essen und zu trinken haben und womit sie sich kleiden sollen (V. 31). Aber diese Sorgen dürfen nicht zu den einzigen Fragen der Existenz werden. Es geht um das „sich sehr sorgen“, das „sich nur noch sorgen“ (V. 27b). Es ist ein großer Unterschied, ob die Alltagssorgen allein frei in der Luft hängen oder von der Überzeugung getragen werden, dass uns der „himmlische Vater“ durchbringt (V. 26c u. 32b). Je nachdem haben diese Sorgen ein anderes Gewicht. Es geht um die Reihenfolge der Lebenseinstellungen. Wer „*zuerst* nach dem Reich Gottes trachtet“ (V. 33), was wir mit dem Glauben an Gottes Regierung und Zuwendung übersetzt haben[353], wer „Gottes Gerechtigkeit“ darin sieht, dass der „himmlische Vater“ auch gegen allen Augenschein auf der Seite der Schwachen steht[354], geht mit einem ganz anderen Optimismus an die Besorgung des Alltags heran als derjenige, der annimmt, dass alles nur an unseren eigenen Kräften liegt. Es ist wiederum bezeichnend, dass Jesus an dieser Stelle, wo er die Armen erneut ermuntern will, den allgemeinen Begriff „Gott“ (V. 30) durch das genauere Gottesbild „himmlischer Vater“ ersetzt (V. 26 u. 32). In der Vaterbezeichnung Gottes drückt sich die Fürsorglichkeit und Treue des Schöpfers aus. Es ist eine große psychische Entlastung, wenn wir zuerst immer von der Gewissheit ausgehen dürfen: „Euer himmlischer Vater weiß, dass ihr all dessen bedürft“ (V. 32), anstatt von der ständig nagenden Daseinsangst geplagt zu werden: „Was ..., womit ...?“ (V. 31). Die Sorge würde sonst zum Inbegriff unseres Daseins überhaupt werden und als „Motte“, „Holzwurm“, „Rost“ unser ganzes Leben auffressen.[355] Mehrfach weitet Jesus in diesem Abschnitt seinen Zuhörern den Blick, indem er sie so genannte Schlüsse vom Kleineren zum Größeren und umgekehrt nachvollziehen lässt. Er will sie die Relationen wieder richtig erkennen lassen.

„Nahrung“ und „Kleidung“ sind unentbehrlich (V. 26). Aber noch wichtiger sind „Leib“ und „Leben“ überhaupt (V. 25c). Unsere Bedürfnisse verhalten sich zu unserer Gesamtexistenz wie Teile zum Ganzen. Der Schöpfer unseres Lebens hat mit unserer Geburt das größte Wunder vollbracht. So wird er uns

---

353 Siehe oben S. 15.43f.

354 Siehe oben S. 43.

355 Mt 6,19; vgl. oben S. 149.

auch als der Erhalter die kleineren Wunder als seine tägliche Hilfe erfahren lassen. „Der morgige Tag wird für das Seine sorgen“ (V. 34b). So wenig jemand selber seinem Leben eine „Elle“ zusetzen kann (V.27), so wenig kann er sich auch die Güter des Lebens allein besorgen, wenn sie ihm nicht als Gottes Geschenke zufallen. Mit der „Elle“ ist die „Spanne“ vom Ellenbogen bis zur Spitze des Mittelfingers gemeint. Der Vergleich denkt nicht an eine Zunahme der Körpergröße, sondern an die Verlängerung der Lebenszeit. Wir sind über keine Minute unseres Lebens allein Herr. Wieder bringt Jesus Glaube und Vernunft zusammen, wenn auch unumkehrbar in dieser Reihenfolge. Zuerst richtet er den Glauben vertikal aus, indem er mit dem Blick nach oben, die „Kleingläubigen“, die Angefochtenen tröstet (V. 30c): Es ist kein beliebiges Schicksal, das unser Leben bestimmt, sondern der „himmlische Vater“. Dann schlägt er den Armen vor, ihren horizontalen Blick auf das Weltgeschehen zu verändern und zu einer anderen „Vernunft“ zu gelangen. Wenn sie sich immer nur an den Reichen messen, werden sie immer weniger als jene und nie genug haben. Sie werden dann ständig im Blick auf das Essen, die Wohnung und die Kleidung, die sie sich nicht leisten können, auf der untersten Sprosse der gesellschaftlichen Leiter stehen. Empfehlenswerter wäre es für die Armen, „nach unten“ zu schauen zu denen, die in der Hierarchie der Geschöpfe noch ausgelieferter, abhängiger, noch hilfloser sind als sie selbst: auf die Vögel und Blumen, die ebenfalls Kreaturen sind und von der Güte des Schöpfers leben. Der Glaube steht nicht gegen die Vernunft, aber er ist umfassender. Sich von der Sorge wie von einem Dämon beherrschen lassen sich auch die „Heiden“ (V. 32). Dazu muss man sich nicht zu den „erwachsenen Söhnen und Töchtern des himmlischen Vaters“ zählen. Die „Heiden“ werden hier nicht abfällig erwähnt, sondern stehen als Völker ohne Glauben an den Vater Israels für die Menschen überhaupt. Die Israeliten sind nicht weniger fehlgeleitet als die „Heiden“, wenn sie Gottes Zusagen, der als Schöpfer immer auch der Erhalter bleibt, nur noch „kleingläubig“ trauen (V. 30).

Der „Berglehrer“ lockt die Armen gewissermaßen geistig aus ihren Hütten heraus auf das freie Feld, um ihnen wieder den Horizont zu weiten. Es schlägt ihnen eine Wende um 180 Grad vor. Die Armen sollen den Reichen den Rücken zukehren, statt weiterhin nur zu deren Füßen zu liegen und um Almosen zu betteln. Sie sollen nicht mehr auf den künstlichen Luxus der Reichen schielen, den sie eigentlich gar nicht brauchen, sondern auf die natürliche Schönheit der Schöpfung schauen. Wenn die Armen wahre Festkleider und Juwelen sehen und sammeln wollen, brauchen sie nicht neidisch auf die Paläste der Reichen zu starren, sondern können hinausgehen in die Natur und kostenlos den dortigen Reichtum der Tier- und Pflanzenwelt betrachten, der ihnen genug prächtige Farben und Formen bietet. Jesus vollzieht, modern gesprochen, in seiner Argumentation einen Wechsel von der Ökonomie zur Ökologie als dem Hauptfaktor der Lebensgestaltung. Was haben die Geplagten noch vom Leben, wenn sie sich nur noch abrackern und von Sorgen verzehren lassen?

„Seht die Vögel unter dem Himmel! Schaut die Lilien auf dem Felde!“ (V. 26a.28b). Lukas formuliert in der Feldrede diese Empfehlungen noch schärfer als Matthäus in der Berglehre. „Beobachtet die Raben!“ rät bei ihm Jesus.[356] Die „Raben“ galten als unreine Tiere und waren doch als Gesandte Gottes die Lebensretter des Propheten Elia, die ihm Brot brachten, als er am Bach Krit Hunger litt.[357] Aber trotz dieser berühmten Geschichte hatten die Raben als Vogelart zur Zeit Jesu ein schlechtes Ansehen in der jüdischen Vorstellung von der Tierwelt, ähnlich wie die „Armen“ der ersten Seligpreisung auf der gesellschaftlichen Ebene.[358] Auch die „Lilien auf dem Felde“ waren keine besonders hochgezüchteten Gartenblumen, wie wir sie uns vielleicht heute vorstellen, sondern galten wie wild wachsendes „Gras“ als Unkraut, das dürr geworden den Armen als Brennstoff dienen musste (V. 30). Trotzdem findet Jesus die natürliche „Herrlichkeit“ der Rabenvögel und Feldblumen großartiger als die Luxusgüter der Reichen, für die der hochverehrte und unermesslich reiche „König Salomo“ als Symbolgestalt stand (V. 29).[359] Zugleich mahnt die Kurzlebigkeit der Vögel und Blumen die nachdenklichen Betrachter noch stärker an die Vergänglichkeit des Schönen und Guten als die Anfälligkeit der Kisten und Kästen (V. 30).[360] Der „himmlische Vater“ gewährt den Vögeln und Blumen ihre Schönheit sogar leistungslos. Sie müssen sich nicht wie die meist unfreien Bauern „plagen“ mit „säen, ernten, in die Scheunen sammeln“, und sie müssen auch nicht wie die rastlosen Bäuerinnen bis in die Nacht hinein für fast keinen Lohn „spinnen“, um die Familien überhaupt ernähren und kleiden zu können (V. 26b.28c). Sie picken das Futter auf, das sie finden, und saugen das Wasser ein, das auf sie herabtropft.

Es wäre zu wenig, in diesen Naturvergleichen nur einen Aufruf zur Genügsamkeit zu sehen. Es reicht auch nicht aus, die Hinweise auf die „Leichtlebigkeit“ der Vögel und Blumen als Lockruf eines hippieartigen Wanderpredigers zu werten, der die Armen aus den Dörfern herausruft, damit die Reichen verlassen dastehen und erkennen, wie sehr sie eigentlich von der Schaffenskraft des einfachen Volkes leben. Es geht bei dem „Wort an die Armen“

356 Lk 12,24.
357 1 Kön 17,4.
358 Vgl. oben S. 18.44.
359 1 Kön 10,14–29; 2 Chr 9,13–28.
360 Vgl. mit Mt 6,19f.

vielmehr um den Vorrang des Religiösen, wenn das Leben als ganzes stabilisiert werden soll. Nur das Gottvertrauen und das Staunen über die Kraft des Schöpfers retten uns davor, dass die Sorgenfluten über unseren Köpfen zusammenschlagen. Wir verlieren sonst über dem Rennen nach den Dingen des Alltags den Blick für das Ganze des Daseins. „Es ist genug, dass jeder Tag seine eigene Plage hat" (V. 34). Dabei ist fraglich, ob die skeptischen Einwürfe der Zuhörer nach diesem Hinweis verstummten. Wer wenig zu beißen hat, kann nur mühsam verhindern, dass weiterhin religiöse Zweifel an ihm nagen. Aber die Weisheit „es ist genug …" klingt doch wie ein abschließendes, erleichtertes Amen. Vielleicht waren sich die Reichen und die Armen durch die Anregungen Jesu nun doch ein wenig näher gerückt. Zumindest hatten sie einen tieferen Einblick in ihre gegenseitige soziale und seelische Situation gewonnen, so dass die Dramatik der Berglehre nunmehr in Mt 7 als dem dritten und letzten Kapitel ausklingen kann.

Lebensweisheiten und Glaubenswahrheiten – *Das „Spruchbuch" Jesu*

Mt 7,1–29

Während sich im ersten und zweiten Kapitel der „Berglehre" (Mt 5 u. 6) mit dem Stichwort der „besseren Gerechtigkeit" ein fortlaufender roter Faden erkennen lässt[361], der in den drei Perspektiven der Gottes-, Nächsten- und Selbstliebe abgehandelt wird, erscheint das dritte Kapitel (Mt 7) auf den ersten Blick wie ein hinzugefügtes „Spruchbuch", dessen Weisheitssätze beliebig zusammengestellt sind. Sie bleiben teilweise rätselhaft und werden von den meisten Auslegern als sekundäre Zusätze des Matthäus verstanden, die er seiner späteren Gemeinde im Namen Jesu angesichts ihrer besonderen internen Probleme vorhalten wollte. Trotzdem steigen wir nicht in die traditionsgeschichtliche Frage ein, welche Sätze und „Textschichten" direkt von Jesus stammen und welche der Evangelist selber hinzugefügt hat. Eine schlüssige Unterscheidung zwischen „primären" und „sekundären" Worten Jesu scheint weitgehend nicht mehr möglich zu sein, weil die Evangelisten sich als inspiriert verstanden und die Worte des erhöhten Christus, die sie zu hören meinten, für sie das gleiche Gewicht hatten wie die des irdischen Jesus von Nazareth damals. Außerdem zeigen auch die Worte dieses dritten Kapitels eine so souveräne Sprachkraft, dass man sie ohne weiteres auf das Charisma einer starken Persönlichkeit zurückführen und für originäre Jesusworte halten kann. Bei näherem Zusehen scheinen auch sie das Gottvertrauen des Volkes noch einmal stärken, der Selbsttäuschung wehren und zur Solidarität untereinander aufrufen zu wollen. Mit dem Verweis „euer Vater im Himmel" (V. 11) und der Bezeichnung „dein Bruder" (V. 3–5) weicht auch hier der Text von den familiären Beziehungen nicht ab, die der „Prophet" aus Nazareth dem Volk Gottes aus aller Welt verkündet und vorgelebt hat. So fragen wir auch bei der Auslegung des letzten Kapitels der Bergpredigt weiterhin nach der „besseren Gerechtigkeit" und verstehen auch hier diese große Rede Jesu über die engere Jüngerbelehrung hinaus als eine breite Volksansprache, zumal Matthäus die „Berglehre" ausdrücklich mit dem Echo des Volkes abschließt (7,28f.).

361 Vgl. oben S. 39ff.

Gegen Selbstgerechtigkeit – *Vom Richtgeist*

Mt 7,1–6 (Lk 6,37f.41f.)

1 Richtet nicht, damit ihr nicht gerichtet werdet. 2 Denn nach welchem Recht ihr richtet, werdet ihr gerichtet werden; und mit welchem Maß ihr messt, wird euch zugemessen werden. 3 Was siehst du aber den Splitter in deines Bruders Auge und nimmst nicht wahr den Balken in deinem Auge? 4 Oder wie kannst du sagen zu deinem Bruder: Halt, ich will dir den Splitter aus deinem Auge ziehen? Und siehe, ein Balken ist in deinem Auge. 5 Du Heuchler, zieh zuerst den Balken aus deinem Auge; danach sieh zu, wie du den Splitter aus deines Bruders Auge ziehst.

Die Auslegung ist schwierig, weil kein konkreter Adressat genannt wird. Wer ist mit „ihr" gemeint? Spricht Jesus hier jedermann oder nur eine bestimmte Gruppe an? Der Imperativ „richtet nicht!" (V. 1) erklärt zunächst nicht, ob Jesus jedes Richten überhaupt oder nur die selbstgerechte Verurteilung anderer verbietet. Nachdem Jesus sich zuvor persönlich an die Frommen (6,1–4), die Reichen (6,19–20), die Armen (6,25f.) gewandt hat, könnten nun die Berufs- bzw. Laienrichter unter den Zuhörern die Adressaten gewesen sein, die als Älteste die bürgerliche Rechtsprechung in den „Toren" der Siedlungen ausübten oder als Schriftgelehrte die Religionsgesetze hüteten. Wenn Jesus mit dem Richtverbot jede „staatliche" bzw. „kirchliche" Gerichtsbarkeit untersagte, wäre er ein Revolutionär gewesen, dem die ganze bürgerliche Ordnung zuwider war. Er schlug aber angesichts des „Reiches Gottes" nicht den Umsturz, sondern nur ein Umdenken vor. Wahrscheinlicher ist, dass Jesus an dieser Stelle nur einen bestimmten „Richtgeist" verurteilen wollte, wie dieser Abschnitt in der Lutherbibel überschrieben wird. Er hätte sich somit besonders gegen die allgemeine Unart gewandt, übereinander herzuziehen und sich unbedacht gegenseitig zu beschuldigen, wie es häufig im Alltag geschieht. So gesehen hätte er alle Zuhörer angesprochen und in Fortführung der ersten Antithese „Vom Töten"[362] vor allem die „doppelte Moral" der Bürger kritisiert. Ausschließen möchten wir, dass Jesus mit diesem Abschnitt nur seinen Jüngerkreis ansprach. Denn das würde bedeuten, dass das Richtverbot auch heute nur für den Umgang der Christen miteinander innerhalb der Kirchengemeinden gilt. Der „Bruder" (V. 3.4.5) ist nicht nur der Mitchrist oder der Amtsbruder, sondern der Menschenbruder, der Mitmensch überhaupt. Die Bergpredigt hat eine offene Zuhörerschaft. Sie gilt jedem und überall. Abzulehnen ist auch die These, das Verbot, zu urteilen, rate von jedem absoluten Standpunkt ab, weil jede Meinung irgendwann und irgendwie unzulänglich sei. Ebensowenig ist der geläufigen Auslegung zuzustimmen, das Futur von

---

362 Mt 5,21f.; vgl. oben S. 87ff.

V. 2 „werdet ihr gerichtet werden“ verweise auf das Jüngste Gericht, so dass der ganze Abschnitt von V. 2 her eschatologisch, endzeitlich, zu interpretieren sei. Er enthielte dann die Warnung, jedem werde einmal im Endgericht aufgerechnet, was er zu Lebzeiten anderen vorgerechnet habe. Das wäre eine Vertagung des „Reiches Gottes“, das Jesus nicht erst am Ende der Zeiten, sondern bereits jetzt in seinem Tun anbrechen sah. Es ist vor allem zu überlegen, auf wen sich das „damit“ (V. 1) bezieht. Sind es die anderen, die zurückschlagen, wenn wir mit Worten zuschlagen? Oder sind wir es selbst, die anderen mit vernichtenden Urteilen zuvorkommen wollen, damit sie uns nicht richten? Es ist vom Verhalten von Kindern und Jugendlichen her bekannt, dass sie gern andere anzeigen, bevor ihnen selbst etwas vorgehalten wird: „Der da hat mir ...“ Besonders Politiker lieben die polemische „Vorausverteidigung“, um von eigenen Schwächen und Fehlern abzulenken. Jedem aufgedeckten Skandal wird möglichst schnell ein noch schlimmeres Verhalten anderer entgegengehalten.

Eine Hilfe, das kategorische Richtverbot zu verstehen, bietet sich am ehesten von den Bildern in V. 2 u. 3 her an, die auf Erfahrungen aus dem Alltag anspielen. „Nach welchem Recht ihr richtet ...“ (V. 2a). Sprach Jesus nur den Richterstand an, so mahnte er, das geschriebene Straf- oder Zivilrecht nicht zu überziehen. Wandte er sich an das ganze Volk, so dachte er wohl an die „öffentliche Meinung“, wie wir heute sagen würden; auch an den Umgangston zwischen Bürgern und Mitbürgern. Demnach hätte er sagen wollen: Der Ton, den ihr bei einer Auseinandersetzung anschlagt, gibt den anderen die Tonlage an, auf der sie antworten werden. Bis heute kennt der Volksmund vergleichbare Sprüche: „Wie man in den Wald hineinruft, so kommt es zurück.“ „Wer in einem Glashaus sitzt, soll nicht mit Steinen werfen.“ Wer also überheblich urteilt, gerät in Gefahr, selber geringschätzig behandelt zu werden. Diese Lebenserfahrung wird durch den zweiten Spruch unterstützt: „Mit welchem Maß ihr messt, wird euch zugemessen werden“ (V. 2b). Mit dem „Maß“ könnte über das Maßband der Handwerker hinaus das Getreidemaß auf dem Markt gemeint sein. Wer beim Kornverkauf betrügt, verdient es nicht besser, als selber von anderen Händlern betrogen zu werden. Dass Jesus sich nicht generell gegen das Urteilen und Verurteilen überhaupt ausspricht, sondern vor allem vor selbstgerechter Überheblichkeit warnt, tritt schließlich in V. 3–5 mit der berühmten Metapher vom Balken und Splitter klar zutage. „Du Heuchler!“ (V. 5). Der Heuchler täuscht. Er ist der Mensch mit zwei Gesichtern: einem zur Schau getragenen und einem verheimlichten Gesicht. Er trägt die Maske des braven Biedermanns und ist dahinter doch nur ein übler Bursche. Er gibt vor, etwas gesehen zu haben, was er in Wirklichkeit gar nicht erkennen konnte.

„Was siehst du aber den Splitter in deines Bruders Auge und nimmst nicht wahr den Balken in deinem Auge?" (V. 3). Der Spruch ist grotesk. Wer einen Balken im Auge hat, ist völlig blind, wenn nicht gar bereits tot. Er hat weder die Kraft, noch die Möglichkeit, überhaupt noch über einen anderen gerecht zu urteilen. Das Beispiel ist so handgreiflich, dass der Nebengedanke erlaubt sein mag: Hier spricht Jesus als „Zimmermannssohn" aus der Praxis. Er weiß aus seiner Berufserfahrung, wie es einen aus der Fassung bringen, ja geradezu „verrückt" machen kann, wenn sich ein Holzsplitter ins Auge verirrt. Man schreit auf und reibt sich das Auge und ist zu keinem klaren Blick mehr fähig. So steht es mit dem, der den anderen eines Fehlers oder Vergehens bezichtigt, ohne zu prüfen, wie weit er sich selber schon „versündigt" hat. Jesus ruft damit noch einmal – wie schon in den „Antithesen" – zur Solidarität mit dem anderen auf[363], zumindest aber zum Eingeständnis der gemeinsamen Fehlbarkeit. Eine treffende Geschichte über die unbarmherzige, selbstgerechte Verurteilung des anderen ist das „Gleichnis vom Schalksknecht"[364]. Für sich selbst verlangt man die größtmögliche Vergebung, aber einem anderen die geringere Schuld zu verzeihen, sieht man nicht ein. Man könnte in einem Gottesdienst zu dieser Perikope im Altarraum für alle sichtbar einen Balken und einen Splitter nebeneinander aufhängen, um allein schon optisch zu demonstrieren, wie weit bei uns manchmal das Verheimlichte und Verdrängte das ans Licht Gekommene übersteigt. Trotzdem ist der Balken nur dem Umfang nach größer als der Splitter. Das Sehvermögen beeinträchtigen beide bis hin zum rasenden Schmerz. Allein das Herausziehen des Splitters – so unvermeidlich es auch sein mag – schmerzt schon so stark, dass das volle Mitgefühl des helfenden Operateurs gefordert ist (V. 4). An dieser Stelle wird die Erinnerung an die zweite Antithese besonders deutlich: „Wenn dich aber dein rechtes Auge … verführt …" Du würdest dir auch nicht das Auge herausreißen oder die Hand abhacken, darum bringe nicht rücksichtslos zwei Ehepartner auseinander.[365] „Zieh zuerst den Balken aus *deinem* Auge …" (V. 5). Man darf, ja muss geradezu um der Rechtsordnung und des Zusammenlebens willen immer wieder andere beurteilen oder gar verurteilen – aber ohne scheinheilige Überheblichkeit. Vieles, was der andere getan hat, hat man zuvor schon selber heimlich getan oder zumindest gedacht. Die Kritik am anderen sollte nicht ohne Selbstkritik erfolgen, sonst sind wir uns keine hilfreichen Brüder, sondern vernichtende Gegner. Allein schon der Sinn für Gerechtigkeit verlangt beides: die Einschätzung unserer Nächsten und die

---

[363] Vgl. oben S. 89.
[364] Mt 18,23–35.
[365] Mt 5,29; vgl. oben S. 97.

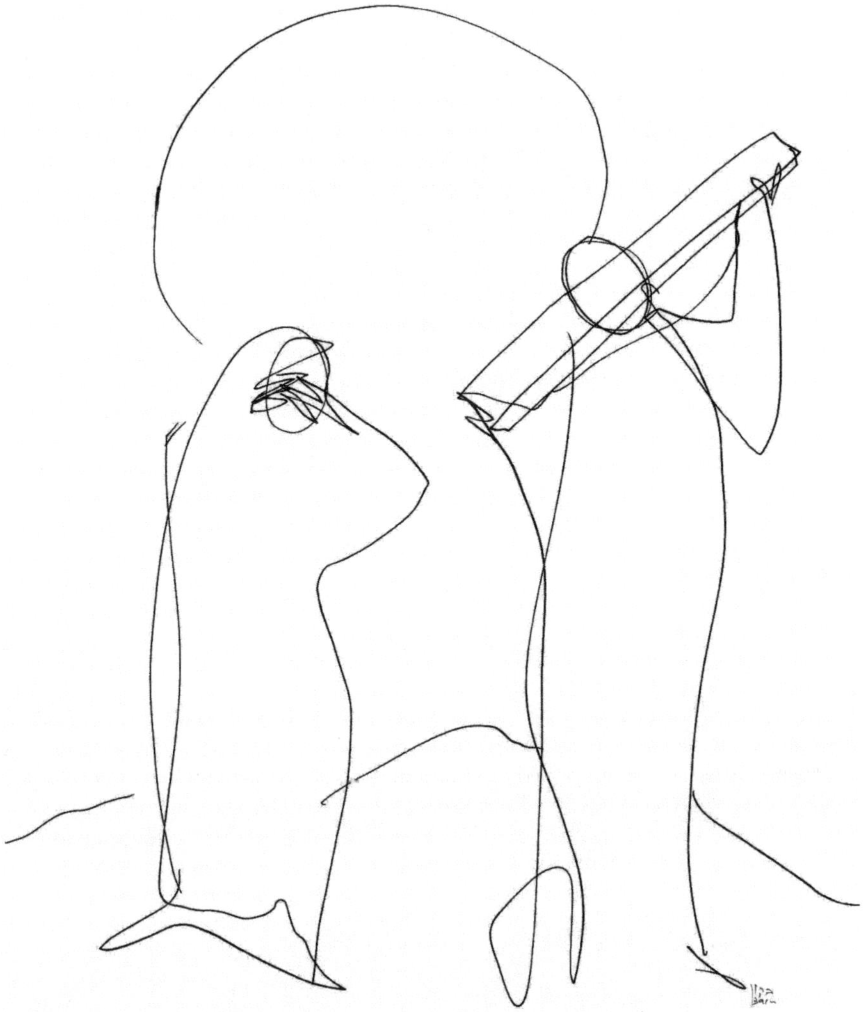

Selbstprüfung. Jesus veranschaulicht diese ethische Forderung noch mit zwei besonders provokanten Beispielen:

7,6 Ihr sollt das Heilige nicht den Hunden geben, und eure Perlen sollt ihr nicht vor die Säue werfen, damit die sie nicht zertreten mit ihren Füßen und sich umwenden und euch zerreißen.

Spricht Jesus hier seine eigene Sprache oder übernimmt er den Volksmund? Auf den ersten Blick scheint dieser Spruch mit seinen Schimpfwörtern „Hunde" und „Säue" das vorhergehende Verbot des selbstgerechten Richtgeistes zu unterlaufen. Verächtlicher können Menschen über Mitmenschen nicht reden. Beide Tierarten, Hunde wie Schweine, waren zur Zeit Jesu keine geschätzten Haustiere, sondern als halbwild streunende Aas- und Abfallfresser verachtete Kreaturen. Hunde und Schweine galten als unrein und wurden nur von Heiden gehalten. Der ausgewanderte, „verlorene", Sohn im Gleichnis vom gütigen Vater hätte lieber am Hunger sterben sollen, als sich als Schweinehirt zu verdingen.[366] Der Spruch von den Perlen, die man nicht vor die Säue werfen soll, ist im Lauf der Jahrhunderte zum geflügelten Wort geworden, jedoch der Deutschlehrer, der die Lektüre von Goethes „Faust" resignierend mit diesem Sprichwort abbricht, weil seine Schüler ihm keine Aufmerksamkeit mehr schenken, kennt die Brisanz dieses „goldenen" Wortes nicht mehr. Es geht nicht nur darum, dass es keinen Sinn macht, Dummköpfen Bildung aufzudrängen. Es ist auch nicht anzunehmen, dass Jesus seine Berglehre plötzlich mit diesem Spruch verärgert unterbrochen hat, weil einige unter den Zuhörern unruhig oder spöttisch wurden, und er daraufhin gesagt haben könnte: Für euch ist mir mein Evangelium zu schade! Viel eher ist anzunehmen, dass Jesus mit der Erwähnung der „Hunde" und „Schweine" den Zwischenruf eines Hörers aufgriff, der mit Jesu Verbot, andere überheblich zu verurteilen, nicht einverstanden war.
Als „Hunde" galten damals im Volksjargon die Heiden[367] und als „Schweine" die Römer sowie alle, die mit ihnen kollaborierten, wie zum Beispiel die Zöllner[368]. Der oder die Zwischenrufer könnten eingeworfen haben, das Verbot, andere moralisch zu verurteilen, sei schon richtig, aber den Heiden und Zöllnern habe man eben nichts zu vergeben. Diesen Einwand hätte Jesus demnach sofort aufgegriffen und ihm mit Beispielen aus dem Alltag widersprochen: „Ihr sollt das Heilige nicht den Hunden geben, und eure Perlen sollt

366 Lk 15,14–16.
367 Mt 15,26; vgl. Ecce homo 2, 2000, S. 221ff.
368 Vgl. Ecce homo 2, S. 201ff.

ihr nicht vor die Säue werfen" (V. 6ab). Als das „Heilige" wurde damals allgemein das aus den Opferzeremonien stammende restliche Fleisch bezeichnet, das auf den Märkten ohne besondere Kennzeichnung seiner Herkunft angeboten wurde. Für Juden war es natürlich ein Gräuel, wenn sie unwissend heidnisches und damit unreines Opferfleisch erwarben. Vor allem in den Städten mit gemischter Bevölkerung in Syrien, Galiläa, der Dekapolis und von „jenseits des Jordans", aus denen nach Mt 4,24f. Zuhörer zu dem „Berg", wo Jesus lehrte, herbeigeströmt waren, konnte man beim Fleischkauf nie sicher sein, ob die Ware „koscher" war. Versuchte nun ein heidnischer Verkäufer, einem Juden „unreines" Fleisch „anzudrehen", so warf dieser es dem heidnischen „Hund" zornig vor die Füße. Und wenn die Zöllner bei den häufigen und verhassten Leibesvisitationen an den Grenzschranken nach versteckten Juwelen suchten, die beim Grenzübertritt zu verzollen waren[369], konnte es wohl sein, dass ein unbeherrschter Bürger seine entdeckten Kostbarkeiten verärgert vor die Zöllner – diese „Schweine"! – warf (V. 6ab). So wundert es nicht, wenn die Marktverkäufer bzw. die Zöllner ihrerseits empört darauf reagierten und die umstrittenen Gegenstände vor Wut über die Beleidigungen „mit ihren Füßen zertrampelten" (V. 6c) und sich gegen die Kunden bzw. Grenzgänger „wandten" (V. 6d). Jesus hätte sich demnach, sollte er tatsächlich auf diese Verhaltensweisen eingegangen sein, gegen solche Aggressionen ausgesprochen und seine multikulturelle und den Berufen und der Bildung nach recht unterschiedlich zusammengesetzte Hörerschaft vor unbedachtem Verhalten gewarnt. Die jüdischen Zuhörer unter den „Volksmengen" am „Berg"[370] werden diese kritischen Mahnungen äußerst verwundert, wenn nicht gar verärgert, die „heidnischen" Zuhörer hingegen mit Beifall aufgenommen haben. An den sachlichen Missständen im Land änderte sich dadurch zunächst nichts, doch die Bewusstseinsbildung nahm damit ihren Anfang. Vermeintliche Sachzwänge lassen sich erst wirksam verändern, wenn zuvor die Denkzwänge, die sie zementieren, aufgeklärt werden.

In der christlichen Tradition wurde die Warnung vor der Verschleuderung des „Heiligen", wie man V. 6 zu verstehen meinte, schon früh als Kritik an einer zu liberalen Heidenmission gewertet. Das Evangelium sollte nicht an „Götzendiener" verschenkt werden, wenn diese sich ihm verweigerten oder über die „frohe Botschaft" lästerten. Auch sollte es nicht den „Irrlehrern" überlassen bleiben. Solche Deutungen dieses rätselhaften Spruchs Jesu widersprechen aber dem Geist des Matthäusevangeliums, in dem mehrere Begegnungen Jesu mit Heiden geschildert werden und das die Heidenmission mit dem

369 Vgl. Ecce homo 1, S. 192f.

370 Direkte Übersetzung der Bezeichnung der Zuhörerschaft in Mt 4,23–25; 5,1; 7,28.

ausdrücklichen, weltweiten „Missionsbefehl", den der Auferstandene seinen Jüngern erteilt, in Auftrag gibt.[371] Der „Perlenspruch" Jesu wurde auch missbraucht, wenn er zur Begründung des Ausschlusses eines Gläubigen vom Abendmahl oder zur Legitimierung der Austeilung der Eucharistie unter nur einer Gestalt – der Hostie ohne Wein – herangezogen wurde. Das Blut Christi sei zu kostbar, hieß es, um es dem unverständigen Volk zuzugestehen. „Das Heilige den Heiligen", so behauptete man.[372] Auf diese Weise lässt sich ein Stück Evangelium leicht in ein Gesetz der Kirchenzucht umwandeln!
Nach dieser Bitte um mehr Verständnis füreinander geht Jesus in einem neuen Abschnitt noch einmal auf das Beten ein, wobei nicht sogleich ersichtlich ist, worin der für eine schlüssige Rede notwendige Zusammenhang zwischen beiden Abschnitten besteht. Er ist wohl darin zu sehen, dass Jesus, nachdem er zu einem anderen Verhalten aufgerufen hat, noch einmal auf die Kraft hinweisen und sie zusprechen will, durch die es überhaupt zu einer wesentlichen Veränderung im festgefahrenen zwischenmenschlichen Verhalten kommen kann. Die Mitmenschen können sich „Brüder" und „Schwestern" sein, weil sie Söhne und Töchter des „Vaters im Himmel" sind. Jesus verweist noch einmal auf die Zusammengehörigkeit von Nächstenliebe und Gottesliebe.

Der Atem der Seele – *Von der Gebetserhörung*

Mt 7,7–11 (Lk 11,9–13)

7 Bittet, so wird euch gegeben; suchet, so werdet ihr finden; klopfet an, so wird euch aufgetan. 8 Denn wer da bittet, der empfängt; und wer da sucht, der findet; und wer da anklopft, dem wird aufgetan. 9 Wer ist unter euch Menschen, der seinem Sohn, wenn er ihn bittet um Brot, einen Stein biete? 10 Oder, wenn er ihn bittet um einen Fisch, ihm eine Schlange biete? 11 Wenn nun ihr, die ihr doch böse seid, dennoch euren Kindern gute Gaben geben könnt, wie viel mehr wird euer Vater im Himmel Gutes denen geben, die ihn bitten!

Das Gebet als Rückhalt beim „Vater im Himmel" muss für den jungen Rabbi aus Nazareth die stärkste Lebenskraft gewesen sein, denn noch einmal kommt er gegen Ende seiner „Berglehre" auf das vertrauensvolle Beten zurück, obwohl er bereits in der Mitte seiner großen Rede mit den Hinweisen zum aufrichtigen Beten und mit dem Beispiel des Vaterunsers eine große geistliche

---

371 Mt 28,18–20; siehe auch 2,1ff.; 8,5ff.; 8,28ff.; 15,21ff.; 22,9ff. u.ö. Zur Auslegungsgeschichte: Ulrich Luz, Das Evangelium nach Matthäus (Mt 1–7), EKK I/1, S. 379f.

372 a.a.O., S. 382.

Hilfe gegeben hatte.[373] Ohne die morgendliche Andacht hätte sich Jesus tagsüber nicht so vielen Menschen zuwenden können[374], und ohne den „Gebetskampf" in Gethsemane wäre er nicht so konsequent seinen „Kreuzweg" gegangen.[375] Jesus besaß ein absolutes Vertrauen darauf, dass unsere Gebete von unserem „Vater im Himmel" (V. 11) gehört und erhört werden. Sein Vertrauen klingt in seinen Worten fast wie der Ablauf einer Automatik: „Bittet, so wird euch gegeben; suchet, so werdet ihr finden; klopfet an, so wird euch aufgetan" (V. 7). Drei Bemühungen finden drei Erhörungen. Sie folgen aufeinander wie die Windungen einer Spirale, die sich immer höher schraubt. Man spürt förmlich die Intensität, mit welcher sich der Beter sich mehr und mehr „hineinkniet": bitten, suchen, klopfen – sprechen, ringen, stammeln. Der Glaube ist kein Standpunkt, sondern ein Weg, ein Prozess, ein Kampf, jeweils den Anlässen und Umständen entsprechend. In seiner Vorlesung über den Römerbrief von 1515/16 bemerkte der junge Dozent Martin Luther: „Dieses Lebens Stand bringt man nicht so dahin, dass man Gott hat, sondern so, dass man ihn sucht … immer wieder beginnend und suchend und das Gesuchte immer wieder suchend … weil man auf dem Wege Gottes nicht stehen bleiben darf …"[376] Der Glaubende hat Gewissheit, aber keine Sicherheit. Er hat Hoffnungen, aber keine Garantien. Das Gebet hat einen psychohygienischen Sinn. Es ist eine psychische Arbeit, ein Aus- und Einatmen der Seele. Im Beten ordnet sich das Erlebte. Der Blick zurück lässt die Stationen des Lebens erkennen. Der Blick nach vorne spricht die Wünsche und Träume aus. Der Blick nach oben empfängt die Güter als Gaben und zeigt die Begrenztheit der eigenen Bemühungen. Der Blick zur Seite zeigt die Mitmenschen als Gefährten, und der Blick nach unten beruhigt uns, darum wissend, dass wir getragen sind. „Ich sitze oder stehe auf … Ich gehe oder liege, so bist du um mich … Von allen Seiten umgibst du mich und hältst deine Hand über mir …"[377]

Die drei Anstrengungen des Glaubens – bitten, suchen, anklopfen – finden ihr Echo in geben, finden, auftun. Der Beter fühlt sich im Aufblick seiner Seele zum „Vater im Himmel" beschenkt, belohnt, eingelassen. Nur: Es wird nichts über die Zeiten gesagt, die verstreichen werden, bis es vom Bitten zum Empfangen kommt. Und es wird auch nicht versprochen: Bittet, und dann wird

---

373 Mt 6,5–13; vgl. oben S. 131ff.

374 Mk 1,35–37.

375 Mk 14,32–42; Ecce homo 1,S. 33ff.

376 Zitiert nach: Martin Luther, Ausgewählte Werke, hrsg. von H. H. Borcherdt / Georg Merz, Ergänzungsreihe, Bd. 2, ^{3}1957, S. 112, in der Auslegung von Röm 3,11.

377 Ps 139,2f.5.

euch genau das Erbetene gegeben; suchet, so werdet ihr genau das Gesuchte finden; klopfet an, so wird euch gerade diese Türe aufgetan. Die Erhörung ist gewiss, aber den Zeitpunkt und die Art und Weise behält sich Gott vor. Damit ist die Automatik aufgehoben, mit der wir magisch genau das herbeirufen könnten, von dem wir behaupten, dass wir es sofort und nur es und nichts anderes bräuchten. Gott gibt uns *die* Gaben, die wir nach seiner Einschätzung nötig haben. Er geht *die* Wege mit uns, die *er* für gangbar hält. Er öffnet uns *die* Türen, die uns in die passenden Räume führen. Er bleibt souverän frei in seinen Antworten – aber er schweigt nicht. Gott scheint nur nicht zu hören, wenn wir uns auf unsere Bitten fixieren. Hingegen antwortet er wunderbar, wenn wir uns auf Überraschungen, Verzögerungen, Umstellungen einlassen. Es bedarf nur des Grundvertrauens darauf, dass unser „himmlischer Vater" (V. 11) zu uns gar nicht anders als väterlich sein will, wie befremdlich uns seine „Gaben", seine „Wege" und seine „Türen" manchmal auch erscheinen mögen. Den Begriff des „Vaters" möchte Jesus nun für seine Hörer füllen, indem er mit zwei kleinen Gleichnissen in einer Art von gläubigem Beweisverfahren den Schluss vom Kleineren zum Größeren, von einem irdischen Familienvater zum himmlischen Vater zieht.

Zunächst schränkt Jesus ein: Irdische Eltern eignen sich eigentlich nicht zum Vergleich mit Gott, denn sie sind „böse" (V. 11a). Eine harte Behauptung, die aber nicht zur Untermauerung des Dogmas von der Erbsünde dienen, sondern nur besagen will: Das Tun der Menschen ist unvollkommen, und ihre Gefühle sind unberechenbar. Es gibt Eltern, die ihre Kinder abweisen, schlecht versorgen, verkümmern lassen. Und doch erwarten wir alle von den Müttern und Vätern, dass sie auf die Bedürfnisse ihrer Kinder liebevoll eingehen und sie nicht quälen. „Wer ist unter euch Menschen, der seinem Sohn, wenn er ihn bittet um Brot, einen Stein biete? Oder, wenn er ihn bittet um einen Fisch, ihm eine Schlange biete?" Es geht um die Ähnlichkeit der Dinge. Die damaligen runden Brote konnten bei schwachem Licht mit großen Kieselsteinen und die schmalen Fische des Sees Genezareth mit kleinen Schlangen verwechselt werden. Unerfahrene Kinder konnten hungrig zugreifen und zur Erheiterung der Erwachsenen leicht getäuscht werden. Die kleinen Gleichnisse von den verwechselbaren Dingen wollen aber auch sagen: Jede Mutter und jeder Vater werden alles daransetzen, ihren Kindern Brot und ein Stück vom getrockneten Fisch zu geben und sie nicht dem Hunger aussetzen, der sich in der Not an Nichtessbarem vergreift. Um wie viel mehr wird dann Gott als Inbegriff der Liebe und des Guten seine Geschöpfe mit dem Notwendigen versorgen! Gott ist nicht mit dem kalten Schicksal und nicht mit der Laune der Natur identisch, sondern als der himmlische Vater, der von seiner höheren Warte aus die Dinge überschaut, der fürsorgliche Beschützer und Geber aller

guten Gaben.[378] Er ist das väterliche Du und kein stummes Es. Dass trotzdem Menschen enttäuscht und betrogen werden, leiden und verhungern müssen, geht nicht in erster Linie auf ihn zurück, sondern ist zunächst einmal der Unbarmherzigkeit der Mitmenschen zuzuschreiben. Während wir nach Gott schreien, ist Gott auf der Suche nach dem Menschen. „Die Toren sprechen in ihrem Herzen: ‚Es ist kein Gott.' Der Herr schaut vom Himmel auf die Menschenkinder … da ist keiner, der Gutes tut, auch nicht einer."[379] Lukas redet in seiner Parallele von einem Ei und einem Skorpion.[380] Ihm geht es nicht um die äußere Verwechselbarkeit, sondern um die Gefährlichkeit der Gabe. Gott gibt uns nichts, um uns zu schädigen, auch wenn seine Antwort schmerzt. Irgendwann biegt jeder Glaubensweg auf den Kreuzweg ein. Brot, Fisch und Ei sind alltägliche Nahrungsmittel und keine Luxusgüter. Sie zählen zu den Grundversorgungen des Lebens. Wenn Jesus sie als Inhalte der Bitten erwähnt, erinnert er noch einmal an die vierte Bitte des Vaterunsers: „Gib uns heute das Brot für den nächsten Tag."[381] Im Gebet nehmen wir unsere Maßlosigkeit zurück und erkennen, wie wenig wir eigentlich brauchen, um „Gutes" zu haben (V. 11c).
An nichts nimmt Matthäus mehr Anstoß als an der Passivität der Christen. Durchweg betont er in seinem Evangelium das „Tun"[382]. Er möchte nicht, dass es die Menschen in der Nachfolge Jesu bei der Gewissheit belassen, Gott werde uns schon geben, was wir brauchen. Deshalb hebt bei ihm Jesus gegen Ende seiner „Berglehre" noch einmal auf die Aktivität derer ab, die bereit sind, am „Reich Gottes" mitzuwirken. Weil der Vater im Himmel uns so viel Gutes erfahren lässt, können wir auch anderen Gutes tun. Die bekannteste Äußerung Jesu hierzu ist die berühmte „Goldene Regel". Sie lässt sich geradezu als den zentralen Merkspruch verstehen, der die ganze „Berglehre" Jesu, wie sie Matthäus überliefert, zusammenfasst.

Aktive Toleranz – *Die goldene Regel*

Mt 7,12 (Lk 6,31)

12 Alles nun, was ihr wollt, dass euch die Leute tun sollen, das tut ihnen auch! Das ist das Gesetz und die Propheten.

---

378 Eph 3,15.
379 Ps 14,1.3.
380 Lk 11,12.
381 Vgl. oben S. 138ff. zu Mt 6,11.
382 Mt 5,19; 6,3; 7,12.21f.24.26; 9,28; 12,50; 20,32; 21,31; 23,3.23; 25,40; 26,10.

Gerade am Ende der „Berglehre“ ist noch einmal daran zu erinnern, welches Publikum sich um Jesus versammelt hat: es waren „Leute“ aus den jüdischen Landen, aus dem Libanon, Syrien, Jordanien, Städter und Dörfler, Männer und Frauen, Gesunde und Kranke, Reiche und Arme, Glaubende und Zweifler – die religiös und sozial sehr verschieden geschichtete, offene multi-ethnische und multikulturelle Gesellschaft, eben die „Volksmengen“. Nachdem Jesus versucht hat, Fromme und Unfromme, Freunde und Feinde, Gerechte und Ungerechte, Männer und Frauen, Habende und Habenichtse zusammenzuführen, indem er ihnen das Vatersein Gottes gegenüber allen Menschen aufzeigte und ihnen ein neues Vertrauen ins Dasein zusprach, entlässt er sie nun in den Alltag ihrer Wohnorte mit einer praktischen Empfehlung, die so knapp gehalten ist, dass sie jeder sofort lernen kann, aber doch auch so weit gespannt, dass sie alle Unterschiede überbrückt und alle Lebensläufe umgreift. Sie liegt seit alters in vielen Kulturen in den verschiedensten Fassungen vor und spricht sowohl die Natur wie den Glauben der Menschen an. Man nennt sie die „Goldene Regel“, weil die Weisheit das Gold des Zusammenlebens und weil Gold das edelste und beständigste Metall ist.

„Alles nun, was ihr wollt“ – alles ohne Ausnahme, ohne Hintergedanken, ohne Scheu. Alles, was eure eigenen Bedürfnisse sind, das räumt ein, das sprecht aus, das lasst zu. Wenn etwas dauerhaft behältlich sein soll, muss es bei der Selbstliebe ansetzen, weil ohne eine Vertrautheit mit dem eigenen Ich auch das Du nicht erfasst wird. Wer sich selbst nicht erkennt, kann auch die anderen nicht anerkennen. Und erst wenn wir uns „alles“ tun, merken wir, welche hohen Ansprüche wir eigentlich an die anderen stellen und wie unerträglich viel wir ihnen zumuten. „… dass euch die Leute tun sollen“. Es ist ein altes Vorurteil, ein Christenmensch müsse ständig von sich selbst wegdenken, er sollte jeden Verzicht leisten und in der Selbstverleugnung leben, wie es sich etwa in der 2. Strophe des klassischen Friedensgebetes ausdrückt, das Franz von Assisi zugeschrieben wird: „Herr, lass du mich trachten: nicht, dass ich getröstet werde, sondern dass ich andere tröste … nicht dass ich geliebt werde, sondern dass ich andere liebe.“ Die Goldene Regel sagt, dass erst aus der Offenheit und Ehrlichkeit gegenüber sich selbst die Sympathie, das Mitfühlen mit den anderen erwächst. Liebe ist ein Akt der Gegenseitigkeit. Er beginnt bei den eigenen Gefühlen. Nur wenn ich mich selbst tolerieren kann, lerne ich auch den anderen achten. Zuerst sollte ich mir selbst gegenüber einräumen, was ich als Mensch gern für mich hätte, bevor ich anderen gewähre oder bestreite, dass sie dieses oder jenes zum Leben brauchen. Allerdings hat die Realisierung meiner Bedürfnisse und meine Toleranz gegenüber dem Nächsten verschiedene Zeitformen. Im Blick auf den anderen ist vom Konjunktiv die Rede: „Alles nun, was euch die Leute tun *soll(t)en* …“ Im Blick auf mich selbst steht der Imperativ: „Das tut ihnen auch!" Die Handlung der anderen an mir steht noch aus, während ich schon mit meiner Tat für sie begonnen habe. Das wahre „Tolerieren" ist also kein bloßes Abwarten und passives Gewährenlassen, sondern ein aktives Zugehen auf den anderen, ein mitgeteiltes Interesse an ihm. Insofern unterscheidet sich die positive Fassung „Alles nun, was ihr wollt, dass euch die Leute tun sollen, das tut ihnen auch", die Jesus dem Glaubensspruch der „Goldenen Regel" verleiht, grundsätzlich von der negativen Fassung, die in vielen Völkern als Naturregel gilt: „Was du nicht willst, das man dir tu, das füg auch keinem andern zu." Wenn ich sage: „Wie du mir, so ich dir", reagiere ich nur auf den anderen. Wenn ich aber auf dem Standpunkt stehe: „Alles, was du mir tun sollst, das verlange ich zuerst von mir selbst", liegt die Initiative bei mir. Die positive Fassung der „Goldenen Regel" handelt darum bereits vom Tun, nicht erst vom Nichtsantun. Sie will nicht bloß Abstand halten und keinen verletzen, sondern Brücken schlagen und helfen. Beide Fassungen sind jedoch keine strenge Alternative, sondern bauen aufeinander auf. Sie verhalten sich zueinander wie die erste Stufe zur zweiten, wie die „gute" zur „besseren Gerechtigkeit". Das Du sitzt in mir selber als ein Ich. Es ist nichts Fremdes, sondern das Eigene. Der andere ist auch der Mensch in mir, der seine Wünsche und Sprüche hat. Wieder einmal hat Jesus durch gedanklichen Rollentausch und Umkehr der Gewohnheit eine neue Nachdenklichkeit bewirkt. Dieser Frontenwechsel, der auch für die Streitgespräche und Wundergeschichten bezeichnend ist, scheint ein originales Instrument seiner Gesprächstherapie gewesen zu sein.[383]

Dabei fällt besonders auf, dass in der Fassung, die Jesus der Goldenen Regel gibt, das Wort „Gott" nicht vorkommt. Es darf vermutet werden, dass einige Fromme unter den Zuhörern Jesu „am Berg" über eine solche „gott*lose*" Zusammenfassung der langen Belehrung enttäuscht waren und noch einmal, wie schon zuvor, als Zwischenrufe einwarfen: Wo bleibt die Besonderheit unseres jüdischen Glaubens an Gott Adonaj? Zählst du dich überhaupt noch zu unserer Religion?[384] Es gibt eine hübsche Geschichte in der rabbinischen Tradition über den Streit, ob eine Kurzfassung des Glaubens wie die Goldene Regel schon oder noch jüdisch sei: „Einmal kam ein Heide zu Schammai (Rabbi um 30 v.Chr.). Er sprach zu ihm: ‚Nimm mich als Proselyten auf[385], unter der Bedingung, dass du mich die ganze Thora lehrest, während ich auf *einem* Bein stehe.' Er stieß ihn mit einem Baumaß, das er in seiner Hand hatte, fort. Er ging zu Hillel (Rabbi um 20 v.Chr.); dieser nahm ihn als Proselyten auf. Er

---

383 M. Köhnlein, Ecce homo 2, 2000, S. 20.59.

384 Vgl. oben S. 77 zu Mt 5,17.

385 Griechisch: Hinzugekommener, Übertreter.

sprach zu ihm: ,Was dir unlieb ist, tue keinem andren; das ist die ganze Thora, und das andre (übrige) ist Erklärung; geh und lerne!'"[386] Die negative Fassung der Goldenen Regel war also schon vor Jesus der liberalen Schule der jüdischen Theologie bekannt. Jesus stand wohl ihrem Überlieferungsstrom nahe, auch wenn er die Formulierung der Goldenen Regel umkehrte. Jedenfalls fügt er der Regel auf die möglichen Zwischenrufe hin die Bekräftigung hinzu, die schon Rabbi Hillel in ähnlicher Weise anwandte: „Das ist (ja) das Gesetz und die Propheten" (V. 12b).

Damit scheut sich Jesus nicht, das interreligiös Gemeinsame dogmenfrei zu formulieren und seinen tiefen Abba-Glauben auch säkular zu artikulieren. Wer verstanden hat, wie er in seiner „Berglehre" mit der Zuwendung Gottes zu uns begann und von daher der Nächstenliebe und der Selbstliebe eine neue Stärkung und Ausrichtung gab, vermisst das Wort „Gott" in der Goldenen Regel nicht, weil er empfindet, wie die von ihren Egoismen befreiten Zuhörer Jesu als die „Söhne und Töchter Gottes"[387] auch anonym im Namen Gottes handeln. Jesus bringt vor der multikulturellen Zuhörerschaft seinen jüdischen Glauben in einer allgemein verstehbaren Weise zum Ausdruck. Das Sich-verstehen aller Menschen ist ihm wichtiger als die Abgrenzung der Gläubigen von Andersgläubigen bzw. der vermeintlich mehr Glaubenden gegenüber den angeblich weniger Glaubenden. Jesus stellte die Orthopraxie vor jede Orthodoxie, jedes Rechttun vor jede Rechthaberei.

Matthäus ist diese Betonung des Tuns besonders wichtig. Er lässt Jesus die Goldene Regel mit einem weiteren Ausspruch bekräftigen: „Es werden nicht alle, die zu mir sagen: Herr, Herr! in das Himmelreich kommen, sondern die den Willen tun meines Vaters im Himmel" (7,21). Dieser Zusatz ist aller Wahrscheinlichkeit nach die eigene Formulierung des Evangelisten, denn „Herr", griechisch „kyrios", wurde Jesus erst von der Urgemeinde genannt. Aber selbst wenn diese Mahnung erst von Matthäus hinzugefügt wurde, überliefert sie uns doch noch die Erinnerung, wie entschlossen der „Berglehrer" in seiner Verkündigung auf die Glaubwürdigkeit des Glaubens abhob. Andererseits grenzt der Evangelist mit diesem Eintrag in die Lehre Jesu die voraussetzungslose Einladung der „Volksmengen"[388] wieder ein. Er lässt Jesus eine Einlassbedingung in das „Reich Gottes" so aufstellen, als dürften nur die Bewährten die Nähe Gottes genießen. So beginnt die Einschränkung der Bergpredigt schon mitten in ihrem biblischen Text. Manche Türen, die Jesus zum Reich Gottes geöffnet hat, wurden von den ersten Christen schon wieder

---

386 Strack-Billerbeck, a.a.O., I. Band, 1926, S. 460.
387 Mt 5,9; vgl. oben S. 59f.125.
388 Mt 5,3–10.

geschlossen. Trotzdem tönt das Bekenntnis Jesu immer noch unüberhörbar durch die Jahrhunderte: „Er lässt seine Sonne aufgehen über Böse und Gute und lässt regnen über Gerechte und Ungerechte. Denn wenn ihr (nur) die liebt, die euch lieben, was habt ihr für einen Lohn?"[389]
Das „Tun" kann natürlich auch in die Irre führen, vor allem wenn es sich von den vielen Angeboten dessen, was man alles tun könnte, leiten lässt. Ein Kriterium für den rechten Weg sind nach der Lehre Jesu, wie sie Matthäus überliefert, überraschenderweise die „Leute" (V. 12). Jedoch nicht, dass man in der Nachfolge Jesu tun soll, *was* die Leute tun, sondern dass man etwas *für* die Leute tut, ist der Auftrag Jesu – aus dem Glück heraus, dass der „Vater im Himmel" so viel für uns tut.

Keine Höllenangst! – *Der breite und der schmale Weg*

Mt 7,13f. (Lk 13,23f.)

13 Geht hinein durch die enge Pforte. Denn die Pforte ist weit, und der Weg ist breit, der zur Verdammnis führt, und viele sind es, die auf ihm hineingehen. 14 Wie eng ist die Pforte und wie schmal ist der Weg, der zum Leben führt, und wenige sind es, die ihn finden!

Dieser bildhafte Spruch von den zwei Wegen hing in Württemberg noch vor zwei Generationen als farbige Lithographie in vielen Wohn- oder Schlafzimmern pietistischer Familien. Seine fromme Betrachtung gehörte zur Sonntagsheiligung. Die Braut brachte das Bild mit ihrer Aussteuer in die Ehe, und der Großvater erklärte es seinem andächtigen Enkel. „Entscheide dich! Gehörst du zum Reich der Welt oder zum Reich Gottes? Gehst du auf die Hölle oder auf den Himmel zu? Läuft dein Leben auf die Verdammnis oder auf die Seligkeit hinaus?" Die tüchtige Stuttgarter Kauffrau Charlotte Reihlen, die im Kreis der Nachfolger des feurigen Erweckungspredigers Ludwig Hofacker zu ihrer Bekehrung gefunden hatte, ließ das Bild 1866 von dem Kupferstecher Paul Beckmann nach ihren Angaben zeichnen und dann von reisenden Kolporteuren auf den Jahrmärkten anbieten.[390] Das Bild wurde im Laufe der

389 Mt 5,45f.

390 Vgl. Manfred Köhnlein, Weltbild und Glaubensverständnis im württembergischen Pietismus des 19. Jahrhunderts, in: Gerhard Büttner / Jörg Thierfelder (Hg.), Religionspädagogische Grenzgänge, 1988, S. 127–149; ders., Der breite und der schmale Weg, in: Bibel heute, 2/2004, S. 22–25.

Jahrzehnte immer wieder neu umgezeichnet und aufgelegt.[391] Die amerikanischen Fundamentalisten vertreiben es heute noch in neuen in das Internet eingestellten Versionen, die bereits die einstürzenden Türme des „World Trade Centers" zeigen. Das „erweckliche" Andachtsbild der Charlotte Reihlen ist streng dualistisch angelegt und zeigt eine große Freude an frommen Allegorien. Eine Mauer im Vordergrund gewährt den Spaziergängern und Wanderern verschiedener Gesellschaftsschichten auf der linken Seite Einlass auf einen breiten, bequemen Fahrweg durch ein großes Portal mit dem Reizwort „Willkommen" und den nackten Statuen des Weingottes Bacchus und der Liebesgöttin Venus. Am breiten Weg stehen Gasthöfe, ein Hurenhaus, eine Spielhölle, ein Theater. Die Besucher verwandeln sich durch allerlei „vermeintliche Erquickungen", „verlockende Zerstreuungen" und „üble Laster" mehr und mehr in „Kinder der Finsternis", die am Ende von Kriegen, Erdbeben und den Schädigungen der Technik bestraft und gejagt im Höllenfeuer umkommen. Streng getrennt vom breiten Weg verläuft in der rechten Bildhälfte ein steiler, mühsam zu erklimmender Pfad, zu dem im Vordergrund ein Erweckungsprediger alle einlädt, die ihren Nacken unter einem schmalen Pförtchen hindurch beugen wollen. Sie gehen dann als die „Kinder des Lichts" in stiller Ergebenheit vorbei an den Stationen der Kirche, der Sonntagsschule, des Missionszeltes, des Waisenhauses und der Diakonissenanstalt hinauf zum himmlischen Jerusalem. Sie folgen dem „Heilandsruf" und werden immer „kleiner und reiner", wie Ludwig Hofacker es verkündete.[392] Am Ende stehen sie vor dem Thron des Lammes und erhalten die Krone der Überwinder. Zwischen beiden Wegen verlaufen ein Zaun und ein tiefes Tal. Der Zaun hat zwar kleine Öffnungen und über das Tal führen mehrere Stege. Aber keines der vielen „Kinder der Finsternis" benützt die Chance, Buße zu tun und reuig zu den wenigen „Kindern des Lichts" hinüberzuwechseln. Die „Vielen" und die „Wenigen" bleiben streng getrennt. „Sünde" heißt in diesem pietistischen Weltbild der Erweckungsbewegung im Wesentlichen, der Fleischeslust verfallen sein. Entsprechend ist „Glaube" das Meiden des Bösen. Die Weltkinder erliegen den dreimal sechs „Werken des Bösen", die erweckten Christen dagegen leisten die sieben „Werke der Barmherzigkeit". Aber so einfach und leicht teilbar in zwei getrennte Wege, wie die Bürgermoral es sich vorstellt, ist der Alltag nicht. Existentiell verlaufen beide Wege nicht parallel nebeneinanderher, sondern sie sind aller Er-

---

391 Die Erstauflage ist daran erkenntlich, dass die Kirchenuhr auf Viertel vor zwölf eingestellt ist. Die verbreitetste Auflage stammt aus dem Jahr 1910 und hat die Uhr bereits auf zehn Minuten vor zwölf vorrücken lassen.

392 In: ders., Gesammelte Schriften, Stuttgart o.J., S. 533, aus einer Predigt zu Mt 7,13f.

fahrung nach immer wieder ineinander verschränkt, weil die Christen zwar nicht „aus (dem Geist) der Welt", aber doch (mit aller Vernunft) „in der Welt" leben.
Die Bildkomposition der Frau Reihlen wurde einerseits inspiriert durch die puritanische Moral des vorindustriellen, bürgerlichen 19. Jahrhunderts, andererseits aber auch angeregt durch die vermeintlich dualistische Sprache des Matthäustextes. Der „engen Pforte" stehen in Mt 7,13f. die „weite Pforte", dem „schmalen Weg" der „breite Weg", dem „Leben" die „Verdammnis" und den „Wenigen" die „Vielen" entgegen. Diese Gegenüberstellungen sind bekannt aus der griechischen Philosophie und der jüdischen Theologie. Mit ihnen erzählte Jesus seiner multikulturellen Hörerschaft nichts Neues. Schon in der Thora, bei den Propheten, in den Psalmen und in den Sprüchen Salomos werden die Wege der Gerechten und der Gottlosen zueinander in Gegensatz gebracht.[393] Im Unterschied dazu beschreibt Jesus den breiten Weg jedoch nicht wie ein Bußprediger mit Stationen der Sünde und den schmalen Weg nicht mit erbaulichen Bildern. Er benützt kein Weltbild, keinen Lasterkatalog, auch keine Auflistung guter Werke. Er redet nicht von der Hölle und nicht vom ewigen Leben. Er lockt und droht nicht und zeichnet die beiden Wege nicht dualistisch. Jesus erwähnt nur den „Untergang" auf dem breiten Weg (V. 13). Den kann sich ein Mensch zu Lebzeiten schon selbst bereiten. Es ist bedauerlich, dass die Lutherbibel das griechische „apoleia" mit „Verdammnis" und nicht präziser mit „Verderben, Selbstzerstörung" übersetzt. Die „Hölle" bereiten wir uns selbst. Jesus musste nicht auftreten, um eine „Hölle" am Ende der Tage zu predigen; davon sprachen schon vor ihm die Schriftgelehrten seit der Heimkehr aus dem babylonischen Exil. Der Bergprediger verhieß auch nicht das Paradies. Es war ihm wichtiger, hier und heute das „Leben" zu entdecken – das Leben in Gerechtigkeit und in Frieden mit Gott, dem Nächsten und sich selbst. Der Ton des Textes liegt beim Wunder des Findens als einem Geschenk Gottes und nicht beim Sturz in die Hölle. Lukas kommt in seiner Parallele ohne jeden weltbildlichen Ballast aus. Er lässt Jesus zwischen den Zeilen sein Mitgefühl mit den „Vielen" äußern, die ehrlich darum „ringen", den Glauben zu finden, aber nicht zu ihm durchfinden. „Sie werden's nicht können" (13,24). Dass so viele gerne glauben möchten, aber beim besten Willen den Einstieg und den Weg zum Glauben nicht finden, gehört auch zu den Glaubenswahrheiten. Martin Luther hat sich zeitlebens gegen ein schematisches Nebeneinander der beiden Reiche, des Reiches der Welt und des Reiches Gottes, ausgesprochen. Er sah im Christenmenschen beide ineinander verschlungen in einem dialektischen Zu

---

[393] z.B. Jer 21,8; Dtn 11,26; Ps 1,6; Spr 29,27 u.v.a.

gleich. Der Christ war für ihn immer zugleich Sünder und Gerechter. Er kannte nicht, wie etwa Hofacker, die Trennung zwischen einem Leben „vor der Buße“ und „nach der Buße“. Für ihn war das ganze Leben eine ständige Buße und eine anhaltende Begnadigung. Er wusste den Christen mitten unter lauter „Unchristen“ und auch in sich selbst immer beides zugleich sein: Christ und Unchrist. Sünder waren wir für Luther alle „in re“, in der Realität, Gerechte „in spe“, auf Hoffnung. Er sprach vom „Gottesdienst im Beruf“ und separierte den Christen nicht von der Welt. Im erwecklichen Pietismus fand der Christ seine Geselligkeit nur in der Gemeinschaft anderer Erweckter. Als würde er ahnen, wie leicht die Menschen durch eine emotionale Verkündigung verführbar sind, spricht Jesus sie noch einmal auf die „rechte Frömmigkeit“ an.

Wölfe im Schafspelz – *Kriterien der Frömmigkeit*

Mt 7,15–23 (Lk 6,43–46; 13,26f.)

15 Seht euch vor vor den falschen Propheten, die in Schafskleidern zu euch kommen, inwendig aber sind sie reißende Wölfe. 16 An ihren Früchten sollt ihr sie erkennen. Kann man denn Trauben lesen von den Dornen oder Feigen von den Disteln? 17 So bringt jeder gute Baum gute Früchte; aber ein fauler Baum bringt schlechte Früchte. 18 Ein guter Baum kann nicht schlechte Früchte bringen, und ein fauler Baum kann nicht gute Früchte bringen. 19 Jeder Baum, der nicht gute Früchte bringt, wird abgehauen und ins Feuer geworfen. 20 Darum: an ihren Früchten sollt ihr sie erkennen.

Beim ersten Hören oder Lesen empfindet man diesen drittletzten Redeabschnitt der Bergpredigt vielleicht als langatmig, wird doch darin derselbe Sachverhalt scheinbar umständlich einmal vom Positiven und dann wieder vom Negativen her beleuchtet. Man fragt sich, wie lange Jesus noch seine große Zuhörerschaft faszinieren kann. Doch auch jetzt gegen Ende der Rede vermitteln seine Gedanken durchaus noch ihren rhetorischen Reiz und sprechen vor allem den praktischen Hintergrund in der Lebenserfahrung der Zuhörer an. Der junge Lehrer aus Nazareth baut geschickt Fragen ein (V. 16), appelliert an die Logik (V. 18) und erzählt Gespräche in direkter Rede (V. 21–23). Der Abschnitt klang damals sicher brisanter, als wir es heute vermuten. Die vorgebrachten Beispiele und Vergleiche waren für die „Volksmengen „am Berg“ leicht zugänglich, weil sie sich auf damals allgemein bekannte Ereignisse bezogen bzw. aus der Landwirtschaft stammten, die vielen vertraut war. Aber man fragt sich: Spricht Jesus von Nazareth auch hier tatsächlich noch selbst?

Inhaltlich geht es um die unlautere Konkurrenz in der Verkündigung, um „falsche Propheten", Scharlatane, Lügner, Verführer (V. 15). Die meisten Kommentatoren halten den griechischen Begriff „Pseudopropheten" für einen Fachausdruck des frühen Kirchenrechts und behaupten deshalb, der Text sei von Matthäus selber verfasst und Jesus unterschoben worden. Er spiegele die internen Kämpfe der beginnenden Amtskirche, deren erste Bischöfe und Presbyter in den Gemeinden hätten bereits mit pluralistischen Tendenzen kämpfen müssen. In diesem Abschnitt werde das freischaffende Charismatikertum selbsternannter Apostel und Propheten von den ortsansässigen Amtsträgern kritisiert. Um der amtlichen Meinung eine höhere Legitimation zu geben, habe Matthäus dieses Gemeindeproblem in die Bergpredigt eingetragen. Matthäus verfasste zwar sein Evangelium erst um das Jahr 80 nach unserer Zeitrechung, und es könnten inzwischen neue theologische Probleme entstanden sein. Immerhin waren seit Jesu Tod bereits etwa fünfzig Jahre vergangen. Die Gemeinde des Matthäus konnte kurz vor dem Jahr 70 n.Chr., als Jerusalem im Jüdischen Krieg niedergebrannt wurde, noch rechtzeitig nach Jordanien oder Syrien auswandern und so der Vernichtung entkommen. Aber gerade deshalb scheint es wenig wahrscheinlich zu sein, dass die matthäische Gemeinde, die zunächst einmal vorrangig darum bemüht war, ihre Existenz auch wirtschaftlich wieder aufzubauen, nur zehn Jahre nach ihrer Flucht keine anderen Probleme als Streitereien um Irrlehren umgetrieben haben soll. Paulus berichtet zwar bereits um das Jahr 50 n.Chr. in seinem 1. Brief an die Gemeinde in Korinth, dass er von Spaltungen in der Gemeinde gehört habe[394], für die Gemeinde des Matthäus und seine Zeit liegen hierfür jedoch keine Nachweise vor. Wir halten deshalb auch beim letzten Kapitel der Bergpredigt fest, dass sie eine offene Volksansprache und keine rein interne Jüngerbelehrung war. Auch dieser Abschnitt über die falschen Propheten gehört in die direkte Verkündigung Jesu. Gerade auch die Vergleiche und Urteile, die Jesus hier gegen Ende seiner Rede vorbringt, haben noch einmal zu der kritischen Frage geführt, in wessen „Vollmacht" er eigentlich zu reden wage (7,29).

„Seht euch vor den falschen Propheten vor!" (V. 15). Diese Warnung kann wieder von einem Zwischenruf ausgelöst worden sein. „Wer bist du überhaupt? Mit welchem Recht sprichst du zu uns? Es gibt so viele, die ein Prophet oder gar der Messias selber sein wollen!"[395] In der Tat waren nach dem Tod Herodes' des Großen verschiedene selbst berufene Königsprätendenten, Messiasanwärter, Unheilspropheten aufgetaucht, die alle versuchten, größere

394 1 Kor 1,10–13.

395 Vgl. oben S. 76f.

Anhängerschaften zu bilden. So berichtet die Apostelgeschichte von charismatischen Führergestalten, etwa einem Judas Galilaios, einem Theudas, auch einem so genannten „Ägypter“[396], und auch der jüdische Historiker Flavius Josephus bezeugt einen Simon und einen Athronges als Anführer von Aufständen.[397] Selbst Johannes der Täufer hatte aus dem Gefängnis noch vor Jesus die Legitimationsfrage gestellt: „Bist du es, der da kommen soll, oder sollen wir auf einen andern warten?“[398] Jesus räumt nun „am Berg“ vor allem Volk ein, dass es falsche Propheten gibt und dass es ein großes Problem ist, wem man glauben soll. Am äußeren Auftreten sei die Glaubwürdigkeit nicht festzumachen. Manche kämen sanft und friedlich daher wie Schafe, seien aber in Wahrheit verdeckte Wölfe. Sie würden vordergründig Heilsbotschaften ausrufen, dahinter stünden aber hintergründig egoistische Motive wie Macht-, Geld- und Ruhmsucht. Sie seien wie „reißende“ Raubtiere.[399] In der Tat hatten damals alle genannten Aufrührer und Thronprätendenten mit ihrem Größenwahn zahlreiche leichtgläubige Bürger in den Tod „gerissen“. Die Anhänger hatten umsonst an diese angeblich Berufenen geglaubt.

Jesus bestreitet solchen „Propheten“ nicht von vornherein das Recht, aufzutreten. Trotz aller Schärfe bleibt er tolerant. Er empfiehlt dem Volk, den Provokateuren Zeit zu lassen, sich selber zu entlarven, zu reifen, ihre „Früchte“ zu zeigen. Sie sollen ruhig ihre Botschaften vertreten, aber sie werden „erkannt“, gemessen, durchschaut werden (V. 16.20). Es ist nicht ihre hinreißende Rhetorik, ihr Beliebtheitsgrad – heute würden wir sagen ihre Medienpräsenz –, die sie als glaubwürdig belegen, sondern ihre Taten, ihre Werke werden sie als wahr erweisen.

Alles entscheidet sich daran, ob sie „Trauben“ und „Feigen“ oder nur „Dornen“ und „Disteln“ hervorbringen (V. 16). Es ist nicht die Show, die sie zu großen Männern macht, sondern die Rettung, die Heilung, die sie an den „Mühseligen und Beladenen“ bewirken.[400]

So lässt Jesus auch seinem Lehrer Johannes die Antwort überbringen: „Blinde sehen und Lahme gehen, Aussätzige werden rein und Taube hören, Tote stehen auf, und Armen wird das Evangelium gepredigt.“[401] Nicht an seinen Ansprüchen, sondern an seinen Diensten zeigt sich die Lauterkeit eines Predigers oder Propheten. Jesus vollzog bei Betsaida das Wunder der Blinden-

---

396 Apg 5,36f.; 21,38.

397 Gerd Theißen, Die Jesusbewegung, 2004, S. 24.44.51; ders., Jesus und die symbolpolitischen Konflikte seiner Zeit, in: Evang. Theol. 57. Jg., Heft 5, S. 378–400.

398 Mt 11,2f.

399 Hes 22,27.

400 Mt 11,28.

401 Mt 11,5.

heilung nicht auf der Bühne vor allem Volk, sondern er ging mit dem Blinden zur Handauflegung „hinaus vor das Dorf"[402]. Auch den Taubstummen in der Dekapolis nahm er „aus der Menge beiseite", bevor er ihm die „Fesseln" seiner Behinderung löste. Spektakuläre Saalheilungen, wie sie heute immer wieder veranstaltet werden, sind als Machtdemonstrationen eines „Guru" peinlich, ebenso Massenbekehrungen nach Überwältigungspredigten in Fußballstadien. Sie spiegeln nichts mehr wider von der Demut Jesu, der in der Symbolgeschichte seiner Versuchung jedem Demonstrationswunder absagte.[403] „Des Menschen Sohn ist nicht gekommen, dass er sich dienen lasse, sondern dass er diene ..."[404] Was das gegenwärtig für das Verhalten missionarischer Kanzelredner und Erweckungsprediger bedeutet, mag man an deren eigenwilligen Auftritten ablesen. Es werden nicht selten Emotionen angeheizt, Drohungen ausgesprochen, Urteile über Gerettet- oder Verlorensein ausgesprochen, als spräche der Weltenrichter selbst. Dabei sind oft nur Eitelkeiten im Spiel. Die Prediger genießen die Beherrschung der Gewissen wie eine Droge. Sie treten in eleganten Anzügen auf, fahren in teuren Autos vor, agieren auf dem Rednerpult mit der Bibel wie mit einer Waffe, lassen als Autoren alle ihre Titel auf die Umschlagseiten ihrer Bücher drucken. Sie tragen, bildlich gesprochen, nicht nur Schafskleider, sondern dazu auch Pfauenfedern. Es herrscht zur Zeit ein Boom esoterischer Seminarangebote wie noch nie. Fernöstlich ausgerichtete Weisheitslehrer und Therapeuten aller Art lassen sich horrente Kursgelder für Wochenendseminare bezahlen. Entspannungstechniken blühen in allen Sonderformen. Prospekte stilisieren Gesundheitstherapien zu Heilslehren. Der Synkretismus und die Personenkulte blühen. An den Volkshochschulen wurden auf der Rangliste die Sprachkurse von den Yogakursen überholt. Der verehrungswürdige „Meister" und seine willfährigen „Schülerinnen und Schüler" sind wieder modern geworden. Könner und Scharlatane sind in der esoterischen Szene kaum noch zu unterscheiden, und die Ersatzreligionen sind mächtiger als die herkömmlichen Religionen selbst. Selbstverständlich müssen die Kirchen auch das Ungenügen an ihren Traditionen einräumen, das sich im Zulauf zur Esoterik ausdrückt. Für viele Zeitgenossen sind die Pfarrertalare zu „Schafskleidern" geworden, in denen „lammfromme" Hirten sich unbeholfen bemühen, „hinreißend" zu wirken, um das Bild Jesu auf unsere Zeit hin abzuwandeln. Die Kirchen kommen den raschen Änderungen des Zeitgeschmacks nicht mehr nach und sinken so immer mehr zu Vereinen unter Vereinen ab.

402 Mk 8,23.
403 Mt 4,1–11; vgl. Ecce homo 1, S. 80f.
404 Mt 20,28.

Nun sagt Jesus aber: „Richtet nicht, damit ihr nicht gerichtet werdet“ (7,1). Auch „falschen Propheten“ will Jesus zunächst Gerechtigkeit widerfahren lassen. Sie mögen aufsehenerregend auftreten, aber sie müssen sich dann auch streng beurteilen lassen. Dabei wird man ihre „Echtheit“ meist erst im Rückblick feststellen können. Man muss die Qualität der Ernte abwarten, wenn man die Güte der Saat beurteilen will. Nicht schon die Baumblüte, erst die Obstlese bestimmt den Ertrag eines Gartens. Luther hat diesen Abschnitt gern als Beleg für seine Rechtfertigungslehre benutzt. Ein guter Baum, sagte er, kann gar nicht anders, als „sua sponte“ – einfach – gute Früchte hervorzubringen. Nicht die Früchte – sprich die guten Werke – schaffen den guten Baum, sondern der „gutgemachte“ Baum trägt „automatisch“ gute Früchte.[405] Die Ethik geht aus der Rechtfertigung hervor. Allerdings hat auch für Jesus das Abwarten und Zuschauen, was aus einer Botschaft und ihrem Träger wird, eine Grenze. Mit derselben Konsequenz, wie dereinst sein Lehrer Johannes in seiner Bußpredigt, verkündet Jesus dem Volk: „Jeder Baum, der nicht gute Früchte bringt, wird abgehauen und ins Feuer geworfen“ (V. 19).[406] Man könnte ironisch kommentieren: Wenigstens als Brennholz kann ein unfruchtbarer Baum noch ein wenig zu etwas Wärme beitragen, wobei Jesus auch hier gewiss nicht von der Hölle oder vom Fegfeuer spricht[407], sondern vom ganz natürlichen Herdfeuer, das der Gärtner mit dürren Ästen und Zweigen entfacht. Die Pseudopropheten und Pseudomessiasse gehen von selbst unter. Nicht an der Propaganda entscheidet sich die Wahrhaftigkeit, sondern am Tun.

21 Es werden nicht alle, die zu mir sagen: Herr, Herr! in das Himmelreich kommen, sondern die den Willen tun meines Vaters im Himmel. 22 Es werden viele zu mir sagen an jenem Tag: Herr, Herr, haben wir nicht in deinem Namen geweissagt? Haben wir nicht in deinem Namen böse Geister ausgetrieben? Haben wir nicht in deinem Namen viele Wunder getan? 23 Dann werde ich ihnen bekennen: Ich habe euch noch nie gekannt; weicht von mir, ihr Übeltäter!

Unter den Hörern Jesu werden immer noch Zweifler gewesen sein, die sich fragten: Ist dieser Rabbi aus Nazareth tatsächlich ein Besonderer, ein Beauftragter Gottes, ein „kyrios“? Andere werden ihm zugerufen haben: „Ja, du bist der, auf den wir schon so lange warten. Du sollst den Thron Davids

---

405 Martin Luther, Von weltlicher Oberkeit wie weit man ihr Gehorsam schuldig sei, Teil I, art. 3.

406 Vgl. Mt 3,10.

407 Vgl. oben S. 178.

besteigen. Du bist der Messias, der unser Land aus der Gewalt der Fremdherrscher befreien wird." Die Interpretation dieses Abschnittes hängt von dem Begriff „kyrios" ab (V. 21). Dieser Titel kann eine säkulare, respektvolle Anrede sein im Sinne von „Herr, Meister, Sir, Lord". So wurde er vor allem von Nichtjuden verwendet, die einer Persönlichkeit bekunden wollten, dass sie von ihr beeindruckt waren. Der Titel „kyrios" kann aber auch ein religiöser Hoheitstitel sein und meint im so genannten Spätjudentum wie in den christlichen Urgemeinden den himmlischen Menschensohn und Weltenrichter, der im Endgericht zwischen den Gerechten und den Sündern unterscheiden wird. Ob wir nun zu der „weltlichen" Auslegung des Begriffs kyrios oder zu seiner „religiösen" Deutung neigen, hängt von der Vorentscheidung ab, ob wir die Bergpredigt für eine „säkulare" Volksansprache, eine „innerchristliche" Jüngerbelehrung oder eine Vermengung aus beidem halten, das heißt, ob wir sie in das Leben Jesu oder erst in die spätere Zeit der Urgemeinden verlegen. Zudem sollten wir klären, welcher „Tag" gemeint ist, an dem über die wahren und falschen Anhänger Jesu das Urteil ergehen wird.

Der Ausdruck „an jenem Tag" (V. 22) scheint in die Ferne zu weisen und könnte so auf der Linie der alttestamentlichen Erwartung eines „Tages des Herrn" das Jüngste Gericht meinen.[408] Matthäus scheint nachdrücklich an einen solchen endzeitlichen Gerichtstag geglaubt zu haben, an dem der „Menschensohn" als der wiederkehrende Christus vom „Thron seiner Herrlichkeit" aus „alle Völker" richten wird.[409] Aber damit ist die Frage nicht geklärt, ob auch Jesus von Nazareth sich selber schon während seines Wirkens in Galiläa, eben zur Zeit der Bergpredigt, als der „himmlische Menschensohn" verstand. Er entschloss sich doch erst nach seiner galiläischen Zeit im Gespräch mit seinen Jüngern bei Caesarea Philippi, der „leidende Menschensohn" zu werden – ein absoluter Niedrigkeits- und kein Hoheitstitel.[410] Mit der Bemerkung „an jenem Tag" könnte Jesus auch den Tag in seinem Leben gemeint haben, an dem er nach einigen Jahren des Wirkens in Israel das „Reich Gottes" aufgerichtet haben würde, das er jetzt in seinen galiläischen Tagen angebrochen sah. Er wusste ja zum Zeitpunkt seiner großen Rede am Berg noch nichts von seinem Tod am Kreuz, bekannte aber: „Ich sah den Satan vom Himmel fallen wie einen Blitz"[411], weil er begonnen hatte, durch Predigten, Heilungen, Austreibungen, Sündergastmähler die Nähe Gottes bei den Menschen durchzusetzen. Sein Dienstauftrag, nicht seine eigene Person

---

408 Am 5,18.20; Joel 2,1; Jes 2,12; 13,6.
409 Mt 25,31–46; 24,15–44.
410 Mt 16,21; Mk 8,27–33; vgl. Ecce homo 1, S. 119–126.
411 Lk 10,18.

stand für ihn im Vordergrund. Vermutlich hat Jesus überhaupt nie einen Würdetitel für sich beansprucht. Jede übertriebene Verherrlichung „Herr, Herr!“ lehnte er ab (V. 21f.). Er verwies auf seinen „Vater im Himmel“, wenn er nach seiner Kraft gefragt wurde (V. 21). Entsprechend hielt er nichts davon, wenn sein Name „hochgepriesen“ wurde, anstatt der Name des „himmlischen Vaters“ wie im Vaterunser. Dies mögen die heutigen Jesus-Freaks und andere „erweckten Gruppen“ bedenken, die den Namen Jesus wie ein Firmenzeichen auf Autoscheiben kleben oder wie eine Markenbezeichnung auf ihre T-Shirts drucken lassen. Der Name Jesus ist kein Zauberwort und kein Logo. Bekenntnisse verlangen Mut, können aber auch befremden, wenn sie allzu aufdringlich zur Schau getragen werden. In der Nachfolge Jesu geht es nicht um die Gläubigkeit der Glaubenden, sondern um die Glaubwürdigkeit des Glaubens. Sie erweist sich in der tätigen Liebe.

„An jenem Tag“ – sei es nun der Tag, an dem das „Reich Gottes“ irdisch durchgesetzt sein wird, oder der Tag an dem das apokalyptische Weltgericht stattfindet – werden „viele“ stolz aufzählen, sie hätten in Jesu Namen geweissagt, böse Geister ausgetrieben und Wunder getan (V. 22f.). Aber gerade dann, sagt Jesus, wird er befremdet sein und seine Fans ablehnen. Er wird ihrem Bekenntnis seines Namens das Gegenbekenntnis entgegensetzen: dass er ihre Namen nicht kenne. Diese Äußerung Jesu überrascht, denn die „Pseudopropheten“ werden annehmen, doch Dienste getan zu haben, die Jesus selber tat. Aber Jesus möchte nicht, dass sein Name magisch eingesetzt wird, damit die Menschen seine Jünger verherrlichen. Der „Wille“ des Vaters meint nicht, dass die Mitarbeiter am Reich Gottes zweimal „Herr, Herr!“ und dreimal „wir“ sagen, anstatt sich auf das „du“ zu den Elenden und Kranken, denen sie helfen durften, zu konzentrieren. „Weicht von mir, ihr Übeltäter!“ (V. 23). Ein hartes Wort gegenüber denen, die doch meinten, fromm und rechtschaffen gewesen zu sein. Wörtlich übersetzt lautet der Text: „Geht weg von mir, die ihr gesetzlos gearbeitet habt!“ Die vermeintlichen Jünger haben zuallererst nicht nach dem Gebot der Nächstenliebe, sondern nach dem Gesetz der Selbstsucht gearbeitet. Die Heilungen als solche waren ihnen wichtiger als die Geheilten, bewundert zu werden schien ihnen vordringlicher zu sein als das Wunder bereiten. Zwischen Selbstlosigkeit und Selbstsucht liegt der Weg der Nächstenliebe, die aus der Gottesliebe ihre Kraft empfängt; ein schmaler Pfad. Die Taten der Nächstenliebe sollten wirklich um des Nächsten willen geschehen und nicht um anderer Namen willen, sei es nun der Name Jesus oder der eigene Name. Entsprechend lässt Jesus später im großen Gleichnis vom König, der das Verhalten seiner Vertrauten beurteilt, die „gerecht“ Gesprochenen sagen, sie hätten gar nicht gewusst, dass sie es für Jesus getan hätten, als sie Hungrige speisten, Kranke besuchten, Fremdlinge aufnahmen.[412] Von daher gesehen ist auch eine Diakonie ohne ausgesprochene Missionsabsicht und eine Nächstenliebe ohne ausdrückliches Glaubensbekenntnis biblisch legitim. Die Motive und die Dienste müssen stimmen. Die Worte hängen von beiden ab. „An ihren Früchten sollt ihr sie erkennen" (V. 16). Es mag überpointiert klingen, aber Matthäus legt als Biograph Jesu besonderen Wert darauf, dass Jesus gerade als Prediger ein bloßes Hören des Evangeliums ohne nachfolgendes Tun für unaufrichtig hielt. Darum lässt Matthäus auch im Aufbau seines Buches den drei Kapiteln der Bergpredigt (5–7) bewusst zwei Kapitel mit Wundergeschichten folgen (8–9). „Seid Täter des Worts und nicht Hörer allein", wird später im Jakobusbrief zu lesen sein.[413] Gott schenkt uns seine Gerechtigkeit nicht nur, damit wir uns erleichtert und wohl fühlen, sondern dass wir in sie eingebunden anderen gerecht werden können. Diese starke Betonung der Dienste hebt Jesus zum Schluss im „Gleichnis vom Hausbau" erneut hervor, als müsste er den Vorrang der Dienste vor der Lehre für immer in die Gewissen eingravieren.

Der Glaube als Lebensfundament – *Das Gleichnis vom Hausbau*

Mt 7,24–27 (Lk 6,47–49)

24 Darum, wer diese meine Rede hört und tut sie, der gleicht einem klugen Mann, der sein Haus auf Fels baute. 25 Als nun ein Platzregen fiel und die Wasser kamen und die Winde wehten und stießen an das Haus, fiel es doch nicht ein; denn es war auf Fels gegründet. 26 Und wer diese meine Rede hört und tut sie nicht, der gleicht einem törichten Mann, der sein Haus auf Sand baute. 27 Als nun ein Platzregen fiel und die Wasser kamen und die Winde wehten und stießen an das Haus, da fiel es ein, und sein Fall war groß.

Auch dieses kleine Gleichnis wird – wieder aus rhetorischen Gründen – zweimal erzählt: aus positiver und aus negativer Sicht.[414] So entsteht Eindrücklichkeit. „Als die Wasser kamen" (V.25.27). Man denkt unwillkürlich an die große Flutkatastrophe in Südostasien am zweiten Weihnachtstag 2004. „Die Wasser prallten an die Häuser", und wer zu nahe am Sandstrand war, kam um. Wer aber auf Anhöhen, felsigen Klippen oder in sehr massiv gebauten Häusern weilte, überlebte meist. Der Lukastext ruft die bestürzenden Bilder dieser jüngsten Flutkatastrophe noch stärker in das Bewusstsein zurück: „Als aber eine Wasserflut kam, da riss der Strom an dem Haus …, und

---

412 Mt 25, 37–39.
413 Jak 1,22.
414 Vgl. oben S. 179 zum Gleichnis vom Baum und den Früchten.

es fiel zusammen und sein Sturz war groß“ (6,48f.). Es geht um das Erschrecken über plötzliches Unheil, aber auch darum, klug vorzusorgen, dass es zu keinem Untergang kommt. Der „kluge“ Mann (V. 24) in dieser kleinen Parabel ist vom griechischen Text her der „kundige“, der „erfahrene“. Wieder sollten wir uns daran erinnern, dass Jesus ursprünglich ein gelernter Bauhandwerker war: „Ist er nicht der Zimmermann?“[415] Jesus wusste aufgrund seiner Berufserfahrung, was ein solider Unterbau für ein Haus bedeutete. Bei den damals in Palästina üblichen Lehmhäusern musste besonders darauf geachtet werden, dass sie auf einem festen Untergrund standen. Gab der Boden nach, weil unter dem Humus oder einer Kiesschicht eine Sandschicht lag, konnte das Haus bei einem Sturzregen leicht unterspült werden. Darum war es ratsamer, einen Bauplatz mit tiefgehendem, festen Gestein zu wählen. So gesehen ließe sich diese Stelle, nebenbei, als weiteren Beleg dafür nehmen, dass in der matthäischen Bergpredigt wie in der lukanischen Feldrede die authentische Stimme des Jesus von Nazareth zu vernehmen ist. Ein guter Redner wählt Bilder, an denen er seine Kompetenz nachweisen kann. Als Handwerker wusste Jesus: Erst muss der Boden untersucht und dann ein festes Fundament gelegt werden, bevor man die Wände des Hauses und das Dach draufsetzen kann. Ein Wohnhaus soll Bestand haben und nicht wie ein Kartenhaus beim nächsten Windstoß zusammenstürzen. Kein Bauherr ist so leichtsinnig und baut bewusst auf Sand, aber er kann so oberflächlich sein, dass er überhaupt nicht prüft, wie stabil der Grund ist, auf den er sein Haus setzt. Der Vordere Orient kennt zwar nur wenige Regenzeiten im Jahresverlauf, wenn jedoch ein Gewitter aufzieht, können wahre Sturzfluten niedergehen. So sind zum Beispiel in den Wadis paradoxerweise schon mehr Menschen ertrunken als verdurstet. Lukas, der wohl weiter nördlich im hellenistisch-kleinasiatischen Raum schreibt, lässt Jesus nicht von einem „Platzregen“, wohl aber von einem „reißenden Strom“ sprechen[416], der über die Ufer tritt und alles überflutet, wie seine Zeitgenossen es bei den Flüssen Euphrat und Tigris kannten. Auf diese Weise haben die Evangelisten eben doch ihre eigene Lebenserfahrung in die Stimme Jesu hineingearbeitet.

Jesus erzählt diese kleine dramatische Parabel nicht zur bloßen Unterhaltung des Volkes, sondern um die Menschen auf einen tieferen Sinn hinzuweisen. Das Verhalten des „klugen“ Hausherrn „gleicht“ einer anderen grundsätzlichen Lebensweise (V. 24). Wer sein „Lebenshaus“ sicher gegründet haben möchte, braucht als Fundament eine feste Lebensanschauung. Für Jesus ist es der Glaube an den gerechten und gütigen Gott Abba, der unsere Sorgen und

---

[415] Mk 6,3; Mt 13,55.
[416] Lk 6,48.

Schwächen kennt und der uns in den Sturzfluten des Schicksals trägt. Wobei die Gerechtigkeit und die Güte des „himmlischen Vaters" souverän frei sind und von uns nicht so programmiert werden können, wie wir sie uns wünschen. Gottes Hilfe darf vertrauensvoll angenommen werden, wie und wann immer sie uns zugedacht ist. Viele Menschen leben rein pragmatisch „in den Tag hinein", ohne zu überlegen, worauf sie eigentlich setzen. Treffen dann schmerzliche Ereignisse ein, haben sie keinen festen Halt in einem Grundvertrauen auf den „himmlischen Vater". Sie werden seelisch von Kummer überflutet und stürzen in Verzweiflung: „Warum ausgerechnet ich?", „Wo ist nun Gott?" Im Sturz selber lässt sich das Fundament des Gottvertrauens nicht in Eile nachträglich errichten. Es will frühzeitig grundgelegt, vorbereitet und eingeübt worden sein. Darin besteht wesentlich die Aufgabe der religiösen Erziehung, auf die einer nicht warten kann, bis er sicher ist, ob er überhaupt einen Glauben „braucht". In gesunden und „normalen" Tagen sollte er bereits prüfen, ob der Glaube an Gott Abba mit allen seinen Konsequenzen für unsere zwischenmenschlichen Beziehungen nur ein Sandboden ist, in den wir versinken, oder eine Felsplatte, die unsere Schritte stabilisiert. Die Testinstrumente für diesen Glauben sind die Liebe zu Gott, zum Nächsten und zu uns selbst, wie sie Jesus in seiner langen „Rede" geschildert hat. Der Prediger aus Nazareth war überzeugt, dass seine Vorstellungen von Gerechtigkeit, Frieden und Versöhnung, wie er sie vor dem Volk entwickelt hat, eine Lebensvorsorge sind, die sich in den Stürmen des Lebens bewährt. Seine Gedankengänge „am Berg" sind beendet. Er hat alle Wahrheit und Weisheit, alle seine Gefühle und Hoffnungen darangesetzt, um dem „Volk" einen geistigen Weg zu einem anderen Miteinander aufzuzeigen. Nun liegt es an der „Menge", über die Zwischenrufe und spontanen Bekundungen während seiner Rede hinaus abschließend darauf zu reagieren.

Der Applaus des Publikums – *Zwischen Begeisterung und Kopfschütteln*

Mt 7,28f. (Mk 1,22; Lk 7,1a)

28 Und es begab sich, als Jesus diese Rede vollendet hatte, dass sich das Volk entsetzte über seine Lehre; 29 denn er lehrte sie mit Vollmacht und nicht wie ihre Schriftgelehrten.

„Und es begab sich" ist keine nur technische Angabe, dass es nun endlich soweit war, sondern eine feierliche Formel, wie sie zu Beginn oder am Schluss besonders wichtiger Geschehnisse berichtet wird. Mit „es begab sich aber" beginnt die Einleitung der Weihnachtsgeschichte[417], der Einstieg in die Erzählung von der Stillung des Seesturms[418], der Auftakt zur Heilung des Gelähmten[419], als Bericht vom Eintritt der Finsternis beim Tod Jesu.[420] Diese Formel leitet einmalige Vorgänge ein. Die Bergpredigt war wie keine andere öffentliche Ansprache Jesu ein solches „unerhörtes" Ereignis. Die Leute „entsetzten sich über seine Lehre" (V. 28). Die Luther-Übersetzung „sich entsetzen" klingt negativ. Sie drückt Bestürzung, Erschrecken, Abwehr aus. Der griechische Begriff „ekplessomai", der an dieser Stelle gebraucht wird, ist aber ambivalent. Er bezeichnet ein Überwältigtsein, das als begeistertes Staunen, wie auch als verärgertes Kopfschütteln ausgelegt werden kann. Das Urteil der Menschen über Jesu Rede hing von ihren Vorurteilen ab, je nachdem, ob diese „Lehre" in ihr Weltbild passte oder nicht, für wie rechtgläubig sie sich selber hielten oder ob sie irgendwelchen Schriftgelehrten nahe standen (V. 29). Waren sie gekommen, um von Jesus Neues zu hören, waren sie begeistert. Waren sie jedoch erschienen, um ihn „abzuhören", waren sie sicher „entsetzt". Für die einen lehrte Jesus mit einer „Vollmacht", die sie als einmalige Souveränität empfanden, wie sie bislang keiner seiner „Amtsbrüder" aufzuweisen hatte. Der „Prophet" aus Nazareth hatte ein Gespür für die Wurzeln der Tradition bewiesen, jedoch zugleich eine Freiheit von jeder Verkrustung der Überlieferung gezeigt, so dass sie nur aufatmen konnten. Besonders die „heidnischen" Zuhörer, die aus den umliegenden Ländern zum „Berg" gekommen waren[421], werden von dem warmherzigen Gottesglauben

417 Lk 2,1.
418 Mt 8,24; Mk 4,37.
419 Lk 5,17.
420 Mt 27,45.
421 Mt 4,24f.

Jesu fasziniert gewesen sein. Der „Bergprediger“ hatte sie, die sonst als die „Ungläubigen“ galten, in ihrer Gottsuche ernst genommen und in keiner Weise vor den Kopf gestoßen. Vor allem die Zuhörer aus den unteren Schichten der Gesellschaft, die Armen und Elenden aller Art, ob sie nun Juden oder Heiden waren, werden sich sozial verstanden und seelisch befreit gefühlt haben. Ihr Verlangen nach mehr Gerechtigkeit war endlich einmal klar artikuliert worden. Andere Hörer wiederum, die jeder Neuerung ängstlich gegenüberstanden und vom Urteil ihrer Oberen abhängig waren, werden betroffen gewesen sein, dass Jesus es gewagt hatte, souverän aus seinen eigenen Visionen heraus und „nicht wie ihre Schriftgelehrten zu lehren“ (V. 29). Die Vertreter beider Meinungen werden wohl noch lange erregt darüber diskutiert haben, ob die Ausführungen Jesu realistisch genug oder ob sie utopisch waren. Diese kontroverse Diskussion über seine Bergpredigt dauerte an bis zum heutigen Tag. Und sie wird weitergehen.